武汉市耕地质量调查与评价

武汉市农业科学院
武汉市农业技术推广中心 编著

中国农业出版社
北 京

编　委　会

序

PREFACE

土地是人类赖以生存和发展的最根本的物质基础，是人类获取粮食及其他农产品所不可或缺的生产资料，是人类物质生产最根本的源泉。粮食安全问题不仅取决于耕地的数量，还取决于耕地的质量，耕地质量下降会威胁到粮食安全，进而影响食品的品质安全。耕地资源的数量和质量（包括基础地力与环境质量）对农业生产的发展、人民生活水平的提高、乃至整个国民经济的发展都有着直接而巨大的影响。按照《第三次全国国土待查耕地质量等级调查评价工作方案》（国土调查办发〔2018〕19 号）和《农业部办公厅关于做好耕地质量等级调查评价工作的通知》（农办农〔2017〕18 号）要求，通过土壤普查和利用现状调查，全面查清土壤资源状况和土壤类型分布、理化性状、肥力状况及利用现状，从而为制订农林牧业合理布局和综合利用的发展战略，调整农业产业结构等提供科学依据。

《武汉市耕地质量调查与评价》是武汉市农业科学院环境与安全研究所土壤与植物营养学科近几年的科研工作内容之一。这项研究工作是在农业农村部及武汉市农业技术推广中心大力支持下完成的。这项研究涵盖了 2017 年通过层次分析法对耕地地力、土壤健康状况和农产品持续产出及质量安全能力进行评价，利用空间分布图谱直观全面地显示了武汉市农用地土壤地力等级及分布状况。

《武汉市耕地质量调查与评价》提供了大量珍贵的调查分析数据，分析了目前武汉市各区农用地的耕地质量和分布特点，其研究成果能够为全国科研和管理工作者了解武汉农业土壤现状、高效开展相关研究和制定相关法规政策发挥积极作用。

谨向读者推荐，斯为序。

郑　利

武汉市农业科学院院长，高级工程师

2021 年 6 月 15 日

前　言

耕地是获取粮食及其他农产品最基础的生产资料，耕地质量是指由耕地地力、田间基础设施、耕地土壤环境等构成的满足农作物生长适宜性、安全性和持续性的能力。耕地质量水平直接影响农业产业结构、耕地产出能力及农产品质量。本书提供了大量珍贵的调查分析数据，分析了目前武汉市黄陂区、东西湖区、东湖高新区、汉南区、新洲区、蔡甸区和江夏区农用地的土壤质量和分布特点，其研究成果为了解武汉农业土壤现状、高效开展相关研究和制定相关法规政策发挥积极作用。

武汉市于 20 世纪 50 年代开展了第一次土壤普查，80 年代初又进行了第二次土壤普查。通过普查，查清了全市土壤资源状况，包括土壤类型分布、理化性状、肥力状况及土地利用状况，系统地提出了农、林、牧、水产业综合经营，合理布局和综合利用的大农业发展战略。在种植技术上，先后推广了初级配方施肥、优化配方施肥和测土配方施肥技术，为全市农业结构调整和粮棉油产量提高作出了积极的贡献。

按照农业部和省市农业部门部署，武汉市涉农各区先后于 2006—2013 年实施了测土配方施肥项目，通过开展耕地地力调查与质量评价，基本查清了各区耕地土壤理化性状、耕地地力状况变动情况，为全市今后农业结构调整、产业规划、耕地质量保护和建设、耕地改良利用、科学施肥和生态环境保护等提供了科学依据。

根据《耕地质量调查监测与评价办法》（农业部令 2016 年 2 号）、《农业部办公厅关于做好耕地质量等级调查评价工作的通知》（农办〔2017〕18 号）、《省农业厅办公室关于做好 2017 年耕地质量调查评价工作的通知》（鄂农办〔2017〕39 号）和《省耕肥总站关于全省耕地质量监测点布局的通知》（鄂耕肥〔2016〕31 号）等一系列文件要求，采用全国统一的《耕地质量等级评价指标体系》"一把尺子"，武汉市各区组织开展了 2017 年度耕地质量等级调查评价工作。

本书中涉及的科研项目得到了武汉市农业技术推广中心、湖北省土壤肥料工作站、武汉市农业科学院的资助，在此深表谢意。同时还要感谢武汉市农业科学院环境与安全研究所和武汉都市农业研究院对编写工作的大力支持。

由于编者水平有限，书中不妥和谬误之处难免，诚请读者指正。

编　者

2021 年 4 月 1 日

目 录
CONTENTS

序

前言

黄陂区耕地质量调查与评价

第一章　评价区域概况

第一节　地理位置与行政区划

黄陂区位于湖北省东部偏北，武汉市北部，地跨东经 114°09′～114°37′，北纬 30°40′～31°22′。东与红安县、新洲区接壤，西隔小悟山、界河与孝感区毗连，南抵府河与武汉区城区相望，北与大悟县交界。区境南北最大纵距 104 千米，东西最大横距 55 千米，境域周长 273.5 千米。辖区面积 2256.7 千米²，占湖北省国土总面积的 1.22%。

黄陂区是农业部 2007 年度测土配方施肥试点补贴资金项目县之一，截至 2017 年，黄陂区辖 15 个街道、1 个乡、1 个场、2 个开发区、77 个社区、589 个村。截至 2017 年末，黄陂区户籍总人口 113.32 万人，农业人口 90.57 万人，常用耕地面积 52.77 千公顷。主要种植水稻、油菜、蔬菜等作物，是全省 46 个粮食主产区之一。

第二节　自然环境概况

一、气候

黄陂区属亚热带季风气候区，雨量充沛、光照充足，热量丰富，四季分明，年平均无霜期 255 天。年均日照时数约 1540～2180 小时。由于地形复杂，各地日照时数及百分率有差异，山地阴阳坡的差异比较明显，但基本能满足农作物的需求。境内平均气温为 15.7～16.4℃。一年中以 1 月气温最低，月平均气温 2.4～3.2℃；7 月最高，日平均气温 28.4℃，有的年份出现在 8 月。历年极端最低气温为零下 15.5℃，极端最高气温为 40.7℃。年均降水量在 1000～1200 毫米之间，雨量分布的时空差异较大，洪涝干旱时有发生，对全区工农业生产影响严重。

二、地形地貌

黄陂区北依大别山南麓，南临长江，整个地势北高南低，自北向南逐渐倾斜，形成西北低山区、东北丘陵区、中部岗状平原区和南部滨湖平原区 4 级阶梯。西北低山区海拔 150～180 米，全区最高点双峰尖 873.7 米。东北丘陵区海拔 50～150 米，中部岗状平原区海拔 30～50 米，南部滨湖平原区海拔 20～30 米，最低处 16.5 米。全境有滠水、界河及北湖三大水系和由 5 个主要湖泊构成的自然水系。地貌特征构成全境"三分半山，一分半水，五分田"的格局。

1. 山地　西北低山区海拔150～180米，有少数山峰达700～800米，全区最高点双峰尖873.7米。山顶部岩石裸露，山腰部岩石发育成麻骨土，山岭下部发育成各种泥沙土或泥土，山脚冲垅形成的水稻土，大多数为冷浸、青泥田。石门山一带石灰岩上发育的有厚层与薄层石灰土。全区土壤沙化较为严重，发育较年轻。

2. 丘陵　东北丘陵区海拔50～150米。地貌形态属侵蚀性切割，丘陵顶部浑圆，多岩石风化化壳，中下部坡积物发育成的砂泥土等所形成的土壤以砾质土、砂土、泥沙土和砂泥土为主，冲垅水稻土多为潜育土和次生潜育土，在罗汉以西北地区的玄武岩上发育的为乌泥田。

3. 岗地　中部岗状平原区海拔30～50米。为第四纪黄土、红色砂岩、玄武岩分布区，逐渐风化发育成质地较黏重的黄棕壤、马肝土等土壤，成为良田地。旱地土主要有潮土、灰潮土、第四纪红色黏土棕红壤、石灰岩、红砂岩棕红壤及少数棕色石灰土。水田以潮土田、灰潮土田为主。全区水、旱土壤大部分熟化程度较高，各种养分含量丰富，耕性好，宜耕期长，适种性广。

4. 平原　南部滨湖平原区海拔20～30米，最低处为16.5米。地形地貌属河湖平原，土层深厚，层积现象明显，大部分是经开深沟大渠建成的台田，土壤多为潮土类和潴育型水稻土。

三、植被

黄陂区常见树种有马尾松、青冈栎、麻栎、栓皮栎、石栎、槲栎、锥栎、枫香、枫杨、三角枫、鸡爪槭、泡树、黄檀、椴树、黄连木、梧桐、化香、漆树等36种植物。野生中药材有桔梗、枸杞、射干、苍术、夏枯5种。珍稀植物有银杏、水杉等；木兰山有3棵珍稀古树：木兰花（山茶）、麻栎、枫杨。野生草本植物有蕨类、蓼类、狼尾草、知风草、荩草、黄背、野青、白茅、雀稗、狗牙根、雀麦、野菊等21种。水生植物有油草、水车前、大藻、凤眼莲、黄丝草、次藻、慈姑、菖蒲、荸荠、荷等15种。

四、水资源

黄陂区处于江汉河湖水网的边缘地带，境内河流湖泊纵横交织，水利资源丰富。全区共有大小河流31条，河流总流长708.72千米，流域面积3504.3千米^2。主要河流有滠水、界河、府河和注入北湖的5条河流，多为南北流向，其中滠水河是区内最长河流，源于大别山南麓大悟县境内，从北向南纵贯黄陂汇入长江，境内流程90.71千米。全区有水库90座，其中大、中型水库7座：夏家寺、梅店、院基寺、泥河、矿山、巴山寨、三姑井，总承雨面积573千米^2，总库容量71573万米^3，有效库容34388万米^3，正常蓄水面积10.22万亩^①，灌溉面积68.31万亩。主要湖泊有武湖（180千米^2）、童家湖（48千米^2）、后湖（12.9千米^2）、西湖（9.24千米^2）、什仔湖（2.5千米^2），湖泊总面积252.64千米^2，承雨面积1243.7千米^2，多年平均径流量10.9亿米^3。

---

①　亩为非法定计量单位，1亩＝1/15公顷≈667米^2。——编者注

南部平原湖区先后进行了汉北河下游改道、滠水下游改道、围垦灭螺等大型水利工程，先后建成武湖、后湖、四联垸、什仔湖泵站。北部和中部低山丘陵地带，对水库设施进行了整修加固，扩宽延伸夏家寺、梅院泥、矿巴三大灌溉系统的联结渠道，使全区形成河湖相通，库渠相连，北蓄南排的水利体系。总蓄水能力达 96351 万米^3，控水面积 1281.5 千米^2，有效水量 52766 万米^3。

境内地下水储量 2.2 亿米^3，分松散堆积层孔隙水、基岩裂隙水、碳酸盐岩岩溶裂隙水 3 种主要类型。地下水温 17～24℃，矿化度低于淡水，适宜农作物灌溉。北部还有断裂循环形地下热水。

第三节　农业生产概况

黄陂区是一个农业大区，农业生产具有悠久历史。通过调整农业经济结构，增加农业投入，积极发展特色农业，大力推广应用农业科学技术，全区农业生产得以稳步向前发展。2017 年，黄陂区实现农林牧渔业总产值 215.44 亿元，实现增加值 135.04 亿元。粮食产量 39.84 万吨，其中，小麦产量 8830 吨，水稻产量 35.6 万吨；油料产量 6.46 万吨。造林面积 740 公顷，当年育苗面积 133 公顷；四旁植树 150 万株；生猪出栏 100.05 万头；家禽出笼 1100.61 万只；禽蛋产量 5.64 万吨；水产品产量 9.44 万吨；黄陂区农业机械总动力 57.79 万千瓦。化肥使用量（折纯量）3.32 万吨。

黄陂区农业其主要特点表现为 4 个方面：一是农村经济快速发展，农民生活显著提高。二是广大农民科学种田水平不断提高。农业科技体系的建立和完善，极大地促进了农业科技成果的转化，优良品种、地膜覆盖、设施农业、配方施肥、化学调控、优化模式等实用农业技术得到广泛应用。三是加快农业综合开发的步伐，形成不同特色的板块基地。在现有基础上，全力打造四大类种植业基地、四大类畜禽养殖基地、四大类水产基地、四大类林果板块、两大生态休闲园区。四是农业机械化逐渐得到普及。

第四节　耕地土壤资源

一、耕地土壤类型

黄陂区地貌复杂，母质种类多。按照《全国第二次土壤普查工作土壤分类暂行方案》和《湖北省第二次土壤普查工作土壤分类暂行方案》，全区土壤共分为黄棕壤、潮土、水稻土、石灰（岩）4 个土类，9 个亚类，21 个土属，88 个土种。

1. 黄棕壤　是全区主要土类，成土母质有第四纪黏土沉积物和花岗岩、片岩、基性岩、红色砂岩等，面积近 2 万公顷，土层深厚，质地因母质而异，有明显的淋溶淀积特点。黄棕壤土类下分 1 个亚类，4 个土属，18 个土种。

2. 潮土　在全区主要发育于石灰性和无石灰性的湖相沉积物及河流冲积物，主要分布于南部湖区、河流两岸上长江边。潮土土层较深厚，剖面层次分明，是全区主要的旱地土壤之一，潮土土类分 2 个亚类，即潮土和灰潮土亚类，下分 4 个土属，18 个土种。

3. 水稻土　是全区的主要耕地土壤。山区、丘陵、平原、湖区均有分布，在长期的水耕条件下，由于反复的氧化还原交替及淋溶淀积作用，形成了独特的剖面构型，由于水文地质条件不同水耕熟化程度不一，按水型划分为 5 个亚类，即淹育型、潴育型、潜育型、沼泽型、侧渗型等。

4. 石灰（岩） 由石灰岩母质发育而成，土壤质地黏重，因多为阔叶灌木林地，表层有机质积累较多，色暗。下层常有铁、锰淀积物。石灰（岩）土类下分 1 个棕色石灰土亚类，1 个土属，2 个土种。

二、耕地利用与耕作制度

据湖北省年鉴统计，截至 2017 年末，黄陂区户籍总人口 113.32 万人，农业人口 90.57 万人，农业劳动力人均耕地 0.058 公顷。20 世纪 90 年代以前耕地的利用主要以种植业为主，种植作物主要为水稻、小麦、棉花、油菜和蔬菜等。随着工业化、城区化的发展，耕地转向非农业用地增多。90 年代以后，全区开展了城郊型农业建设，农业内部结构由单纯的种植业向农、林、牧、渔转变。一部分耕地转向发展林果业，一部分海拔较低的农田用于开挖精养鱼池，发展水产养殖，少部分用于建养鸡、养猪、养牛场，发展畜牧业。受地形地貌的限制和人为活动的影响，目前，全区在土地利用上存在的主要问题：一是随着农村城区化和工业的发展，建设用地面积逐年增加，耕地面积不断减少，耕地后备资源严重不足；二是由于农民重用地轻养地，重投入轻产出，重施无机肥轻有机肥，致使土壤有机质下降，土壤 pH 降低，出现酸化的趋势，耕地质量下降明显；三是由于化肥、农药（特别是除草剂）的使用及工业废弃物的填埋，对土地及地下水产生污染。

三、耕地土壤培肥改良

20 世纪中叶以来，全区通过改革耕作制度，增施肥料，改土养地，用地培肥等一系列措施，使耕地得到充分利用，地力不断提升。

1. 增施肥料 20 世纪 50～60 年代主要施用农家肥，化肥和绿肥施用较少，农业生产不发达，地力没有充分发挥出来，农作物产量很低。60 年代后期至 70 年代，由于耕作制度改革，复种指数提高，肥料需要量大大增加，靠农家肥满足不了要求，绿肥得到了较快发展。绿肥的推广，对培肥土壤，提高地力起到了极大的作用，增加了土壤有机质和各种营养元素的含量，作物产量也得到提升。80 年代后期，随着复种指数再一次提高，绿肥种植面积逐年下降，化肥的使用量成倍地增加。70 年代以前主要使用氮肥，80 年代以后推广使用磷肥，并根据第二次土壤普查结果，推广了氮磷、氮钾初级配方施肥，90 年代以后，推广了氮、磷、钾优化配方施肥，2006 年以后，通过土壤化验，针对具体作物研制配方，做到有机肥与无机肥配合，氮、磷、钾、微肥相结合，调节土壤的酸碱度，达到肥料的平衡利用，提高肥料的利用率，从而减少肥料的浪费和对环境的污染，降低了生产成本，增加了农作物产量，提高了经济效益。

2. 改土养地 黄陂区 70 年代在大搞农田基本建设的同时，还进行了平整土地的工作，对作物布局、农田灌溉、机械作业都带来了好处。一部分土壤质地黏重的地区，通过掺沙改土，改善土壤的物理性状，提高了土壤肥力；一部分土壤质地较轻的地区，通过客泥改土，改善土壤的物理性状。全区进行了中、低产田改造，土地整理等一系列建设，进行土地平整，开挖精养鱼池，兴修灌溉沟渠，植造农田林网，修筑乡村公路，配套水利设施等。通过改造，大大提高了农田抗御自然灾害的能力，改善了农田生态环境，使一部分"水袋子""旱包子"低产田，变成了经济效益高，生态效益好的高产稳产农田。

3. 用地培肥　通过轮作、换茬、间作、套种等手段用地，培肥效果十分突出。

第五节　耕地质量保护与提升

一、重大项目对耕地质量的影响

20 世纪 50 年代和 80 年代全区分别进行了全国第一、二次土壤普查，摸清了家底，政府制定和采取了一系列耕地保护措施。如开挖深沟大港建台田、退田还湖、水旱大轮作、退耕还林、改良土壤质地、增施有机肥、种植绿肥、轮作换茬、调整施肥结构、推广配方肥等，使耕地得到有效的保养。

80 年代全区进行中、低产田改造、土地整理等一系列建设，极大地改变了农业生产条件，提高了耕地的质量。通过兴修水利，改革耕作制度，增施肥料，改土养地，用地培肥等一系列措施，使耕地得到充分利用，地力不断提高。

近几年来又通过农机补贴机械收割使秸秆得以还田，通过有机肥补贴增加了有机肥的施用量，建设退耕还林高产稳产口粮田，通过轻简栽培达到用地养地相结合，通过测土配方施肥技术的应用，在保养土地的基础上发挥了土地的最大潜能，节本增效。以上各项措施对全区耕地地力的提升起到了良好的作用。

二、法律法规对耕地质量的影响

1994 年，国家颁布了《基本农田管理条例》，该条例的实施有效地遏制了耕地面积锐减的趋势，保证了基本农田面积，保护了高产良田。使全区耕地地力整体上不受影响。

1999 年，农村土地的二轮延包政策通过调处土地纠纷、规范土地流转、稳定土地承包关系等措施，依法保障了承包方的各项权利，巩固了农村的大好形势，维护了农村的社会稳定，对耕地地力保护和农民自觉培肥土地起到了非常好的效果。

2002 年农村税费改革，大幅度减轻了农民负担，尤其是 2004 年中央出台了"一降三补"等一系列扶农政策，农民种田效益显著提高，对进一步巩固耕地地力起到了较好的作用。

第二章 评价方法与步骤

第一节 资料收集与准备

一、软硬件准备

1. 硬件准备 主要包括计算机、大幅面扫描仪、大幅面打印机等。计算机主要用于数据和图件的处理分析，大幅面扫描仪用于土壤图等纸质图件的输入，大幅面打印机用于成果图的输出。

2. 软件准备 一是 Windows 操作系统、Excel 表格数据处理等软件；二是 ArcGIS 等 GIS 软件；三是县域耕地资源管理信息系统。

二、资料收集整理

根据评价的目的、任务、范围、方法，收集准备与评价有关的各类自然及社会经济资料，对资料进行分析处理。

1. 野外调查资料 主要包括地貌类型、地形部位、成土母质、有效土层厚度、耕层厚度、耕层质地、灌溉能力、排水能力、障碍因素、常年耕作制度等。

2. 采样点化验分析资料 包括全氮、有效磷、速效钾、缓效钾等大量养分含量，有效锌、有效硼等微量养分含量，以及土壤 pH、有机质等含量。

3. 社会经济统计资料 第二次土壤普查资料以及化验分析资料、土地资源详查资料、测土配方施肥耕地地力评价资料、近年社会经济统计资料、土地利用总体规划及专题规划、有关耕地利用的科研、专题调查研究等文献资料。

4. 基础及专题图件资料 与耕地质量评价相关的各类专题图件，主要包括黄陂区 1∶5 万地形图、行政区划图、土地利用现状图、地貌类型图、土壤图、土壤表层质地图、土体构型图、各类养分图、污染分布图等。

三、评价单元的确定

评价单元是由对耕地质量具有关键影响的各土地要素组成的空间实体，是土地评价的最基本单位、对象和基础图斑。同一评价单元内的土地自然基本条件、土地的个体属性和经济属性基本一致，不同土地评价单元之间，既有差异性，又有可比性。耕地质量评价就是要通过对每个评价单元的评价，确定其质量等级，把评价结果落实到评价单元上。评价

单元划分的合理与否，直接关系到评价的结果以及工作量的大小。

按照国家及《省耕肥总站关于启用"全国耕地质量等级评价指标体系"开展相关工作的通知》（鄂耕肥〔2019〕19号）要求，本次黄陂区耕地质量等级评价评价单元的划分采用土壤图、土地利用现状图的叠加划分法，即"土地利用现状类型—土壤类型"的格式。其中，土壤类型划分到土属，土地利用现状类型划分到二级利用类型，制图边界以黄陂区2017年度更新土地利用现状图为准。同一评价单元内的土壤类型相同，利用方式相同，交通、水利等基本一致，用这种方法划分评价单元既可以反映单元之间的空间差异性，既使土地利用类型有了土壤基本性质的均一性，又使土壤类型有了确定的地域边界线，使评价结果更具综合性、客观性，可以较容易地将评价结果落实到实地。

四、采样调查与分析

1. 布点原则　有广泛的代表性和典型性，兼顾均匀性；尽可能在第二次土壤普查的取样点上布点；采样点具有所在评价单元所表现特征最明显、最稳定、最典型的性质，要避免各种非调查因素的影响。

2. 布点方法　根据农业部要求的采样点密度（5000～10000亩取1个土样，覆盖到亚类，同时兼顾水田和旱地等利用类型，考虑各级耕地质量长期监测点），结合当地实际，确定采样点总数量。在各评价单元中，根据图斑大小、种植制度、作物种类、产量水平确定布点数量和点位，并在图上标注采样编号。采样点数和点位确定后，根据土种、种植制度、产量水平等因素，统计各因素点位数。当某一因素点位数过少或过多时进行调整，同时考虑点位的均匀性。按上述方法和要求，全区确定采样点102个。

3. 采样与野外调查　根据室内预定采样点的位置，按行政区划图的区位，通过GPS导航，进行实地选择取土地块。如果图上标明的位置在当地不具典型性时，则在实地另选有典型性的地块，并在图上标明准确位置，利用GPS定位仪确定经纬度。

取样点确定后，在所确定的田块进行采样。同时，与采样点户主和当地技术人员交谈，填写调查内容。如野外部分内容把握不准，当天回室内查阅资料，予以完善。

4. 样品分析　按照相关标准和规程，对样品进行各项化验分析。

五、数据审核和处理

1. 数据审核　获取的调查表数据是后阶段耕地质量等级评价的关键数据，数据的质量关系到后期评价工作的开展。正式评价前，必须对调查表的数据进行审核处理。审核主要分为数据完整性审核、数据规范性审核以及数据逻辑性审核。其要求如下：

（1）完整性　全表应有47列以上数据（EXCEL表格AU列）；表格各行数据应该完整，没有空白。

（2）规范性　填写应符合规范要求（字段类型、枚举内容等）；数值在正常范围内（如 $3 < pH < 9.5$）。

（3）逻辑性　要注意部分指标间的相关关系和逻辑性。

2. 评价数据处理的处理

（1）评价数据的提取　评价数据的提取是根据数据源的形式采用相应的提取方法，一

是采用叠加分析模型，通过评价单元图与各评价因素图的叠加分析，从各专题图上提取评价数据；二是通过复合模型将采样调查点与评价单元图复合，从各调查点相应的调查、分析数据中提取各评价单元信息。

（2）指标体系的量化处理　系统获取的评价资料可以分为定量和定性资料两大部分，为了采用定量化的评价方法和自动化的评价手段，减少人为因素的影响，需要对其中的定性因素进行定量化处理，根据因素的级别状况赋予其相应的分值或数值。除此，对于各类养分等按调查点获取的数据，则需要进行插值处理。

（3）定性因素的量化处理　根据各因素对耕地质量的影响程度，采用特尔斐法直接打分获得隶属度。

（4）定量化指标的隶属函数　定量指标内的分级则采用数学方法拟合其隶属函数，利用隶属函数计算获得隶属度。

第二节　评价指标体系建立

一、评价指标的选取依据

（1）《耕地质量等级》（GB/T 33469—2016）国家标准

（2）《农业农村部耕地质量监测保护中心关于印发＜全国耕地质量等级评价指标体系＞的通知》（耕地评价函〔2019〕87 号）

（3）《省农业厅办公室关于做好 2017 年耕地质量调查评价工作的通知》（鄂农办〔2017〕39 号）

二、评价指标的选取方法

根据《耕地质量等级》国家标准确定黄陂区所属农业区域，根据所属农业区域，对照《全国耕地质量等级评价指标体系》，确定黄陂区耕地质量等级评价指标、指标权重及隶属函数。

三、评价指标、指标权重及隶属函数

1. 评价指标　黄陂区属长江中下游一级农业区中的长江中游平原农业水产区二级农业分区，根据分区和标准确定评价指标 15 个。15 个指标分别是：排水能力、灌溉能力、地形部位、有机质、耕层质地、土壤容重、质地构型、障碍因素、pH、有效磷、速效钾、有效土层厚、生物多样性、农田林网化和清洁程度。

2. 指标权重及隶属函数

（1）指标权重　参见表 1-2-1。

表 1-2-1　指标权重

指标名称	指标权重
排水能力	0.1319

（续）

指标名称	指标权重
灌溉能力	0.1090
地形部位	0.1078
有机质	0.0924
耕层质地	0.0721
土壤容重	0.0572
质地构型	0.0569
障碍因素	0.0559
pH	0.0555
有效磷	0.0554
速效钾	0.0549
有效土层厚	0.0478
生物多样性	0.0387
农田林网化	0.0353
清洁程度	0.0291

3. 指标隶属函数

（1）概念型指标隶属函数　参见表1-2-2。

表1-2-2　概念型指标隶属函数

地形部位	山间盆地	宽谷盆地	平原低阶	平原中阶	平原高阶	丘陵上部	丘陵中部	丘陵下部	山地坡上	山地坡中	山地坡下
隶属度	0.8	0.95	1	0.95	0.9	0.7	0.8	0.3	0.16	0.45	0.68
耕层质地	砂土	砂壤	轻壤	中壤	重壤	黏土					
隶属度	0.6	0.85	0.09	1	0.95	0.7					
质地构型	薄层型	松散型	紧实型	夹层型	上紧下松型	上松下紧型	海绵型				
隶属度	0.55	0.3	0.75	0.85	0.4	1	0.95				
生物多样性	丰富	一般	不丰富								
隶属度	1	0.8	0.6								
清洁程度	清洁	尚清洁									
隶属度	1	0.8									
障碍因素	盐碱	瘠薄	酸化	渍潜	障碍层次	无					
隶属度	0.6	0.65	0.7	0.55	0.6	1					
灌溉能力	充分满足	满足	基本满足	不满足							
隶属度	1	0.8	0.6	0.3							
排水能力	充分满足	满足	基本满足	不满足							
隶属度	1	0.8	0.6	0.3							

（续）

地形部位	山间盆地	宽谷盆地	平原低阶	平原中阶	平原高阶	丘陵上部	丘陵中部	丘陵下部	山地坡上	山地坡中	山地坡下
农田林网化	高	中	低								
隶属度	1	0.85	0.7								

（2）数值型指标隶属函数　参见表 1-2-3。

表 1-2-3　数值型指标隶属函数

指标名称	函数类型	函数公式	a 值	c 值	u 的下限值	u 的上限值
pH	峰型	$y＝1/[1+a(u-c)^2]$	0.22129	6.811204	3	10
有机质	戒上型	$y＝1/[1+a(u-c)^2]$	0.001842	33.656446	0	33.7
有效磷	戒上型	$y＝1/[1+a(u-c)^2]$	0.002025	33.346824	0	33.3
速效钾	戒上型	$y＝1/[1+a(u-c)^2]$	0.000081	181.622535	0	182
有效图层厚	戒上型	$y＝1/[1+a(u-c)^2]$	0.000205	99.092342	0	99
土壤容量	峰型	$y＝1/[1+a(u-c)^2]$	2.236726	1.211674	0.5	3.21

注：y 为隶属度；a 为系数；u 为实测值；c 为标准指标。当函数类型为戒上型，u 小于等于下限值时，y 为 0；u 大于等于上限值时，y 为 1；当函数类型为峰型，u 小于等于下限值或 u 大于等于上限值时，y 为 0。

第三节　数据库的建立

一、空间数据库的建立

1. 基础图件入库　对于土壤图、排灌图等纸质的基础图件，采用大幅面扫描仪扫描成电子版，配准后利用 arcmap 进行矢量化。矢量化前对图件进行精确性、完整性、现势性的分析，在此基础上对图件的有关内容进行分层处理，根据要求选取入库要素。相应的属性数据采用键盘录入。对于土地利用现状图，可直接入库。采样点位图的生成，可基于审核后的采样调查表，加载到 arcmap 中，利用相应方法生成。

2. 坐标变换　GIS 空间分析功能的实现要求数据库中的地理信息以相同的坐标为基础。原始的各种图件坐标系统不一致，如经扫描产生的坐标是一个随机的平面坐标系，不能满足空间分析操作的要求，应转换为统一的大地 2000 坐标。

3. 空间数据质量检查　数字化的几何图形可能存在各种错误，可利用 ARCMAP 提供的点、线、面编辑修改工具，对图件进行各种编辑修改，利用拓扑检查工具，检查修改图件的各种拓扑错误。

二、属性数据库的建立

对各种基础属性数据内容进行分类，键盘录入各类数据，采用 ACCESS 等软件进行统一管理。

三、空间数据和属性数据的连接

空间数据和属性数据之间用唯一标识码来标识和连接。

第四节　耕地质量等级评价

耕地质量等级评价是从农业生产角度出发，通过综合指数法对耕地地力、土壤健康状况和田间基础设施构成的满足农产品持续产出和质量安全的能力进行评价。

一、评价依据

（1）《耕地质量等级》（GB/T 33469—2016）国家标准

（2）《农业农村部耕地质量监测保护中心关于印发＜全国耕地质量等级评价指标体系＞的通知》（耕地评价函〔2019〕87 号）

二、评价原理

根据《耕地质量等级》国标确定评价区域所属农业区域，依据所属农业区域确定耕地质量评价指标，按照《全国耕地质量等级评价指标体系》确定各指标权重、各指标隶属度以及等级划分指数，生成评价单元，对评价单元进行赋值，采用区域耕地资源管理信息系统进行耕地质量等级评价，计算耕地质量综合指数，根据等级划分标准，确定耕地质量等级（表1-2-4）。

表 1-2-4　耕地质量等级

耕地质量等级	综合指数范围
一等	≥0.917
二等	0.8924～0.9170
三等	0.8678～0.8924
四等	0.8431～0.8678
五等	0.8185～0.8431
六等	0.7939～0.8185
七等	0.7693～0.7939
八等	0.7446～0.7693
九等	0.7200～0.7446
十等	<0.7200

三、评价流程

整个评价可分为3个方面的主要内容，按先后的次序分别为：

1. 资料工具准备及数据库建立　即根据评价的目的、任务、范围、方法，收集准备与评价有关的各类自然及社会经济资料，进行资料的分析处理。选择适宜的硬件平台和GIS等软件，建立耕地质量评价基础数据库。

2. 耕地质量评价　划分评价单元，提取影响质量的关键因素并确定权重，选择相应

评价方法，按照评价标准，确定耕地质量等级。

3. 评价结果分析 依据评价结果，量算各等级耕地面积，编制耕地质量等级分布图。分析耕地质量问题，提出耕地资源可持续利用的措施建议（图 1-2-1）。

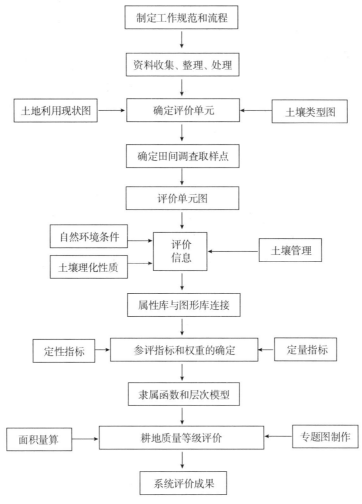

图 1-2-1 黄陂区耕地质量等级评价流程

第五节 耕地土壤养分专题图的编制

将审核处理过后的采样点调查表加载到 arcmap 中，生成采样点位图；统一坐标系后，将土壤有机质、氮、磷、钾等养分数据进行插值，通过区域统计和属性连接，将养分值赋给对应评价单元；添加黄陂区行政区划图、道路、水系、乡镇名等图层，根据评价单元各养分属性值制作专题图，经图件清绘整饰等步骤后导出。

第三章　耕地综合生产能力分析

第一节　耕地质量等级与空间分布

本次耕地质量等级调查，根据相关标准，选取 15 个对耕地地力影响比较大、区域内变异明显、在时间序列上具有相对稳定性、与农业生产有密切关系的因素，建立评价指标体系。以 1∶5 万耕地土壤图、土地利用现状图二种图件叠加形成的图斑为评价单元。利用区域耕地资源管理信息系统，对评价单元属性库进行操作，检索统计耕地各等级的面积及图幅总面积。按图幅总面积与黄陂区 2017 年度更新耕地总面积的比例进行平差，计算各耕地质量等级面积。

一、耕地面积统计

黄陂区耕地总面积为 89028 公顷，其中，水田面积最多，为 53383.75 公顷，占耕地总面积的 59.96%；旱地次之，为 32447.49 公顷，占耕地总面积的 36.45%；水浇地最少，为 3196.76 公顷，占耕地总面积的 3.59%（表 1-3-1）。

表 1-3-1　黄陂区耕地总面积统计

耕地类型	面积（公顷）	比例（%）
旱地	32447.49	36.45
水浇地	3196.76	3.59
水田	53383.75	59.96
总计	89028	100

二、耕地质量等级面积统计

按评价单元软件计算面积与黄陂区 2017 年度更新耕地总面积的比例进行平差，计算各耕地质量等级面积。

黄陂区耕地总面积为 89028 公顷，分为 9 个等级，最高等级为一等，最低为九等，五等地占比最大（35.24%），九等地占比最小（0.16%）。具体数据如下：

一等地 150.16 公顷，占耕地总面积 0.17%；二等地 1740.06 公顷，占耕地总面积

1.95%；三等地4294.91公顷，占耕地总面积4.82%；四等地15546.60公顷，占耕地总面积17.46%；五等地31371.07公顷，占耕地总面积35.24%；六等地20194.05公顷，占耕地总面积的22.68%；七等地12645.62公顷，占耕地总面积的14.20%；八等地2943.41公顷，占耕地总面积的3.31%；九等地142.14公顷，占耕地总面积的0.16%（表1-3-2）。

表1-3-2 黄陂区耕地质量等级分类统计表

等级	旱地		水浇地		水田		面积（公顷）	比例（%）
	面积（公顷）	比例（%）	面积（公顷）	比例（%）	面积（公顷）	比例（%）		
一等	56.63	0.17	79.87	2.50	13.65	0.03	150.16	0.17
二等	566.61	1.75	826.13	25.84	347.32	0.65	1740.06	1.95
三等	1985.65	6.12	32.52	1.02	2276.74	4.26	4294.91	4.82
四等	5789.74	17.84	1416.44	44.31	8340.42	15.62	15546.60	17.46
五等	10952.71	33.76	669.93	20.96	19748.42	36.99	31371.07	35.24
六等	6862.61	21.15	127.60	3.99	13203.83	24.73	20194.05	22.68
七等	5080.70	15.66	41.94	1.31	7522.97	14.09	12645.62	14.20
八等	1121.13	3.46	2.33	0.07	1819.95	3.41	2943.41	3.31
九等	31.71	0.10	0.00	0.00	110.43	0.21	142.14	0.16
总计	32447	100	3197	100	53384	100	89028	100

旱地总面积为32447公顷，其中一等旱地56.63公顷，占旱地总面积的0.17%；二等旱地566.61公顷，占旱地总面积的1.75%；三等旱地1985.65公顷，占旱地总面积的6.12%；四等旱地5789.74公顷，占旱地总面积的17.84%；五等旱地10952.71公顷，占旱地总面积的33.76%；六等旱地6862.61公顷，占旱地总面积的21.15%；七等旱地5080.70公顷，占旱地总面积的15.66%；八等旱地1121.13公顷，占旱地总面积的3.46%；九等旱地31.76公顷，占旱地总面积的0.10%。

水浇地总面积为3197公顷，其中无九等水浇地；一等水浇地79.87公顷，占水浇地总面积2.50%；二等水浇地826.13公顷，占水浇地总面积25.84%；三等水浇地32.52公顷，占水浇地总面积1.02%；四等水浇地1416.44公顷，占水浇地总面积44.31%；五等水浇地669.93公顷，占水浇地总面积20.96%；六等水浇地127.60公顷，占水浇地总面积3.99%；七等水浇地41.94公顷，占水浇地总面积1.31%；八等水浇地2.33公顷，占水浇地总面积0.07%。

水田总面积为53384公顷，其中一等水田13.65公顷，占水田总面积的0.03%；二等水田347.32公顷，占水田总面积的0.65%；三等水田2276.74公顷，占水田总面积的4.26%；四等水田8403.02公顷，占水田总面积的15.62%；五等水田19748.42公顷，占水田总面积的36.99%；六等水田13203.83公顷，占水田总面积的24.73%；七等水田7522.97公顷，占水田总面积的14.09%；八等水田1819.95公顷，占水田总面积的3.41%；九等水田110.43公顷，占水田总面积的0.21%。

三、耕地质量等级空间分布

将耕地质量等级分布图与黄陂区行政区划图进行叠加分析，可以看出：黄陂区一等地集中在武湖街（94.04%）；二等地主要分布在武湖街（38.76%）、三里街（21.95%）；三等地主要分布在罗汉寺街（24.23%）等 14 个乡镇；四等地主要分布在罗汉寺街（11.50%）等 16 个乡镇；五等地均匀分布在祁家湾街（12.67%）等 16 个乡镇；六等地分布在六指街（14.26%）等 16 个乡镇；七等地主要分布在六指街（21.70%）等 15 个乡镇；八等地主要分布在六指街（23.49%）等 13 个乡镇；九等地主要分布在六指街（32.40%）等 7 个乡镇（表 1-3-3）。

表 1-3-3 黄陂区耕地质量等级行政区域统计

乡名称	一等地						面积（公顷）	比例（%）
	旱地		水浇地		水田			
	面积（公顷）	比例（%）	面积（公顷）	比例（%）	面积（公顷）	比例（%）		
蔡店乡	0.00	0.00	0.00	0.00	0.00	0.00	0.00	0.00
蔡家榨镇	0.00	0.00	0.00	0.00	0.00	0.00	0.00	0.00
横店街	6.26	11.06	0.00	0.00	0.00	0.00	6.26	4.17
李家集镇	0.00	0.00	0.00	0.00	0.00	0.00	0.00	0.00
六指街	0.00	0.00	0.00	0.00	0.00	0.00	0.00	0.00
罗汉寺街	0.00	0.00	0.00	0.00	0.00	0.00	0.00	0.00
木兰乡	0.00	0.00	0.00	0.00	0.00	0.00	0.00	0.00
祁家湾街	2.63	4.65	0.00	0.00	0.06	0.44	2.69	1.79
前川街	0.00	0.00	0.00	0.00	0.00	0.00	0.00	0.00
三里镇	0.00	0.00	0.00	0.00	0.00	0.00	0.00	0.00
滠口街	0.00	0.00	0.00	0.00	0.00	0.00	0.00	0.00
天河街	0.00	0.00	0.00	0.00	0.00	0.00	0.00	0.00
王家河镇	0.00	0.00	0.00	0.00	0.00	0.00	0.00	0.00
武湖街	47.74	84.29	79.87	100.00	13.59	99.56	141.20	94.04
姚家集镇	0.00	0.00	0.00	0.00	0.00	0.00	0.00	0.00
长轩岭镇	0.00	0.00	0.00	0.00	0.00	0.00	0.00	0.00
总计	57	100	80	100	14	100	150	100
乡名称	二等地						面积（公顷）	比例（%）
	旱地		水浇地		水田			
	面积（公顷）	比例（%）	面积（公顷）	比例（%）	面积（公顷）	比例（%）		
蔡店乡	0.00	0.00	0.00	0.00	0.00	0.00	0.00	0.00
蔡家榨镇	0.00	0.00	0.00	0.00	0.00	0.00	0.00	0.00
横店街	88.37	15.60	0.00	0.00	172.38	49.63	260.75	14.99
李家集镇	0.00	0.00	0.00	0.00	0.00	0.00	0.00	0.00
六指街	18.71	3.30	0.00	0.00	15.47	4.45	34.18	1.96

（续）

乡名称	二等地						面积（公顷）	比例（%）
	旱地		水浇地		水田			
	面积（公顷）	比例（%）	面积（公顷）	比例（%）	面积（公顷）	比例（%）		
罗汉寺街	0.00	0.00	0.00	0.00	0.00	0.00	0.00	0.00
木兰乡	0.00	0.00	0.00	0.00	0.00	0.00	0.00	0.00
祁家湾街	18.15	3.20	10.82	1.31	13.65	3.93	42.63	2.45
前川街	0.00	0.00	0.00	0.00	0.00	0.00	0.00	0.00
三里镇	61.56	10.87	286.74	34.71	33.67	9.69	381.97	21.95
滠口街	228.06	40.25	8.83	1.07	105.88	30.49	342.77	19.70
天河街	0.00	0.00	0.00	0.00	0.58	0.17	0.58	0.03
王家河镇	0.00	0.00	0.00	0.00	0.00	0.00	0.00	0.00
武湖街	149.03	26.30	519.74	62.91	5.68	1.63	674.45	38.76
姚家集镇	0.00	0.00	0.00	0.00	0.00	0.00	0.00	0.00
长轩岭镇	2.73	0.48	0.00	0.00	0.00	0.00	2.73	0.16
总计	567	100	826	100	347	100	1740	100

乡名称	三等地						面积（公顷）	比例（%）
	旱地		水浇地		水田			
	面积（公顷）	比例（%）	面积（公顷）	比例（%）	面积（公顷）	比例（%）		
蔡店乡	387.78	19.53	0.00	0.00	302.10	13.27	689.87	16.06
蔡家榨镇	0.00	0.00	0.00	0.00	0.00	0.00	0.00	0.00
横店街	2.69	0.14	0.00	0.00	1.11	0.05	3.79	0.09
李家集镇	6.84	0.34	0.00	0.00	0.59	0.03	7.44	0.17
六指街	134.79	6.79	1.50	4.60	103.14	4.53	239.42	5.57
罗汉寺街	458.10	23.07	0.00	0.00	582.76	25.60	1040.86	24.23
木兰乡	196.84	9.91	0.00	0.00	181.67	7.98	378.51	8.81
祁家湾街	115.61	5.82	0.33	1.01	294.14	12.92	410.08	9.55
前川街	0.00	0.00	0.00	0.00	2.06	0.09	2.06	0.05
三里镇	26.39	1.33	30.46	93.68	71.63	3.15	128.48	2.99
滠口街	25.20	1.27	0.00	0.00	28.02	1.23	53.22	1.24
天河街	0.00	0.00	0.00	0.00	0.00	0.00	0.00	0.00
王家河镇	0.00	0.00	0.00	0.00	0.00	0.00	0.00	0.00
武湖街	0.00	0.00	0.00	0.00	0.00	0.00	0.00	0.00
姚家集镇	167.04	8.41	0.08	0.23	265.19	11.65	432.31	10.07
长轩岭镇	464.37	23.39	0.15	0.48	444.35	19.52	908.87	21.16
总计	1986	100	33	100	2277	100	4295	100

（续）

乡名称	四等地						面积（公顷）	比例（%）
	旱地		水浇地		水田			
	面积（公顷）	比例（%）	面积（公顷）	比例（%）	面积（公顷）	比例（%）		
蔡店乡	460.27	7.95	0.00	0.00	486.65	5.83	946.92	6.09
蔡家榨镇	125.81	2.17	0.00	0.00	117.44	1.41	243.25	1.56
横店街	389.19	6.72	0.00	0.00	907.36	10.88	1296.55	8.34
李家集镇	228.48	3.95	0.53	0.04	559.18	6.70	788.19	5.07
六指街	697.91	12.05	9.07	0.64	748.49	8.97	1455.47	9.36
罗汉寺街	467.14	8.07	0.13	0.01	1321.10	15.84	1788.37	11.50
木兰乡	344.12	5.94	0.00	0.00	298.69	3.58	642.82	4.13
祁家湾街	373.90	6.46	0.00	0.00	939.87	11.27	1313.78	8.45
前川街	318.56	5.50	0.00	0.00	511.71	6.14	830.27	5.34
三里镇	34.21	0.59	941.43	66.46	84.75	1.02	1060.38	6.82
滠口街	561.10	9.69	52.08	3.68	489.34	5.87	1102.52	7.09
天河街	138.73	2.40	0.00	0.00	334.44	4.01	473.17	3.04
王家河镇	704.43	12.17	1.85	0.13	748.04	8.97	1454.32	9.35
武湖街	115.77	2.00	411.34	29.04	0.04	0.00	527.15	3.39
姚家集镇	240.69	4.16	0.00	0.00	314.15	3.77	554.84	3.57
长轩岭镇	589.44	10.18	0.00	0.00	479.18	5.75	1068.61	6.87
总计	5790	100	1416	100	8340	100	15547	100

乡名称	五等地						面积（公顷）	比例（%）
	旱地		水浇地		水田			
	面积（公顷）	比例（%）	面积（公顷）	比例（%）	面积（公顷）	比例（%）		
蔡店乡	949.28	8.67	5.21	0.78	1072.22	5.43	2026.71	6.46
蔡家榨镇	551.13	5.03	0.00	0.00	585.11	2.96	1136.24	3.62
横店街	203.24	1.86	0.00	0.00	577.98	2.93	781.22	2.49
李家集镇	887.06	8.10	2.96	0.44	3005.76	15.22	3895.78	12.42
六指街	1110.05	10.13	17.02	2.54	1262.00	6.39	2389.07	7.62
罗汉寺街	624.26	5.70	3.25	0.49	2635.80	13.35	3263.31	10.40
木兰乡	1572.03	14.35	0.78	0.12	1107.95	5.61	2680.76	8.55
祁家湾街	745.49	6.81	0.00	0.00	3230.71	16.36	3976.20	12.67
前川街	780.29	7.12	45.13	6.74	1940.49	9.83	2765.91	8.82
三里镇	98.69	0.90	535.69	79.96	207.15	1.05	841.53	2.68
滠口街	295.92	2.70	0.00	0.00	377.73	1.91	673.64	2.15

（续）

乡名称	五等地						面积（公顷）	比例（%）
	旱地		水浇地		水田			
	面积（公顷）	比例（%）	面积（公顷）	比例（%）	面积（公顷）	比例（%）		
天河街	182.31	1.66	5.93	0.89	637.45	3.23	825.68	2.63
王家河镇	823.09	7.51	6.87	1.02	1040.79	5.27	1870.75	5.96
武湖街	2.11	0.02	39.66	5.92	9.15	0.05	50.91	0.16
姚家集镇	1131.45	10.33	7.45	1.11	1163.16	5.89	2302.05	7.34
长轩岭镇	996.31	9.10	0.00	0.00	894.99	4.53	1891.30	6.03
总计	10953	100	670	100	19748	100	31371	100

乡名称	六等地						面积（公顷）	比例（%）
	旱地		水浇地		水田			
	面积（公顷）	比例（%）	面积（公顷）	比例（%）	面积（公顷）	比例（%）		
蔡店乡	278.76	4.06	0.00	0.00	776.20	5.88	1054.97	5.22
蔡家榨镇	837.47	12.20	3.11	2.44	911.71	6.90	1752.30	8.68
横店街	227.00	3.31	0.00	0.00	475.17	3.60	702.18	3.48
李家集镇	400.42	5.83	0.00	0.00	994.65	7.53	1395.07	6.91
六指街	1148.48	16.74	18.65	14.62	1711.89	12.97	2879.02	14.26
罗汉寺街	244.39	3.56	0.00	0.00	1185.38	8.98	1429.77	7.08
木兰乡	905.56	13.20	0.00	0.00	1140.36	8.64	2045.93	10.13
祁家湾街	333.92	4.87	1.65	1.29	1353.00	10.25	1688.58	8.36
前川街	340.71	4.96	32.88	25.76	1265.51	9.58	1639.09	8.12
三里镇	4.88	0.07	67.19	52.65	83.36	0.63	155.43	0.77
滠口街	180.44	2.63	0.20	0.16	189.21	1.43	369.85	1.83
天河街	50.13	0.73	0.00	0.00	400.68	3.03	450.82	2.23
王家河镇	821.02	11.96	0.00	0.00	1029.61	7.80	1850.63	9.16
武湖街	0.00	0.00	0.00	0.00	0.00	0.00	0.00	0.00
姚家集镇	746.68	10.88	3.92	3.07	1336.32	10.12	2086.91	10.33
长轩岭镇	342.74	4.99	0.00	0.00	350.77	2.66	693.51	3.43
总计	6863	100	128	100	13204	100	20194	100

乡名称	七等地						面积（公顷）	比例（%）
	旱地		水浇地		水田			
	面积（公顷）	比例（%）	面积（公顷）	比例（%）	面积（公顷）	比例（%）		
蔡店乡	65.36	1.29	0.00	0.00	63.67	0.85	129.04	1.02

（续）

乡名称	七等地						面积（公顷）	比例（%）
	旱地		水浇地		水田			
	面积（公顷）	比例（%）	面积（公顷）	比例（%）	面积（公顷）	比例（%）		
蔡家榨镇	946.93	18.64	0.00	0.00	830.60	11.04	1777.52	14.06
横店街	220.80	4.35	0.00	0.00	688.11	9.15	908.91	7.19
李家集镇	594.94	11.71	0.00	0.00	818.71	10.88	1413.64	11.18
六指街	1364.63	26.86	16.55	39.45	1363.05	18.12	2744.23	21.70
罗汉寺街	63.26	1.25	3.03	7.23	150.37	2.00	216.66	1.71
木兰乡	148.74	2.93	0.00	0.00	160.31	2.13	309.04	2.44
祁家湾街	229.31	4.51	0.00	0.00	870.54	11.57	1099.85	8.70
前川街	415.88	8.19	8.14	19.41	918.18	12.20	1342.20	10.61
三里镇	24.01	0.47	13.22	31.52	20.68	0.27	57.90	0.46
滠口街	73.18	1.44	0.00	0.00	132.59	1.76	205.77	1.63
天河街	16.61	0.33	0.43	1.03	38.01	0.51	55.05	0.44
王家河镇	602.41	11.86	0.00	0.00	815.24	10.84	1417.64	11.21
武湖街	0.00	0.00	0.00	0.00	0.00	0.00	0.00	0.00
姚家集镇	285.18	5.61	0.57	1.36	619.78	8.24	905.54	7.16
长轩岭镇	29.47	0.58	0.00	0.00	33.15	0.44	62.62	0.50
总计	5081	100	42	100	7523	100	12646	100

乡名称	八等地						面积（公顷）	比例（%）
	旱地		水浇地		水田			
	面积（公顷）	比例（%）	面积（公顷）	比例（%）	面积（公顷）	比例（%）		
蔡店乡	61.71	5.50	0.00	0.00	61.64	3.39	123.35	4.19
蔡家榨镇	83.39	7.44	0.00	0.00	81.32	4.47	164.71	5.60
横店街	43.95	3.92	0.00	0.00	61.27	3.37	105.22	3.57
李家集镇	83.96	7.49	0.71	30.54	304.31	16.72	388.98	13.22
六指街	254.50	22.70	0.52	22.18	436.35	23.98	691.37	23.49
罗汉寺街	18.22	1.62	0.00	0.00	50.07	2.75	68.28	2.32
木兰乡	163.40	14.57	0.00	0.00	136.87	7.52	300.27	10.20
祁家湾街	42.87	3.82	0.00	0.00	245.55	13.49	288.42	9.80
前川街	60.06	5.36	0.00	0.00	130.79	7.19	190.85	6.48
三里镇	0.00	0.00	0.00	0.00	0.00	0.00	0.00	0.00
滠口街	15.59	1.39	0.00	0.00	3.81	0.21	19.40	0.66
天河街	0.00	0.00	0.00	0.00	0.00	0.00	0.00	0.00
王家河镇	244.64	21.82	0.00	0.00	241.12	13.25	485.76	16.50

（续）

乡名称	八等地						面积（公顷）	比例（%）
	旱地		水浇地		水田			
	面积（公顷）	比例（%）	面积（公顷）	比例（%）	面积（公顷）	比例（%）		
武湖街	0.00	0.00	0.00	0.00	0.00	0.00	0.00	0.00
姚家集镇	48.20	4.30	1.10	47.28	66.84	3.67	116.15	3.95
长轩岭镇	0.64	0.06	0.00	0.00	0.00	0.00	0.64	0.02
总计	1121	100	2	100	1820	100	2943	100

乡名称	九等地						面积（公顷）	比例（%）
	旱地		水浇地		水田			
	面积（公顷）	比例（%）	面积（公顷）	比例（%）	面积（公顷）	比例（%）		
蔡店乡	0.00	0.00	0.00	0.00	0.00	0.00	0.00	0.00
蔡家榨镇	0.00	0.00	0.00	0.00	0.00	0.00	0.00	0.00
横店街	0.24	0.75	0.00	0.00	3.87	3.50	4.10	2.89
李家集镇	0.00	0.00	0.00	0.00	36.74	33.27	36.74	25.85
六指街	21.56	68.00	0.00	0.00	24.48	22.17	46.05	32.40
罗汉寺街	0.00	0.00	0.00	0.00	0.00	0.00	0.00	0.00
木兰乡	0.00	0.00	0.00	0.00	0.00	0.00	0.00	0.00
祁家湾街	0.00	0.00	0.00	0.00	0.00	0.00	0.00	0.00
前川街	5.29	16.69	0.00	0.00	36.37	32.93	41.66	29.31
三里镇	0.00	0.00	0.00	0.00	0.00	0.00	0.00	0.00
滠口街	0.63	1.98	0.00	0.00	0.00	0.00	0.63	0.44
天河街	0.00	0.00	0.00	0.00	0.00	0.00	0.00	0.00
王家河镇	1.74	5.50	0.00	0.00	4.74	4.29	6.48	4.56
武湖街	0.00	0.00	0.00	0.00	0.00	0.00	0.00	0.00
姚家集镇	2.25	7.09	0.00	0.00	4.24	3.84	6.48	4.56
长轩岭镇	0.00	0.00	0.00	0.00	0.00	0.00	0.00	0.00
总计	32	100	0	0	110	100	142	100

第二节　耕地质量等级分述

一、一等地分析

1. 分布特征与面积统计　黄陂区一等地面积为 150.16 公顷，主要分布在南部，占耕地总面积的 0.17%。其中旱地面积 56.63 公顷，占旱地总面积的 0.17%；水浇面积 79.87 公顷，占水浇地总面积的 2.50%；水田面积 13.65 公顷，占水田总面积的 0.03%，基本可以忽略不计（图 1-3-1）。

图 1-3-1　黄陂区一等地分布

2. 养分状况分析　参见表1-3-4。

表 1-3-4　一等地养分分析

指标	平均值	最小值	最大值	标准差	CV（%）
有机质（克/千克）	21.38	20.50	29.00	1.32	6.18
全氮（克/千克）	1.28	1.24	1.57	0.05	3.94
有效磷（毫克/千克）	11.44	11.00	14.50	0.65	5.71
速效钾（毫克/千克）	122.34	92.00	126.00	5.70	4.66
缓效钾（毫克/千克）	507.92	394.00	522.00	20.34	4.00
pH	6.25	5.30	6.40	0.18	2.92

二、二等地分析

1. 分布特征与面积统计　黄陂区二等地面积为1740.06公顷，主要分布南部，占耕地总面积的1.95%。其中旱地面积566.61公顷，占旱地总面积的1.75%；水浇面积826.13公顷，占水浇地总面积的25.84%；水田面积347.32公顷，占水田总面积的0.65%，基本可以忽略不计（图1-3-2）。

2. 养分状况分析　参见表1-3-5。

表 1-3-5　二等地养分分析

指标	平均值	最小值	最大值	标准差	CV（%）
有机质（克/千克）	23.27	20.50	28.30	2.24	9.63
全氮（克/千克）	1.35	1.24	1.57	0.09	6.35
有效磷（毫克/千克）	12.80	9.40	17.60	1.58	12.37
速效钾（毫克/千克）	117.19	73.00	128.00	8.77	7.49
缓效钾（毫克/千克）	479.47	301.00	524.00	30.59	6.38
pH	5.74	4.90	6.40	0.36	6.25

三、三等地分析

1. 分布特征与面积统计　黄陂区三等地面积为4294.91公顷，主要分布在中部和北部，占耕地总面积的4.82%。其中旱地面积1985.65公顷，占旱地总面积的6.12%；水浇地面积32.52公顷，占水浇地总面积的1.02%；水田面积2276.74公顷，占水田总面积的4.26%（图1-3-3）。

2. 养分状况分析　参见表1-3-6。

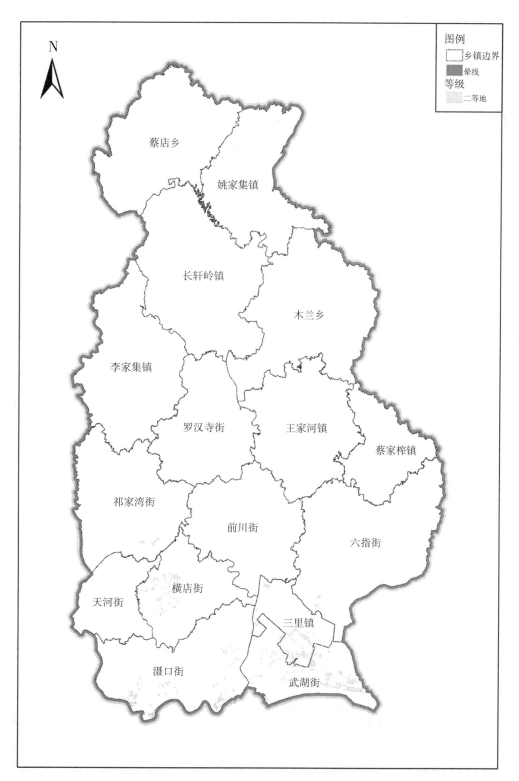

图 1-3-2　黄陂区二等地分布

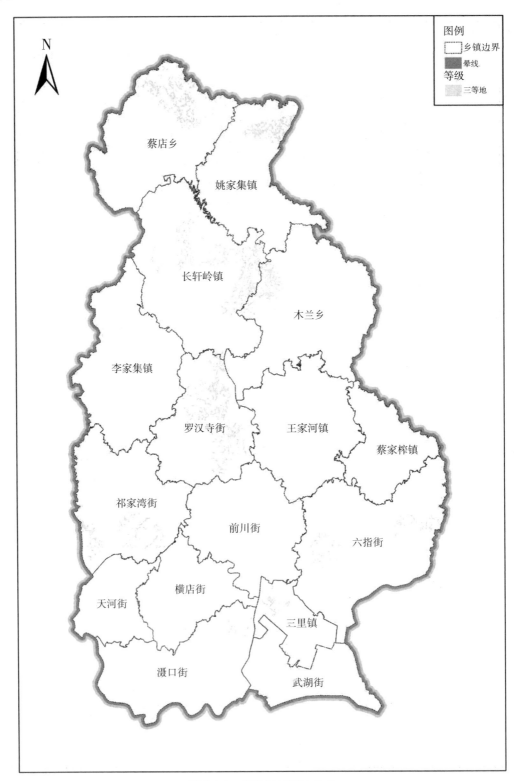

图 1-3-3 黄陂区三等地分布

表 1-3-6　三等地养分分析

指标	平均值	最小值	最大值	标准差	CV（%）
有机质（克/千克）	24.77	19.10	29.30	2.05	8.27
全氮（克/千克）	1.31	1.06	1.59	0.07	5.74
有效磷（毫克/千克）	14.76	9.30	20.40	2.59	17.54
速效钾（毫克/千克）	70.48	57.00	126.00	10.09	14.32
缓效钾（毫克/千克）	298.04	212.00	494.00	54.37	18.24
pH	4.88	4.70	5.70	0.19	3.83

四、四等地分析

1. 分布特征与面积统计　黄陂区四等地面积为 15546.60 公顷，全区大部分街镇都有分布，占耕地总面积的 17.46%。其中旱地面积 5789.74 公顷，占旱地总面积的 17.84%；水浇地面积 1416.44 公顷，占水浇地总面积的 44.31%；水田面积 8340.42 公顷，占水田总面积的 15.62%（图 1-3-4）。

2. 养分状况分析　参见表 1-3-7。

表 1-3-7　四等地养分分析

指标	平均值	最小值	最大值	标准差	CV（%）
有机质（克/千克）	24.03	18.50	29.40	2.35	9.78
全氮（克/千克）	1.30	1.03	1.60	0.12	9.14
有效磷（毫克/千克）	14.45	9.40	23.00	2.94	20.32
速效钾（毫克/千克）	78.43	43.00	129.00	21.09	26.89
缓效钾（毫克/千克）	331.81	206.00	523.00	74.11	22.33
pH	5.05	4.70	6.40	0.25	5.01

五、五等地分析

1. 分布特征与面积统计　黄陂区五等地面积为 31371.07 公顷，全区大部分街镇都有分布，占耕地总面积的 35.24%。其中旱地面积 10952.71 公顷，占旱地总面积的 33.76%；水浇地面积 669.93 公顷，占水浇地总面积的 20.96%；水田面积 19748.42 公顷，占水田总面积的 36.99%（图 1-3-5）。

2. 养分状况分析　参见表 1-3-8。

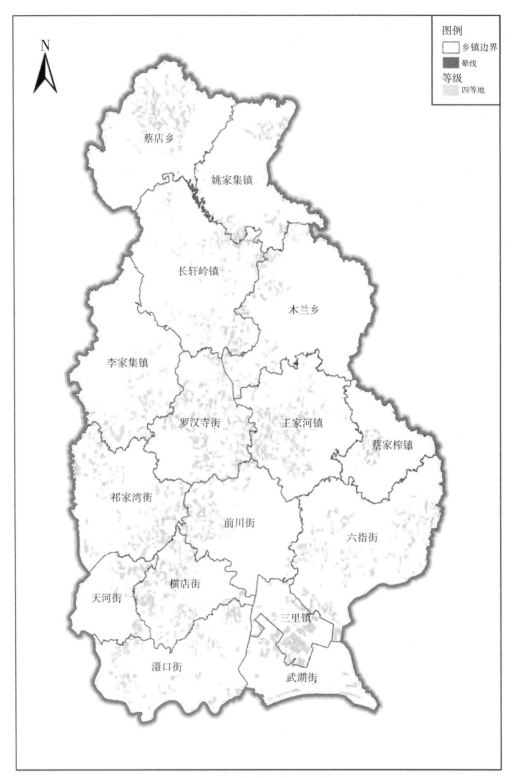

图 1-3-4 黄陂区四等地分布

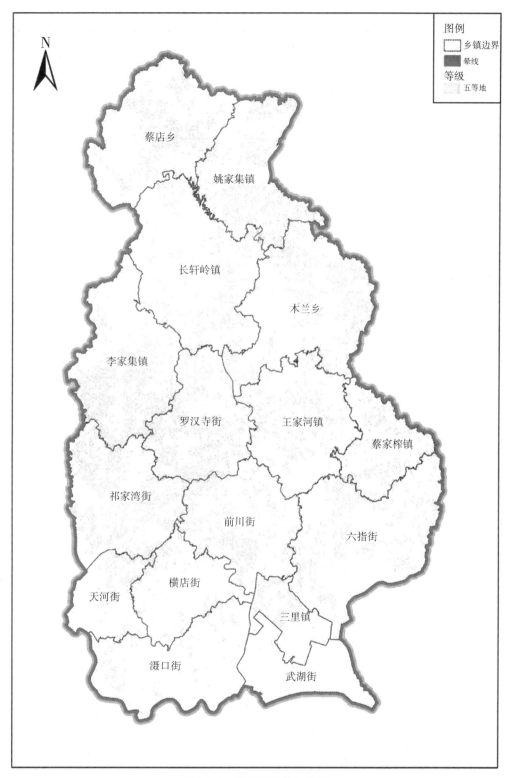

图 1-3-5　黄陂区五等地分布

表 1-3-8 五等地养分分析

指标	平均值	最小值	最大值	标准差	CV（%）
有机质（克/千克）	23.82	18.00	29.40	2.31	9.71
全氮（克/千克）	1.26	1.02	1.60	0.11	8.81
有效磷（毫克/千克）	14.11	9.30	23.00	2.62	18.56
速效钾（毫克/千克）	68.92	42.00	128.00	14.31	20.76
缓效钾（毫克/千克）	291.19	193.00	514.00	55.61	19.10
pH	4.91	4.70	6.30	0.20	4.02

六、六等地分析

1. 分布特征与面积统计 黄陂区六等地面积为 20194.05 公顷，全区大部分街镇都有分布，占耕地总面积的 22.68%。其中旱地面积 6862.61 公顷，占旱地总面积的 21.15%；水浇地面积 127.60 公顷，占水浇地总面积的 3.99%；水田面积 13203.83 公顷，占水田总面积的 24.73%（图 1-3-6）。

2. 养分状况分析 参见表 1-3-9。

表 1-3-9 六等地养分分析

指标	平均值	最小值	最大值	标准差	CV（%）
有机质（克/千克）	23.17	18.20	29.40	0.00	0.00
全氮（克/千克）	1.24	1.02	1.59	0.11	9.15
有效磷（毫克/千克）	14.06	9.30	22.10	2.61	18.57
速效钾（毫克/千克）	70.15	43.00	128.00	16.96	24.18
缓效钾（毫克/千克）	298.56	193.00	511.00	58.30	19.53
pH	4.93	4.70	5.80	0.19	3.88

七、七等地分析

1. 分布特征与面积统计 黄陂区七等地面积为 12645.62 公顷，主要分布在中东部、西部和北部，占耕地总面积的 14.20%。其中旱地面积 5080.70 公顷，占旱地总面积的 15.66%；水浇地面积 41.94 公顷，占水浇地总面积的 1.31%；水田面积 7522.97 公顷，占水田总面积的 14.09%（图 1-3-7）。

2. 养分状况分析 参见表 1-3-10。

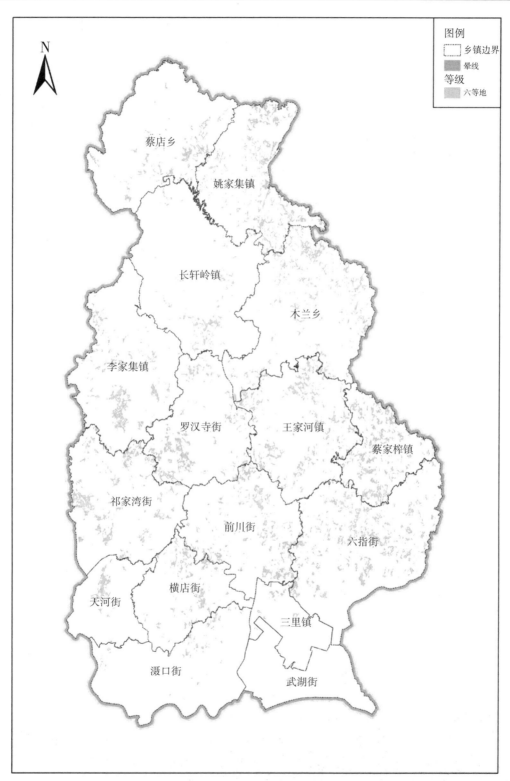

图 1-3-6　黄陂区六等地分布

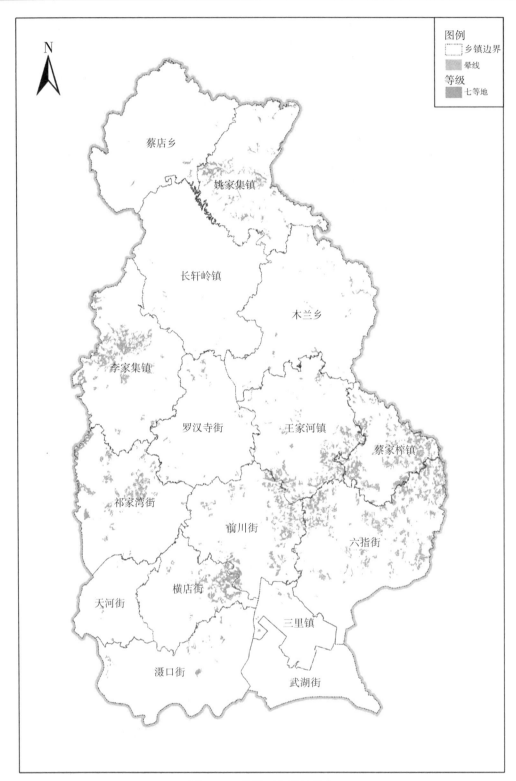

图 1-3-7 黄陂区七等地分布

表 1-3-10　七等地养分分析

指标	平均值	最小值	最大值	标准差	CV（%）
有机质（克/千克）	22.06	18.00	29.00	2.34	10.58
全氮（克/千克）	1.20	1.02	1.57	0.12	10.23
有效磷（毫克/千克）	13.92	9.30	21.60	2.32	16.68
速效钾（毫克/千克）	71.47	42.00	128.00	17.68	24.74
缓效钾（毫克/千克）	303.20	199.00	508.00	52.33	17.26
pH	4.96	4.70	5.80	0.16	3.13

八、八等地分析

1. 分布特征与面积统计　黄陂区八等地面积为 2943.41 公顷,主要分布在中东部,占耕地总面积的 3.31%。其中旱地面积 1121.13 公顷,占旱地总面积的 3.46%;水浇地面积 2.33 公顷,占水浇地总面积的 0.07%;水田面积 1819.95 公顷,占水田总面积的 3.41%(图 1-3-8)。

2. 养分状况分析　参见表 1-3-11。

表 1-3-11　八等地养分分析

指标	平均值	最小值	最大值	标准差	CV（%）
有机质（克/千克）	22.21	18.10	28.40	2.26	10.16
全氮（克/千克）	1.19	1.02	1.57	0.11	9.13
有效磷（毫克/千克）	13.83	9.30	22.90	2.20	15.92
速效钾（毫克/千克）	68.46	42.00	126.00	17.08	24.94
缓效钾（毫克/千克）	293.79	203.00	508.00	48.76	16.60
pH	4.90	4.70	5.70	0.17	3.41

九、九等地分析

1. 分布特征与面积统计　黄陂区九等地面积为 142.14 公顷,主要分布在中部,占耕地总面积的 0.16%。其中旱地面积 31.71 公顷,占旱地总面积的 0.10%;无水浇地;水田面积 110.43 公顷,占水田总面积的 0.21%（图 1-3-9）。

2. 养分状况分析　参见表 1-3-12。

表 1-3-12　九等地养分分析

指标	平均值	最小值	最大值	标准差	CV（%）
有机质（克/千克）	22.19	19.30	26.60	1.70	7.67
全氮（克/千克）	1.20	1.07	1.48	0.10	8.58
有效磷（毫克/千克）	13.93	9.30	20.10	2.03	14.60
速效钾（毫克/千克）	69.28	43.00	117.00	16.36	23.62
缓效钾（毫克/千克）	309.36	205.00	460.00	44.10	14.25
pH	4.89	4.70	5.30	0.14	2.95

图 1-3-8　黄陂区八等地分布

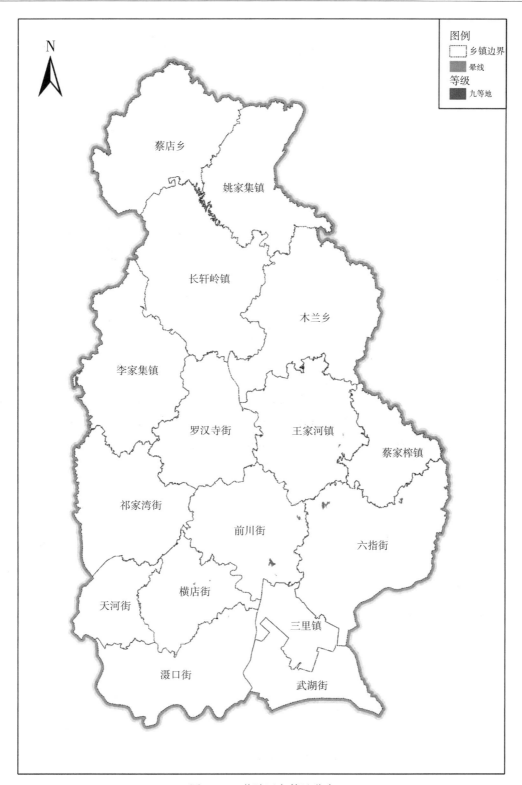

图 1-3-9　黄陂区九等地分布

第三节　耕地质量改良与提升

根据黄陂区耕地质量调查评价结果和耕地资源利用现状，对耕地质量及障碍因素进行综合分析，提出黄陂区耕地质量等级提高与土壤改良利用措施。

全区中低产田主要类型有：渍涝型、障碍层次型、质地不良型、缺素失调型、偏酸过碱型。

一、渍涝型

1. 特点　地下水位高，排水不良，土壤水分过多，易受涝渍危害。剖面全层或表层均有青泥层，水温、土温低，土烂泥深，还原性有毒物质多，土壤中的微生物活动受到抑制，有机质分解缓慢，释放出的有效养分少，特别是有效磷、锌含量低，但土壤潜在养分含量高。

2. 改良措施　针对渍涝土壤长期渍水，水温、土温低，土壤结构性差，潜在养分难以发挥等问题，必须首先根除水害，改善土壤水热状况，同时结合其他措施熟化土壤，使低产土壤变高产。

（1）完善排灌体系　新建和完善各种排灌站，搞好主渠、支渠、干渠网络配套，确保农田进水及时，排水迅速，能灌能排。

（2）冬耕晒垡，实行水旱轮作　采取翻耕晒垡、冬凌、炕土和熏土等办法，改善土壤结构，增加土壤通透性，活化土壤养分，在改善排水条件以后，除冬耕晒垡外，还应尽可能实行轮作换茬。在水稻生长期注意晒田和湿润管理，这都有利于土壤通气和理化性质的改善，促进还原物质的氧化而消除毒害，增强土壤微生物的活性，加速有机质的分解。短期晒田冬作，要注意充分脱水，适墒起板，以免僵垡。

（3）推广应用测土配方施肥技术　做到因土施肥、因作物施肥，节本增效，改善生态环境。

（4）多途径增施有机肥　推广秸秆还田和旱作秸秆覆盖技术，扩大绿肥种植面积。

二、障碍层次型

1. 特点　该类型中低产耕地其剖面构型有缺陷，土体内有夹砂、夹黏、夹砾石、白隔、白底等土壤障碍层次，从而妨碍水肥运行、农作物的根系伸展和对养分的吸收，易漏水漏肥，使作物吊气伤苗或滞水隔气对作物生长不利，导致作物低产。

2. 改良措施

（1）深耕、深翻、逐步打破障碍层　根据夹层所在土壤剖面的部位和厚度，选用适宜的农机具逐步深耕和深翻搅匀改良土壤结构，结合深施有机肥，增强土壤的保肥保水功能。

（2）轮作换茬，用养结合　调整种植结构，将豆科作物同其他作物进行轮作换茬，以培肥地力。

（3）完善配套水利设施，保障灌溉用水

（4）科学施肥 按照平衡施肥原则，稳施氮肥，重施钾肥，增施微肥，提高肥料利用率，实现节本增效。

三、质地不良型

1. 特点 该类型耕地主要是耕层太浅和土壤质地过黏或过砂。土壤质地黏重，通气差，宜耕期短，作物迟发，不耐旱，又不耐涝，土壤容易板结，作物出苗和扎根困难，抗逆能力差，缺水怕旱，下雨怕涝，作物生长差。土壤质地过砂，漏水跑肥，温差变幅大，作物易早衰。耕层浅薄，土壤严重缺素贫瘠。

2. 改良措施

（1）增施有机肥，改良土壤结构，改善土壤理化性状 增施有机肥是一个有效措施，特别是在目前施肥基本以施化肥为主的情况下，对质地不良的耕地增加有机质的施用量更为重要。

（2）合理配方施肥，改善作物营养状况 质地不良的耕地速效养分低，表现严重的缺磷、钾、少氮素，因此，更要注意因地因作物进行合理配方施肥，改善作物营养条件。

（3）注意种养结合，培肥地力 质地不良的耕地要多种植油菜、绿肥等养地作物，以养为主，培肥地力。

四、缺素失调型

1. 特点 以能供给作物吸收的氮、磷、钾三要素及微量元素在土壤中的含量来衡量其丰缺指标，其中缺一种或二种以上营养元素的土壤田块均属缺素田。全区各地农田都有分布。土壤营养元素缺乏，作物摄取的多，补偿的少以及长期的不平衡施肥，造成部分土壤养分失调或亏缺。

2. 改良措施

（1）减轻或消除中低产田造成缺素的根源 由于存在着影响土壤营养元素的有效性及其平衡的因素，往往引起土壤缺素以及营养元素间的平衡，而影响作物对养分的需要，使作物生长发育受到严惩影响，最终是产量降低。因此，在改良利用的同时，还要注意以下3点：一是要控制和改造自然力对土壤的破坏作用，创造良好的生态环境；二是要改造土壤的不良性质和土体构型，消除土壤肥力的限制因素；三是要确定合理的使用和管理制度。

（2）用地与养地相结合 对农田土壤管理和使用不当（尤其是只用不养）是造成土壤肥力下降、作物产量不高的重要原因之一。因此，必须统筹兼顾在重视既用地又养地，用养结合的基础上才能使作物持续高产。用养结合的办法很多，如增施有机肥料，轮作换茬，豆科作物与其他作物连作和轮作，浅根作物与深根作物轮作等。

（3）实行测土配方施肥 根据土壤普查化验的结果和土壤的供肥能力，缺什么补什么，缺多少补多少，缺多多施，缺少少施，不缺不施。同时要根据作物的需要量和需肥时期，需肥规律以及土壤和肥料性质合理施肥。

五、偏酸过碱型

1. 特点 大多数农作物适合在中性土壤上生长。黄陂区耕层土壤 pH 含量主要集中在 4.7～5.4。因此酸性土改良是黄陂区土壤改良需要注意的一个重要问题。

2. 改良措施

①增施有机肥料。

②施用生理碱性土壤或生理碱性肥料。

第四章　有机质、主要营养元素及其他指标分析

第一节　有机质

一、耕地土壤有机质分布

参见图 1-4-1。

二、耕地土壤有机质分布曲线

参见图 1-4-2。

三、耕地土壤有机质分布统计

参见表 1-4-1。

表 1-4-1　黄陂区耕地土壤有机质分布统计

有机质含量区间（克/千克）	评价单元数	百分比（%）	面积（公顷）	百分比（%）
15～20	4187	9.25	8512	9.56
20～25	27971	61.77	58671	65.90
25～30	13125	28.98	21845	24.54
总计	45283	100.00	89028	100.00

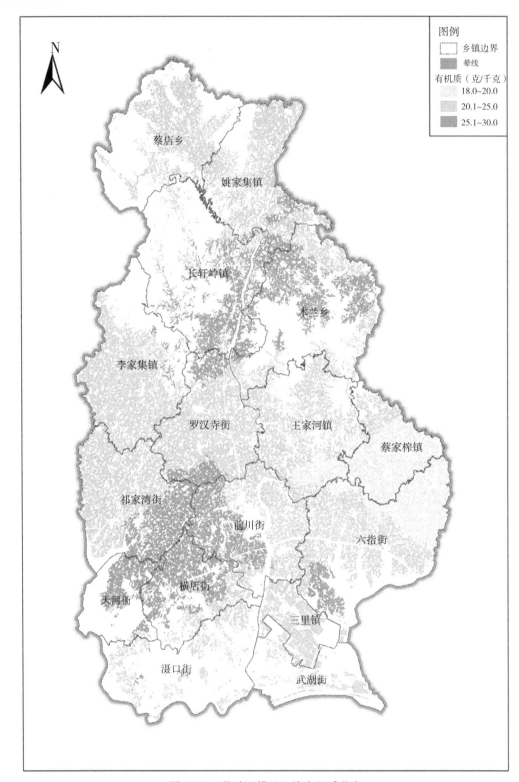

图 1-4-1 黄陂区耕地土壤有机质分布

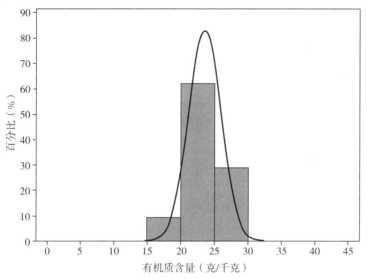

图 1-4-2　黄陂区耕地土壤有机质分布曲线

第二节　全氮

一、耕地土壤全氮分布

参见图 1-4-3。

二、耕地土壤全氮分布曲线

参见图 1-4-4。

三、耕地土壤全氮分布统计

参见表 1-4-2。

表 1-4-2　黄陂区耕地土壤全氮分布统计

全氮含量区间（克/千克）	评价单元数	百分比（％）	面积（公顷）	百分比（％）
1.0～1.2	12348	27.27	22240	24.98
1.2～1.4	26976	59.57	54595	61.32
1.4～1.6	5959	13.16	12192	13.69
总计	45283	100.00	89028	100.00

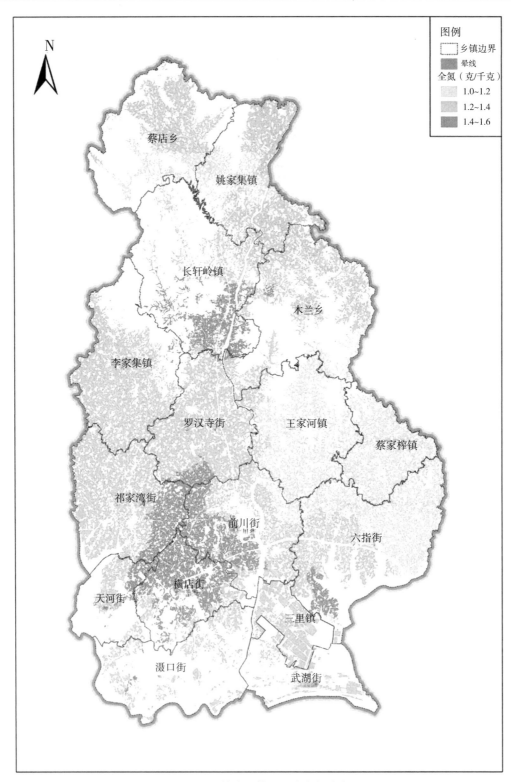

图 1-4-3　黄陂区耕地土壤全氮分布

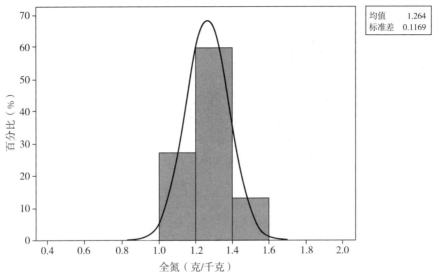

图 1-4-4 黄陂区耕地土壤全氮分布曲线

第三节 有效磷

一、耕地土壤有效磷分布

参见图 1-4-5。

二、耕地土壤有效磷分布曲线

参见图 1-4-6。

三、耕地土壤有效磷分布统计

参见表 1-4-3。

表 1-4-3 黄陂区耕地土壤有效磷分布统计

有效磷含量区间（毫克/千克）	评价单元数	百分比（%）	面积（公顷）	百分比（%）
5～10	306	0.68	1086	1.22
10～15	28378	62.67	59408	66.73
15～20	15869	35.04	27367	30.74
20～25	730	1.61	1167	1.31
总计	45283	100.00	89028	100.00

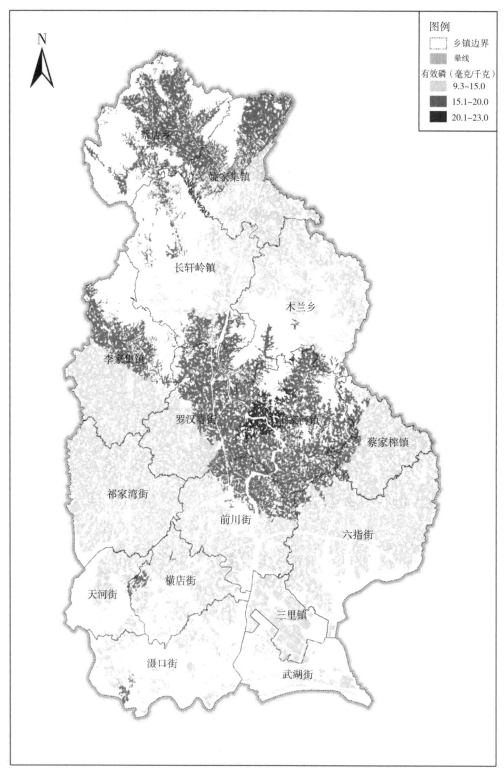

图 1-4-5　黄陂区耕地土壤有效磷分布

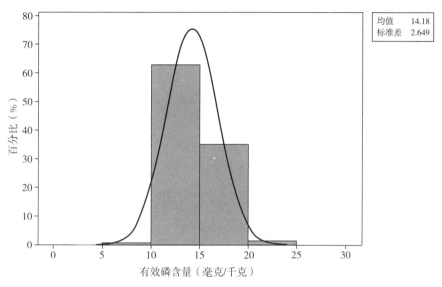

均值	14.18
标准差	2.649

图 1-4-6　黄陂区耕地土壤有效磷分布曲线

第四节　速效钾

一、耕地土壤速效钾分布

参见图 1-4-7。

二、耕地土壤速效钾分布曲线

参见图 1-4-8。

三、耕地土壤速效钾分布统计

参见表 1-4-4。

表 1-4-4　黄陂区耕地土壤速效钾分布统计

速效钾含量区间（毫克/千克）	评价单元数	百分比（%）	面积（公顷）	百分比（%）
40～59	11258	24.86	19079	21.43
60～79	23621	52.16	44656	50.16
80～99	5802	12.81	14316	16.08
100～119	2987	6.60	8138	9.14
120～140	1615	3.57	2839	3.19
总计	45283	100.00	89028	100.00

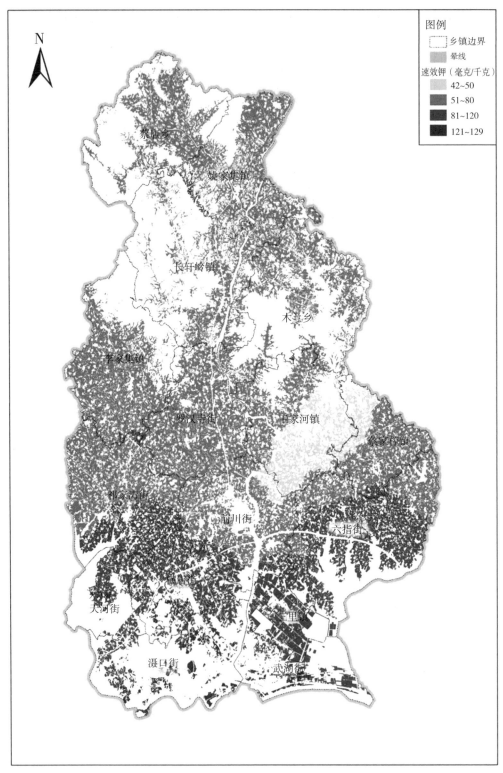

图 1-4-7 黄陂区耕地土壤速效钾分布

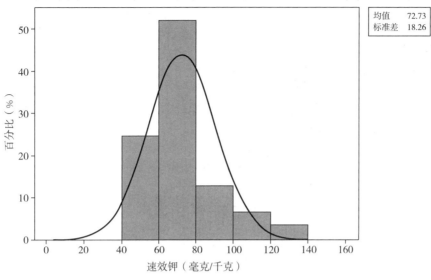

图 1-4-8 黄陂区耕地土壤速效钾分布曲线

第五节 缓效钾

一、耕地土壤缓效钾分布

参见图 1-4-9。

二、耕地土壤缓效钾分布曲线

参见图 1-4-10。

三、耕地土壤缓效钾分布统计

参见表 1-4-5。

表 1-4-5 黄陂区耕地土壤缓效钾分布统计

缓效钾含量区间（毫克/千克）	评价单元数	百分比（%）	面积（公顷）	百分比（%）
100～199	30	0.07	66	0.07
200～299	23926	52.84	41963	47.13
300～399	16355	36.12	34534	38.79
400～499	4288	9.47	11136	12.51
500～600	684	1.51	1328	1.49
总计	45283	100.00	89028	100.00

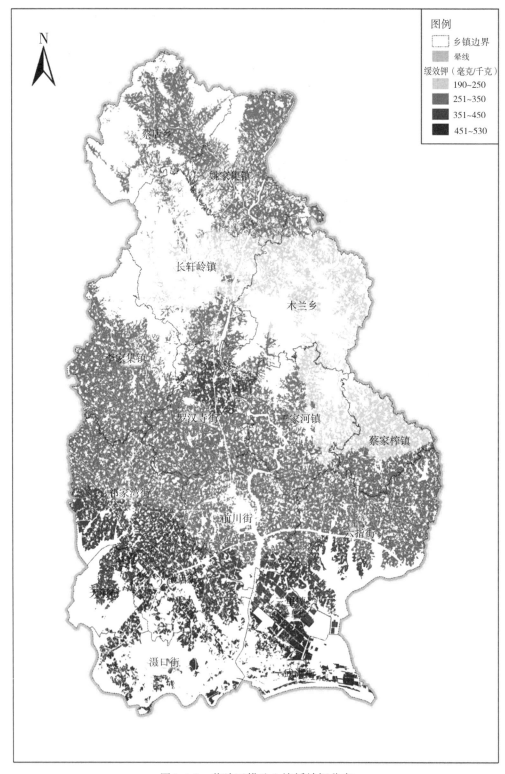

图 1-4-9 黄陂区耕地土壤缓效钾分布

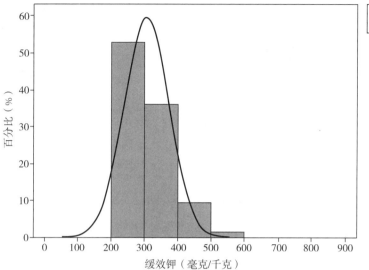

图 1-4-10 黄陂区耕地土壤缓效钾分布曲线

第六节 pH

一、耕地土壤 pH 分布

参见图 1-4-11。

二、耕地土壤 pH 分布曲线

参见图 1-4-12。

三、耕地土壤 pH 分布统计

参见表 1-4-6。

表 1-4-6 黄陂区耕地土壤 pH 分布统计

pH 区间	评价单元数	百分比（%）	面积（公顷）	百分比（%）
4.5～4.8	9366	20.68	10958	12.31
4.8～5.1	20944	46.25	36993	41.55
5.1～5.4	12879	28.44	35492	39.87
5.4～5.7	1151	2.54	2640	2.97
5.7～6.0	408	0.90	1328	1.49
6.0～6.3	394	0.87	1333	1.50
6.3～6.6	141	0.31	284	0.32
总计	45283	100.00	89028	100.00

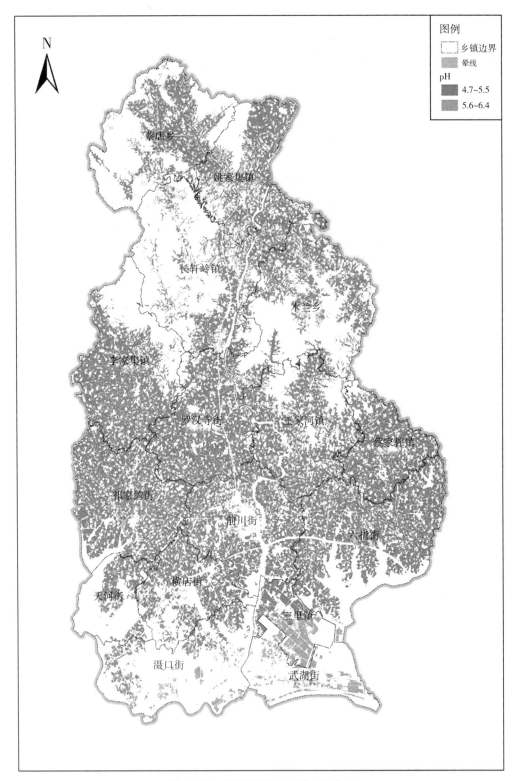

图例
乡镇边界
晕线
pH
4.7~5.5
5.6~6.4

图 1-4-11　黄陂区耕地土壤 pH 分布

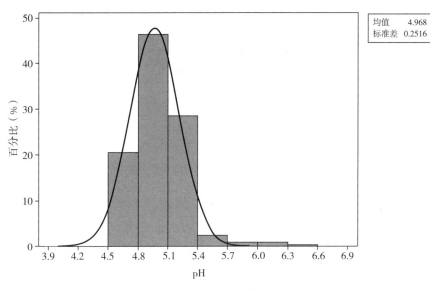

图 1-4-12 黄陂区耕地土壤 pH 分布曲线

第五章　成果图

黄陂区耕地质量等级分布图

黄陂区耕地质量调查评价采样点位图

黄陂区耕地土壤有机质分布图

黄陂区耕地土壤全氮分布图

黄陂区耕地土壤有效磷分布图

黄陂区耕地土壤速效钾分布图

黄陂区耕地土壤缓效钾分布图

黄陂区耕地土壤 pH 分布图

成果图参见书后彩图。

第二篇 | DIERPIAN

东西湖区耕地质量调查与评价

第一章 评价区域概况

第一节 地理位置与行政区划

东西湖区位于东经 113°53′～114°30′，北纬 30°34～30°47′之间，土地面积 499.71 千米²。地处汉口西部近郊，全境三面环水，淡水资源十分丰富。境域东靠张公堤，分别与江岸区、江汉区和硚口区接壤；西南濒汉水与蔡甸区和汉川区相望，西北依府河与孝感区和黄陂区相邻。2017 年辖吴家山、长青、慈惠、走马岭、新沟镇、径河、金银湖、将军路、辛安渡、东山、柏泉 11 个街道和常青花园社区，以及机电产业园、高新技术产业园、综合保税物流产业园、食品医药产业园和临空产业园 5 个开发区产业园。

第二节 自然环境概况

一、气候

东西湖区地处北半球中纬度地带，属北亚热带季风（湿润）气候，常年光照充足、雨量丰沛、雨热同季、四季分明。平均气温 17.3℃，较常年偏高 0.2℃。年极端最高、最低气温分别是 39.7℃（7 月 27 日）、－5.0℃（12 月 18 日）。全年高温日数（日最高气温≥35℃）为 21 天；低温日数（日最低气温≤0℃）为 29 天。年降水总量为 1107.3 毫米，较常年同期偏少 15.9%。全年雨日为 140 天，暴雨日数（日降水量≥50 毫米）为 3 天，日最大降水量为 55.1 毫米（4 月 9 日）。年日照时数为 1662.0 小时，全年无霜期 266 天。

二、地形地貌

东西湖区地处江汉平原的东北缘，地势一马平川。地貌属岗边湖积平原，吴家山为全区境内最高点，海拔 72.04 米。境内地势西高东低，间以坡岭、岗地和残丘，分成东西两湖。西南沿汉江干堤与府河堤一线，地面高程在 26 米（吴淞，下同）左右，约以 1/2000 的坡度倾向湖区，其高程大都在 23 米以下，西湖底高程约 19.5～20.5 米，东湖底高程约 17～19 米，湖底最深处高程为 15.5 米。坡地岭岗大都在 25～35 米，东北部为陇岗平原，中间低，形若"盆碟"。在大地构造上属下扬子地槽凹陷的西部，自中生代以来，基底逐渐稳定；第三纪初期到第四纪处于相对下沉中。根据地形与地势的变化及成土母质的差别，可划分为 4 种地貌类型。

1. 西南部沿江冲积平原区 域内西南部地貌形态为与汉江呈平行带状分布的高河漫滩，亦称高亢冲积平原。地面高程一般在 21.5～24 米，以 1/1500～1/2000 左右的坡度沿江堤向湖心内逐渐倾斜，地势平坦开阔，土地面积有 257905 亩，占全区总面积的 34.7%。

2. 中部湖积平原区 境内中部地貌区界于冲积平原与垅岗平原之间。在地质构造上属河间洼地湖类型。地貌形态为碟形低地，开阔平缓，有"平地一尺水，到处不见田"之说。地面高程一般在 18～21.5 米之间。土地面积 199801.5 亩，占全区总面积的 26.9%。

3. 北部垅岗平原区 境内东北部地貌为汉水下游河谷地貌的第一级低阶地。由于第四纪时期地壳的沉降，地面高程与高河漫一致，所以又称沉降的低垅岗。由于新构造运动的振荡性和节奏性，在沉降中断续上升，形成柏泉山、吴家山等地的丘陵，地面高程60～72.04 米。当新构造运动相对上升时期，则剥蚀作用加强，当相对沉降时期，则堆积作用加强。经长期的侵蚀切割，造成沉积物表土层剥离，心土沉积层残余裸露。地面高程在 21.5～26 米，亦称剥蚀残余平原（准平原）。一般地势起伏不大，相对高差 1～5 米。个别地区如巨龙、群力、红卫、红光及南湖大队等地，垅岗发育较明显，相对高差 3～5 米。土地面积 278 071.3 亩，占全区总面积的 37.4%。

4. 北部低丘陵区 境内北部地貌为汉水河谷地貌的第二级阶地，地面高程 60～69.1 米，占全区总面积的 1%。

三、植被

辖区系人工围垦的平原湖区，没有天然的森林植被，现有的林特资源均属人工营造。东西湖区境域属中亚热带常绿叶和落叶、阔叶和针叶混交林带。吴家山、柏泉等山冈地带自然植被发育历史久远。木本植物分布于垄冈低丘以及村落的房前、屋后、道旁。主要树种有松、柏、樟、苦楝、刺槐、杨柳、意杨、枫杨、水杉、榆树、泡桐、椿树等。围垦前，境域大部分为湖区，呈以湿生植物和水生植物为主体的植被。沿江汉平原，地势稍高，自然植被以芦苇、荻为主，低湖地区，以藜蒿、莎草、菰草、菱、荷、芡实等水生植物为优势种群。树种资源常见的有 30 余种，其中农田防护林树种有池杉、水杉、榆树、苦楝、柳树、意杨、枫杨、刺槐、泡桐、椿树等，园林绿化树有法桐、雪松、龙白、笔柏、樟树、女贞、橘花、玉兰、合欢、石榴、海桐、夹竹桃、黄杨、扁柏、湿地松；果树种有梨、桃、葡萄、温州蜜橘、苹果、柿、枣、枇杷、草莓、猕猴桃；花卉种类有月季、玫瑰、杜娟、茶花、茉莉、文竹及各类草花百余种；土特产有茶叶、黄花菜、桑蚕、木耳等。

四、水资源

东西湖区水资源丰富，雨水充沛，湖泊众多，河流、地下水均十分充足。1957 年围垦前，湖泊面积为 97 千米²；围垦后湖泊面积缩小，水面只有 14.8 千米²，仅占汇水面积的 3.15%，调蓄库容有 3258 万米³，为垦前调蓄库容的 29.6%。

东西湖区多年平均降雨量 1195.8 毫米，降水总量 5.58 亿米³，多年平均径流深 432 毫米，径流量 2.01 亿米³，年产水量可达 1.89 亿米³，以大泵站装机设计最低水位 19.5～20 米之间。有效调蓄库容只有 672 万米³，暴雨期间电力外排溃水 1.27 亿米³，实际利用量仅为 0.62 亿米^3，降水利用率为 32.9%。

地下水大部分为松散堆积层承压水，静储量为 18.6 亿米^3，其中西湖片 14.2 亿米^3，东湖片 4.4 亿米^3，水质硬度超标，不宜直接饮用。

汉水、府河、汉北河过境容水总径流量达 633.2 亿米^3，且外河水位常年高于境内，客水资源丰富，年灌溉用水引入量多达 0.92～2.49 亿米^3。据测算，作物年需水量包括水损为 2.1 亿米^3，供水方式是堤内提水 1.58 亿米^3，堤外提水 5685 万米^3，自流灌溉 932 万米^3，可满足作物需水量。

汉江是长江最大的支流，是东西湖区大旱年份唯一可靠的抗旱水源。

沦河是主要的灌溉用水水源之一，其水源高低直接影响全区工农业生产的正常用水。沿线建有 46 千米引水闸、43 千米引水闸、49 千米引水闸以及 2 座小型提水泵站。

第三节　农业生产概况

2017 年，东西湖区完成农林牧渔业总产值 24.79 亿元。其中，农业 15.59 亿元，林业 694 万元，牧业 1.2 亿元，渔业 7.7 亿元，农林牧渔服务业 2475 万元。年末全区农业机械总动力 13.5927 亿瓦，其中，农业排灌机械总动力 3.729 万千瓦，有效灌溉面积 9643 公顷。设施农业用地 2200 公顷。完成四旁植树 13 万株。农业生产主要特点表现为四个方面：一是农村经济快速发展，农民生活水平显著提高。二是农业产业化经营取得新进展。三是广大农民科学种田水平不断提高。四是农产品流通中介服务组织蓬勃发展。

第四节　耕地土壤资源

一、耕地土壤类型

根据第二次全国土壤分类原则和命名方法，通过观察各种土壤的剖面形态特征，调查其形成过程和土壤的生产性能，比土评土，归类整理，将全区土壤划分为 3 个土类，8 个亚类，16 个土属，52 个土种。这次耕地评价，我们选取东西湖区主要耕地土壤类型进行分析。

东西湖区主要土类有 3 个，分别为潮土、水稻土和黄棕壤，其中以潮土为主。

1. 潮土　境内潮土发育于近代河湖冲积沉积物母质，经旱耕熟化形成的一类泛域性土壤，地下水位埋深一般在 1 米左右，毛管水可升达地表。面积占所调查田块 98.45%，其中又以壳土为主，占潮土 87.33%，主要分布在走马岭、东山、新沟镇、辛安渡、柏泉、长青、径河；油沙土面积也较大，主要分布在慈惠、辛安渡。潮土成土母质主要为石灰性冲积物和湖积物。因其成土母质来源的不同，有灰潮土及潮土 2 个亚类。灰潮土亚类分布在区内平坦平原、地面高程 24.0～25.5 米的地域，有中度—强度石灰反应，呈碱化（pH7.5～8.2），土体深厚，供肥性能高，适宜发展棉花和蔬菜等经济作物。

2. 黄棕壤　黄棕壤为东西湖地带性土壤，发育于第四纪黄褐色黏土（Q$_3$）及上泥盆纪石英砂岩（D$_3$）母质上，由于土壤经受较强的地质侵蚀作用，自然成土过程较弱，土层发育薄，土壤肥力与生产性能较差。黄棕壤占所调查田块的 1.20%，成土母质黄褐色亚黏土。主要分布于东北部垅岗平原及低丘陵区。黏土黄棕壤土属分布于垅岗平原的岗顶及岗面上，地面高程在 21～30 米。土壤呈酸性—中性反应，生产特性差。分布于三店、径河、柏泉及养殖等地。

3. 水稻 水稻土又称人工水成土壤，境内分布广。水稻土占所调查田块的 0.35%，其成土母质主要为黄褐色亚黏土。从其剖面层次的构型及发育程度上看，主要是潴育型水稻土亚类，包括灰潮土田、潮泥田及黄棕壤性第四纪黏土泥田 3 个土种，其中主要是潮泥田。

二、耕地利用与耕作制度

东西湖区来自人工围垦，不是自然形成的陆地。由于地势低洼，水害频发，农田水利和高产粮田建设难以实现规模化、板块化，尤其是农村家庭联产承包制推行以来，地块碎化、规模性的农田基本建设和土壤改良难以组织实施；科技应用水平低，农民对农田状况了解不够，粗放经营，科学施肥水平不高。

东西湖区耕地特征大致可以包括以下几个方面：

1. 耕地地力水平较高，变化平稳 东西湖区耕地地力总体较好，但由于城区开发，造成耕地面积下降较为厉害。相比较，在相同的四级划分体系内，历经 20 多年后，一等地比例略微下降，二等地比例相对升高，三等地减少，四等地略微升高，呈现一级地面积仍然过大的特征。

2. 耕地主要养分高低不均，营养失衡 经过 20 多年的耕作，有效磷、速效钾的含量大幅度上升，有效磷从集中在缺乏水平，提升至集中在丰富水平，速效钾从集中在中等水平，提升至集中在丰富水平。

由于之前没有统计东西湖区的 pH 和有效硼，但现有数据表明，有效硼基本处于潜在缺乏范围。这些变化和现状，需要高度关注，并通过测土施肥加以校正。

3. 耕地有机质走向集中，总体上稳中有升 有机质含量高的耕地逐步下降，含量低的耕地逐步提升，使得耕地有机质含量处于中等水平的比例大幅度提高，总体地力水平有了提升。

三、耕地土壤培肥改良

20 世纪中叶以来，全区通过改革耕作制度，增施肥料，改土养地，用地培肥等一系列措施，使耕地得到充分利用，地力不断提升。

（一）增施肥料

按照《全国测土配方施肥技术规程》，有针对性地进行土壤改良、土地培肥，不断提高地力。建立全区土壤改良利用分区图，标明各改良区的特点和方向，同时建立各改良分区档案，将改良措施、改良效果、存在问题一一记录在案。有组织、有计划实施改良，如轮作换茬、改土培肥、测土施肥、秸秆还田、种植绿肥等改良措施要在专家指导下，适时适当地进行，不能盲目。建议设立专门机构，负责改良措施的规划制定、组织实施、监督执行。对抛荒耕地、乱占乱用耕地，特别是占而不用、用而浪费的现象要采取严格的处罚措施，保证每寸土地都能发挥最大的作用。

（二）改土养地

加大农田综合治理力度，让有效耕地资源发挥更大的生产效能。近几年来，农田综合开发，还是处在试点阶段，要国家、集体、个人一起发挥作用，使之田成方，树成行，路渠依次在田旁。按国家规定，严格实行退耕还林，退田还塘，保持生态平衡稳定，充分发挥耕地的生产力，实现林、果、粮、棉、油齐丰收。通过改造，大大提高了农田抗御自然灾害的能力，改善了农田生态环境，使一部分"水袋子""旱包子"低产田，变成了经济效益高，生态效益好的高产稳产农田。

（三）用地培肥

通过轮作、换茬、间作、套种等手段用地，配肥效果十分突出。

1. 加大施用有机肥　利用秸秆腐熟剂加快秸秆的分解，从而增加土壤的有机质含量，利用推广测土配方施肥技术成果，结合种植作物养分吸收特性和土壤养分状况，科学合理的施肥，避免肥料的浪费，保证土壤地力的可持续性，减少土传病害的发生，保障粮食产量和品质。

2. 补充微肥　通过间作套种豆科作物，大面积推广秸秆机械还田，过腹还田，增加了土壤有机质和氮、磷、钾、微量元素养分的含量，培肥了地力。

第五节　耕地质量保护与提升

一、重大项目对耕地质量的影响

20 世纪 50 年代和 80 年代东西湖区分别进行了全国第一、二次土壤普查，摸清了家底，政府制定和采取了一系列耕地保护措施，如开挖深沟大港建台田、退田还湖、水旱大轮作、退耕还林、改良土壤质地、增施有机肥、种植绿肥、轮作换茬、调整施肥结构、推广配方肥等，使耕地得到了有效的保养。

全区又进行商品粮基地县，中、低产田改造，土地整理等一系列建设，极大地改变了农业生产条件，提高了耕地的质量。通过兴修水利，改革耕作制度，增施肥料，改土养地，用地培肥等一系列措施，使耕地得到了充分利用，地力不断提高。

近几年来又通过农机补贴机械收割使秸秆得以还田，通过有机肥补贴增加了有机肥施用量，建设退耕还林高产稳产口粮田，通过轻简栽培达到用地养地相结合，通过测土配方施肥技术的应用，在保养土地的基础上发挥了土地的最大潜能，节本增效。以上各项措施对全区耕地地力的提升起到了良好的作用。

二、法律法规对耕地质量的影响

1994 年，国家颁布了《基本农田管理条例》，该条例的实施有效地遏制了耕地面积锐减的趋势，保证了基本农田面积，保护了高产良田，使全区耕地地力整体上不受影响。

1999 年，农村土地的二轮延包政策通过调处土地纠纷、规范土地流转、稳定土地承包关系等措施，依法保障了承包方的各项权利，巩固了农村大好形势，维护了农村社会稳定，对耕地地力保护和农民自觉培肥土地起到了非常好的效果。

2002 年农村税费改革，大幅度减轻了农民负担，尤其是 2004 年中央出台了"一降三补"等一系列扶农政策，农民种田效益显著提高，对进一步巩固耕地地力起到了较好的作用。

第二章 评价方法与步骤

第一节 资料收集与准备

一、软硬件准备

1. 硬件准备 主要包括计算机、大幅面扫描仪、大幅面打印机等。计算机主要用于数据和图件的处理分析，大幅面扫描仪用于土壤图等纸质图件的输入，大幅面打印机用于成果图的输出。

2. 软件准备 一是 Windows 操作系统、Excel 表格数据处理等软件，二是 ArcGIS 等 GIS 软件，三是县域耕地资源管理信息系统。

二、资料收集整理

根据评价的目的、任务、范围、方法，收集准备与评价有关的各类自然及社会经济资料，对资料进行分析处理。

1. 野外调查资料 主要包括地貌类型、地形部位、成土母质、有效土层厚度、耕层厚度、耕层质地、灌溉能力、排水能力、障碍因素、常年耕作制度等。

2. 采样点化验分析资料 包括全氮、有效磷、速效钾、缓效钾等大量养分含量，有效锌、有效硼等微量养分含量，以及土壤 pH、有机质等含量。

3. 社会经济统计资料 第二次土壤普查资料以及化验分析资料、土地资源详查资料、测土配方施肥耕地地力评价资料、近年社会经济统计资料、土地利用总体规划及专题规划、有关耕地利用的科研、专题调查研究等文献资料。

4. 基础及专题图件资料 与耕地质量评价相关的各类专题图件，主要包括东西湖区 1:5万地形图、行政区划图、土地利用现状图、地貌类型图、土壤图、土壤表层质地图、土体构型图、各类养分图、污染分布图等。

三、评价单元的确定

评价单元是由对耕地质量具有关键影响的各土地要素组成的空间实体，是土地评价的最基本单位、对象和基础图斑。同一评价单元内的土地自然基本条件、土地的个体属性和经济属性基本一致，不同土地评价单元之间，既有差异性，又有可比性。耕地质量评价就是要通过对每个评价单元的评价，确定其质量等级，把评价结果落实评价单元上。评价单元划分的合理与否，直接关系到评价的结果以及工作量的大小。

按照国家及《省耕肥总站关于启用"全国耕地质量等级评价指标体系"开展相关工作的通知》（鄂耕肥〔2019〕19 号）相关要求，东西湖区耕地质量等级评价单元的划分采用土壤图、土地利用现状图的叠加划分法，即"土地利用现状类型—土壤类型"的格式。其中，土壤类型划分到土属，土地利用现状类型划分到二级利用类型，制图边界以东西湖区 2017 年度更新土地利用现状图为准。同一评价单元内的土壤类型相同，利用方式相同，交通、水利等基本一致，用这种方法划分评价单元既可以反映单元之间的空间差异性，既使土地利用类型有了土壤基本性质的均一性，又使土壤类型有了确定的地域边界线，使评价结果更具综合性、客观性，可以较容易地将评价结果落实到实地。

四、采样调查与分析

1. 布点原则 有广泛的代表性和典型性，兼顾均匀性；尽可能在第二次土壤普查的取样点上布点；采样点具有所在评价单元所表现特征最明显、最稳定、最典型的性质，要避免各种非调查因素的影响。

2. 布点方法 根据农业部要求的采样点密度（5000～10000 亩取 1 个土样，覆盖到亚类，同时兼顾水田和旱地等利用类型，考虑各级耕地质量长期监测点），结合当地实际，确定采样点总数量。在各评价单元中，根据图斑大小、种植制度、作物种类、产量水平确定布点数量和点位，并在图上标注采样编号。采样点数和点位确定后，根据土种、种植制度、产量水平等因素，统计各因素点位数。当某一因素点位数过少或过多时进行调整，同时考虑点位的均匀性。按上述方法和要求，全区确定采样点 30 个。

3. 采样与野外调查 根据室内预定采样点的位置，按行政区划图的区位，通过 GPS 导航，进行实地选择取土地块。如果图上标明的位置在当地不具典型性时，则在实地另选有典型性的地块，并在图上标明准确位置，利用 GPS 定位仪确定经纬度。

取样点确定后，在所确定的田块进行采样。同时，与采样点户主和当地技术人员交谈，填写调查内容。如野外部分内容把握不准，当天回室内查阅资料，予以完善。

4. 样品分析 按照相关标准和规程，对样品进行各项化验分析。

五、数据审核和处理

1. 数据审核 获取的调查表数据是后阶段耕地质量等级评价的关键数据，数据的质量关系到后期评价工作的开展。正式评价前，必须对调查表的数据进行审核处理。审核主要分为数据完整性审核、数据规范性审核以及数据逻辑性审核。其要求如下：

（1）完整性 全表应有 47 列以上数据（EXCEL 表格 AU 列）；表格各行数据应该完整，没有空白。

（2）规范性 填写应符合规范要求（字段类型、枚举内容等）；数值在正常范围内（如 $3 < pH < 9.5$）。

（3）逻辑性 要注意部分指标间的相关关系和逻辑性。

2. 评价数据处理的处理

（1）评价数据的提取 评价数据的提取是根据数据源的形式采用相应的提取方法，一

是采用叠加分析模型，通过评价单元图与各评价因素图的叠加分析，从各专题图上提取评价数据；二是通过复合模型将采样调查点与评价单元图复合，从各调查点相应的调查、分析数据中提取各评价单元信息。

（2）指标体系的量化处理　　系统获取的评价资料可以分为定量和定性资料两大部分，为了采用定量化的评价方法和自动化的评价手段，减少人为因素的影响，需要对其中的定性因素进行定量化处理，根据因素的级别状况赋予其相应的分值或数值。除此，对于各类养分等按调查点获取的数据，则需要进行插值处理。

（3）定性因素的量化处理　　根据各因素对耕地质量的影响程度，采用特尔斐法直接打分获得隶属度。

（4）定量化指标的隶属函数　　定量指标内的分级则采用数学方法拟合其隶属函数，利用隶属函数计算获得隶属度。

第二节　评价指标体系建立

一、评价指标的选取依据

（1）《耕地质量等级》（GB/T 33469—2016）国家标准

（2）《农业农村部耕地质量监测保护中心关于印发＜全国耕地质量等级评价指标体系＞的通知》（耕地评价函〔2019〕87号）

（3）《省农业厅办公室关于做好2017年耕地质量调查评价工作的通知》（鄂农办〔2017〕39号）

二、评价指标的选取方法

根据《耕地质量等级》国家标准确定东西湖区所属农业区域，根据所属农业区域，对照《全国耕地质量等级评价指标体系》，确定我区耕地质量等级评价指标、指标权重及隶属函数。

三、评价指标、指标权重及隶属函数

1. 评价指标　东西湖区属长江中下游一级农业区中的长江中游平原农业水产区二级农业分区，根据分区和标准确定评价指标15个。15个指标分别是：排水能力、灌溉能力、地形部位、有机质、耕层质地、土壤容重、质地构型、障碍因素、pH、有效磷、速效钾、有效土层厚、生物多样性、农田林网化和清洁程度。

2. 指标权重及隶属函数

（1）指标权重　参见表2-2-1。

表2-2-1　指标权重

指标名称	指标权重
排水能力	0.1319

（续）

指标名称	指标权重
灌溉能力	0.1090
地形部位	0.1078
有机质	0.0924
耕层质地	0.0721
土壤容重	0.0572
质地构型	0.0569
障碍因素	0.0559
pH	0.0555
有效磷	0.0554
速效钾	0.0549
有效土层厚	0.0478
生物多样性	0.0387
农田林网化	0.0353
清洁程度	0.0291

3. 指标隶属函数

（1）概念型指标隶属函数　参见表 2-2-2。

表 2-2-2　概念型指标隶属函数

地形部位	山间盆地	宽谷盆地	平原低阶	平原中阶	平原高阶	丘陵上部	丘陵中部	丘陵下部	山地坡上	山地坡中	山地坡下
隶属度	0.8	0.95	1	0.95	0.9	0.7	0.8	0.3	0.16	0.45	0.68
耕层质地	砂土	砂壤	轻壤	中壤	重壤	黏土					
隶属度	0.6	0.85	0.09	1	0.95	0.7					
质地构型	薄层型	松散型	紧实型	夹层型	上紧下松型	上松下紧型	海绵型				
隶属度	0.55	0.3	0.75	0.85	0.4	1	0.95				
生物多样性	丰富	一般	不丰富								
隶属度	1	0.8	0.6								
清洁程度	清洁	尚清洁									
隶属度	1	0.8									
障碍因素	盐碱	瘠薄	酸化	渍潜	障碍层次	无					
隶属度	0.6	0.65	0.7	0.55	0.6	1					
灌溉能力	充分满足	满足	基本满足	不满足							
隶属度	1	0.8	0.6	0.3							
排水能力	充分满足	满足	基本满足	不满足							
隶属度	1	0.8	0.6	0.3							

（续）

地形部位	山间盆地	宽谷盆地	平原低阶	平原中阶	平原高阶	丘陵上部	丘陵中部	丘陵下部	山地坡上	山地坡中	山地坡下
农田林网化	高	中	低								
隶属度	1	0.85	0.7								

（2）数值型指标隶属函数　参见表 2-2-3。

表 2-2-3　数值型指标隶属函数

指标名称	函数类型	函数公式	a 值	c 值	u 的下限值	u 的上限值
pH	峰型	$y=1/[1+a(u-c)^2]$	0.22129	6.811204	3	10
有机质	戒上型	$y=1/[1+a(u-c)^2]$	0.001842	33.656446	0	33.7
有效磷	戒上型	$y=1/[1+a(u-c)^2]$	0.002025	33.346824	0	33.3
速效钾	戒上型	$y=1/[1+a(u-c)^2]$	0.000081	181.622535	0	182
有效图层厚	戒上型	$y=1/[1+a(u-c)^2]$	0.000205	99.092342	0	99
土壤容量	峰型	$y=1/[1+a(u-c)^2]$	2.236726	1.211674	0.5	3.21

注：y 为隶属度；a 为系数；u 为实测值；c 为标准指标。当函数类型为戒上型，u 小于等于下限值时，y 为 0；u 大于等于上限值时，y 为 1；当函数类型为峰型，u 小于等于下限值或 u 大于等于上限值时，y 为 0。

第三节　数据库的建立

一、空间数据库的建立

1. 基础图件入库　对于土壤图、排灌图等纸质的基础图件，采用大幅面扫描仪扫描成电子版，配准后利用 arcmap 进行矢量化。矢量化前对图件进行精确性、完整性、现势性的分析，在此基础上对图件的有关内容进行分层处理，根据要求选取入库要素。相应的属性数据采用键盘录入。对于土地利用现状图，可直接入库。采样点位图的生成，可基于审核后的采样调查表，加载到 arcmap 中，利用相应方法生成。

2. 坐标变换　GIS 空间分析功能的实现要求数据库中的地理信息以相同的坐标为基础。原始的各种图件坐标系统不一致，如经扫描产生的坐标是一个随机的平面坐标系，不能满足空间分析操作的要求，应转换为统一的大地 2000 坐标。

3. 空间数据质量检查　数字化的几何图形可能存在各种错误，可利用 ARCMAP 提供的点、线、面编辑修改工具，对图件进行各种编辑修改，利用拓扑检查工具，检查修改图件的各种拓扑错误。

二、属性数据库的建立

对各种基础属性数据内容进行分类，键盘录入各类数据，采用 ACCESS 等软件进行统一管理。

三、空间数据和属性数据的连接

空间数据和属性数据之间用唯一标识码来标识和连接。

第四节　耕地质量等级评价

耕地质量等级评价是从农业生产角度出发，通过综合指数法对耕地地力、土壤健康状况和田间基础设施构成的满足农产品持续产出和质量安全的能力进行评价。

一、评价依据

（1）《耕地质量等级》（GB/T 33469—2016）国家标准

（2）《农业农村部耕地质量监测保护中心关于印发＜全国耕地质量等级评价指标体系＞的通知》（耕地评价函〔2019〕87 号）

（3）《省耕肥总站关于启用"全国耕地质量等级评价指标体系"开展相关工作的通知》（鄂耕肥〔2019〕19 号）

二、评价原理

根据《耕地质量等级》国标确定评价区域所属农业区域，依据所属农业区域确定耕地质量评价指标，按照《全国耕地质量等级评价指标体系》确定各指标权重、各指标隶属度以及等级划分指数，生成评价单元，对评价单元进行赋值，采用县域耕地资源管理信息系统进行耕地质量等级评价，计算耕地质量综合指数，根据等级划分标准，确定耕地质量等级（表 2-2-4）。

表 2-2-4　耕地质量等级

耕地质量等级	综合指数范围
一等	≥0.917
二等	0.8924～0.9170
三等	0.8678～0.8924
四等	0.8431～0.8678
五等	0.8185～0.8431
六等	0.7939～0.8185
七等	0.7693～0.7939
八等	0.7446～0.7693
九等	0.7200～0.7446
十等	<0.7200

三、评价流程

整个评价可分为 3 个方面的主要内容，按先后的次序分别为：

1. 资料工具准备及数据库建立　即根据评价的目的、任务、范围、方法，收集准备与评价有关的各类自然及社会经济资料，进行资料的分析处理。选择适宜的硬件平台和

GIS 等软件，建立耕地质量评价基础数据库。

2. 耕地质量评价 划分评价单元，提取影响质量的关键因素并确定权重，选择相应评价方法，按照评价标准，确定耕地质量等级。

3. 评价结果分析 依据评价结果，量算各等级耕地面积，编制耕地质量等级分布图。分析耕地质量问题，提出耕地资源可持续利用的措施建议（图 2-2-1）。

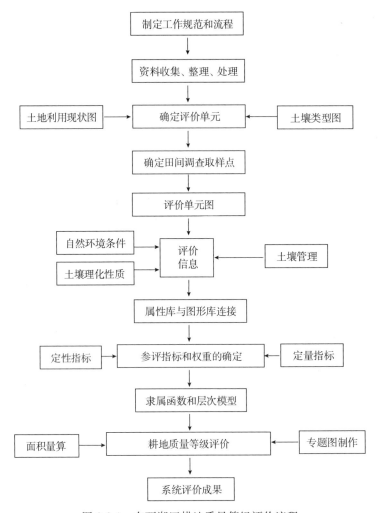

图 2-2-1 东西湖区耕地质量等级评价流程

第五节 耕地土壤养分专题图的编制

将审核处理过后的采样点调查表加载到 arcmap 中，生成采样点位图；统一坐标系后，将土壤有机质、氮、磷、钾等养分数据进行插值，通过区域统计和属性连接，将养分值赋给对应评价单元；添加东西湖区行政区划图、道路、水系、乡镇名等图层，根据评价单元各养分属性值制作专题图，经图件清绘整饰等步骤后导出。

第三章　耕地综合生产能力分析

第一节　耕地质量等级与空间分布

本次耕地质量等级调查，根据相关标准，选取 15 个对耕地地力影响比较大、区域内变异明显、在时间序列上具有相对稳定性、与农业生产有密切关系的因素，建立评价指标体系。以 1∶5 万耕地土壤图、土地利用现状图两种图件叠加形成的图斑为评价单元。利用区域耕地资源管理信息系统，对评价单元属性库进行操作，检索统计耕地各等级的面积及图幅总面积。按图幅总面积与东西湖区 2017 年度更新耕地总面积的比例进行平差，计算各耕地质量等级面积。

一、耕地面积统计

东西湖区耕地总面积为 15881.47 公顷，其中，水浇地面积最多，为 9852.36 公顷，占耕地总面积的 62.04%；水田次之，为 5546.91 公顷，占耕地总面积的 34.93%；旱地最少，为 482.20 公顷，占耕地总面积的 3.04%（表 2-3-1）。

表 2-3-1　东西湖区耕地总面积统计

耕地类型	面积（公顷）	比例（%）
旱地	482.20	3.04
水浇地	9852.36	62.04
水田	5546.91	34.93
总计	15881.47	100.00

二、耕地质量等级面积统计

按评价单元软件计算面积与东西湖区 2017 年度更新耕地总面积的比例进行平差，计算各耕地质量等级面积。

东西湖区耕地总面积为 15881.47 公顷，分为 8 个等级，最高等级为一等，最低为八等，四等地占比最大（40.64%），八等地占比最小（0.03%）。具体数据如下：

一等地 186.18 公顷，占耕地总面积 1.17%；二等地 959.05 公顷占，占耕地总面积 6.04%；三等地 4831.94 公顷，占耕地总面积 30.43%；四等地 6454.45 公顷，占耕地总面积的 40.64%；五等地 2834.21 公顷，占耕地总面积的 17.85%；六等地 229.64 公顷，占耕地总面积的 1.45%；七等地 380.89 公顷，占耕地总面积的 2.40%；八等地 5.11 公顷，占耕地总面积的 0.03%（表 2-3-2）。

表 2-3-2　东西湖区耕地质量等级分类统计

等级	旱地		水浇地		水田		面积（公顷）	比例（%）
	面积（公顷）	比例（%）	面积（公顷）	比例（%）	面积（公顷）	比例（%）		
一等	7.52	1.56	130.71	1.33	47.95	0.86	186.18	1.17
二等	11.39	2.36	367.92	3.73	579.74	10.45	959.05	6.04
三等	211.96	43.96	2184.14	22.17	2435.85	43.91	4831.94	30.43
四等	144.44	29.96	4824.69	48.97	1485.32	26.78	6454.45	40.64
五等	79.24	16.43	1840.55	18.68	914.42	16.49	2834.21	17.85
六等	8.59	1.78	183.39	1.86	37.66	0.68	229.64	1.45
七等	19.05	3.95	315.86	3.21	45.98	0.83	380.89	2.40
八等	0.00	0.00	5.11	0.05	0.00	0.00	5.11	0.03
总计	482.20	100.00	9852.36	100.00	5546.91	100.00	15881.47	100.00

旱地总面积为 482.20 公顷，其中一等旱地 7.52 公顷，占旱地总面积的 1.56%；二等旱地 11.39 公顷，占旱地总面积的 2.36%；三等旱地 211.96 公顷，占旱地总面积的 43.96%；四等旱地 144.44 公顷，占旱地总面积的 29.96%；五等旱地 79.24 公顷，占旱地总面积的 16.43%；六等旱地 8.59 公顷，占旱地总面积的 1.78%；七等旱地 19.05 公顷，占旱地总面积的 3.95%。无八等旱地。

水浇地总面积为 9852.36 公顷，其中一等水浇地 130.71 公顷，占水浇地总面积 1.33%；二等水浇地 367.92 公顷，占水浇地总面积 3.73%；三等水浇地 2184.14 公顷，占水浇地总面积 22.17%；四等水浇地 4824.69 公顷，占水浇地总面积 48.97%；五等水浇地 1840.55 公顷，占水浇地总面积 18.68%；六等水浇地 183.39 公顷，占水浇地总面积 1.86%；七等水浇地 315.86 公顷，占水浇地总面积 3.21%；八等水浇地 5.11 公顷，占水浇地总面积 0.05%。

水田总面积为 5546.91 公顷，其中一等水田 47.95 公顷，占水田总面积的 0.86%；二等水田 579.74 公顷，占水田总面积的 10.45%；三等水田 2435.85 公顷，占水田总面积的 43.91%；四等水田 1485.32 公顷，占水田总面积的 26.78%；五等水田 914.42 公顷，占水田总面积的 16.49%；六等水田 37.66 公顷，占水田总面积的 0.68%；七等水田 45.98 公顷，占水田总面积的 0.83%；无八等水田。

三、耕地质量等级空间分布

将耕地质量等级分布图与东西湖行政区划图进行叠加分析，统计各级耕地在各街道（办事处）的分布状况。可以看出：东西湖区一等地主要分布在慈惠街道（44.67%）、柏泉办事处（28.37%）、吴家山农场（25.76%）这三个街道（办事处）；二等地主要分布在主要分布在辛安渡办事处（47.86%）、柏泉办事处（23.10%）、走马岭街道（19.10%）

这三个街道（办事处）；三等地主要分布在东山办事处（29.74％）、柏泉办事处（21.88％）、走马岭街道（15.75％）这三个街道（办事处）；四等地主要分布在辛安渡办事处（40.10％）、走马岭街道（15.73％）等 11 个街道（办事处）；五等地主要分布在新沟街道（34.65％）、走马岭街道（17.50％）等 11 个街道（办事处）；六等地主要分布在新沟街道（39.88％）、走马岭街道（37.64％）等 6 个街道（办事处）；七等地主要集中在新沟街道，占比高达 81.46％；八等地全部都在柏泉办事处（表 2-3-3）。

表 2-3-3　东西湖区耕地质量等级行政区域统计

乡名称	一等地						面积（公顷）	比例（％）
	旱地		水浇地		水田			
	面积（公顷）	比例（％）	面积（公顷）	比例（％）	面积（公顷）	比例（％）		
柏泉办事处	5.59	74.36	0.29	0.22	46.93	97.89	52.81	28.37
常青花园	0.00	0.00	0.00	0.00	0.00	0.00	0.00	0.00
慈惠街道	0.39	5.16	82.78	63.33	0.00	0.00	83.16	44.67
东山办事处	0.00	0.00	0.00	0.00	1.01	2.11	1.01	0.54
将军路街道	0.00	0.00	0.00	0.00	0.00	0.00	0.00	0.00
金银湖街道	0.00	0.00	0.00	0.00	0.00	0.00	0.00	0.00
径河街道	1.24	16.42	0.00	0.00	0.00	0.00	1.24	0.66
吴家山街道	0.00	0.00	0.00	0.00	0.00	0.00	0.00	0.00
吴家山农场	0.31	4.06	47.65	36.45	0.00	0.00	47.95	25.76
辛安渡办事处	0.00	0.00	0.00	0.00	0.00	0.00	0.00	0.00
新沟街道	0.00	0.00	0.00	0.00	0.00	0.00	0.00	0.00
走马岭街道	0.00	0.00	0.00	0.00	0.00	0.00	0.00	0.00
总计	7.52	100.00	130.71	100.00	47.95	100.00	186.18	100.00

乡名称	二等地						面积（公顷）	比例（％）
	旱地		水浇地		水田			
	面积（公顷）	比例（％）	面积（公顷）	比例（％）	面积（公顷）	比例（％）		
柏泉办事处	0.00	0.00	4.15	1.13	217.38	37.50	221.52	23.10
常青花园	0.00	0.00	0.00	0.00	0.00	0.00	0.00	0.00
慈惠街道	0.00	0.00	14.84	4.03	0.00	0.00	14.84	1.55
东山办事处	9.48	83.27	0.67	0.18	2.22	0.38	12.37	1.29
将军路街道	0.00	0.00	0.00	0.00	0.00	0.00	0.00	0.00
金银湖街道	0.00	0.00	0.00	0.00	0.00	0.00	0.00	0.00
径河街道	0.65	5.71	1.86	0.51	51.29	8.85	53.79	5.61
吴家山街道	0.00	0.00	0.00	0.00	0.00	0.00	0.00	0.00
吴家山农场	0.00	0.00	0.00	0.00	0.00	0.00	0.00	0.00
辛安渡办事处	0.31	2.70	312.49	84.93	146.17	25.21	458.97	47.86

（续）

乡名称	二等地						面积（公顷）	比例（%）
	旱地		水浇地		水田			
	面积（公顷）	比例（%）	面积（公顷）	比例（%）	面积（公顷）	比例（%）		
新沟街道	0.00	0.00	14.38	3.91	0.00	0.00	14.38	1.50
走马岭街道	0.95	8.32	19.53	5.31	162.69	28.06	183.17	19.10
总计	11.39	100.00	367.92	100.00	579.74	100.00	959.05	100.00

乡名称	三等地						面积（公顷）	比例（%）
	旱地		水浇地		水田			
	面积（公顷）	比例（%）	面积（公顷）	比例（%）	面积（公顷）	比例（%）		
柏泉办事处	93.46	44.09	70.52	3.23	893.45	36.68	1057.42	21.88
常青花园	0.00	0.00	0.00	0.00	0.00	0.00	0.00	0.00
慈惠街道	7.11	3.36	464.22	21.25	0.00	0.00	471.34	9.75
东山办事处	19.65	9.27	526.15	24.09	891.40	36.60	1437.20	29.74
将军路街道	0.36	0.17	24.98	1.14	1.05	0.04	26.39	0.55
金银湖街道	1.77	0.84	9.95	0.46	7.40	0.30	19.13	0.40
径河街道	33.14	15.63	110.37	5.05	124.73	5.12	268.24	5.55
吴家山街道	0.00	0.00	0.00	0.00	0.00	0.00	0.00	0.00
吴家山农场	0.00	0.00	0.66	0.03	0.00	0.00	0.66	0.01
辛安渡办事处	0.00	0.00	189.60	8.68	21.75	0.89	211.35	4.37
新沟街道	41.74	19.69	323.71	14.82	213.73	8.77	579.19	11.99
走马岭街道	14.72	6.94	463.98	21.24	282.34	11.59	761.03	15.75
总计	211.96	100.00	2184.14	100.00	2435.85	100.00	4831.94	100.00

乡名称	四等地						面积（公顷）	比例（%）
	旱地		水浇地		水田			
	面积（公顷）	比例（%）	面积（公顷）	比例（%）	面积（公顷）	比例（%）		
柏泉办事处	72.79	50.39	113.00	2.34	442.08	29.76	627.87	9.73
常青花园	0.00	0.00	0.00	0.00	0.00	0.00	0.00	0.00
慈惠街道	0.00	0.00	7.21	0.15	0.00	0.00	7.21	0.11
东山办事处	21.57	14.94	956.70	19.83	437.35	29.44	1415.62	21.93
将军路街道	7.49	5.19	17.06	0.35	3.98	0.27	28.53	0.44
金银湖街道	4.88	3.38	144.29	2.99	10.15	0.68	159.32	2.47
径河街道	22.92	15.87	188.44	3.91	308.42	20.76	519.77	8.05
吴家山街道	0.00	0.00	11.58	0.24	0.00	0.00	11.58	0.18

（续）

乡名称	四等地						面积	比例
	旱地		水浇地		水田		（公顷）	（%）
	面积（公顷）	比例（%）	面积（公顷）	比例（%）	面积（公顷）	比例（%）		
吴家山农场	0.00	0.00	31.93	0.66	1.05	0.07	32.98	0.51
辛安渡办事处	5.21	3.61	2347.58	48.66	235.35	15.84	2588.14	40.10
新沟街道	2.82	1.95	27.77	0.58	17.58	1.18	48.17	0.75
走马岭街道	6.77	4.68	979.14	20.29	29.37	1.98	1015.27	15.73
总计	144.44	100.00	4824.69	100.00	1485.32	100.00	6454.45	100.00

乡名称	五等地						面积	比例
	旱地		水浇地		水田		（公顷）	（%）
	面积（公顷）	比例（%）	面积（公顷）	比例（%）	面积（公顷）	比例（%）		
柏泉办事处	20.34	25.66	96.26	5.23	323.73	35.40	440.32	15.54
常青花园	0.00	0.00	2.22	0.12	0.00	0.00	2.22	0.08
慈惠街道	0.00	0.00	14.45	0.78	0.00	0.00	14.45	0.51
东山办事处	0.52	0.65	137.67	7.48	165.22	18.07	303.41	10.71
将军路街道	22.20	28.01	3.58	0.19	0.13	0.01	25.91	0.91
金银湖街道	0.00	0.00	0.44	0.02	0.00	0.00	0.44	0.02
径河街道	0.31	0.40	109.39	5.94	150.04	16.41	259.74	9.16
吴家山街道	0.00	0.00	0.00	0.00	0.00	0.00	0.00	0.00
吴家山农场	2.41	3.04	247.48	13.45	13.66	1.49	263.54	9.30
辛安渡办事处	0.00	0.00	41.68	2.26	4.51	0.49	46.19	1.63
新沟街道	31.62	39.91	823.94	44.77	126.44	13.83	982.00	34.65
走马岭街道	1.84	2.33	363.45	19.75	130.69	14.29	495.99	17.50
总计	79.24	100.00	1840.55	100.00	914.42	100.00	2834.21	100.00

乡名称	六等地						面积	比例
	旱地		水浇地		水田		（公顷）	（%）
	面积（公顷）	比例（%）	面积（公顷）	比例（%）	面积（公顷）	比例（%）		
柏泉办事处	0.46	5.38	0.00	0.00	31.49	83.61	31.95	13.91
常青花园	0.00	0.00	0.00	0.00	0.00	0.00	0.00	0.00
慈惠街道	0.00	0.00	0.00	0.00	0.00	0.00	0.00	0.00
东山办事处	0.00	0.00	0.00	0.00	0.00	0.00	0.00	0.00
将军路街道	0.00	0.00	0.00	0.00	0.00	0.00	0.00	0.00
金银湖街道	0.00	0.00	0.00	0.00	0.00	0.00	0.00	0.00

（续）

乡名称	六等地						面积（公顷）	比例（%）
	旱地		水浇地		水田			
	面积（公顷）	比例（%）	面积（公顷）	比例（%）	面积（公顷）	比例（%）		
径河街道	0.00	0.00	11.04	6.02	0.00	0.00	11.04	4.81
吴家山街道	0.00	0.00	1.77	0.97	0.00	0.00	1.77	0.77
吴家山农场	0.00	0.00	5.54	3.02	1.32	3.51	6.86	2.99
辛安渡办事处	0.00	0.00	0.00	0.00	0.00	0.00	0.00	0.00
新沟街道	8.13	94.62	78.59	42.86	4.85	12.88	91.57	39.88
走马岭街道	0.00	0.00	86.45	47.14	0.00	0.00	86.45	37.64
总计	8.59	100.00	183.39	100.00	37.66	100.00	229.64	100.00

乡名称	七等地						面积（公顷）	比例（%）
	旱地		水浇地		水田			
	面积（公顷）	比例（%）	面积（公顷）	比例（%）	面积（公顷）	比例（%）		
柏泉办事处	11.44	60.05	9.63	3.05	45.83	99.69	66.90	17.57
常青花园	0.00	0.00	0.00	0.00	0.00	0.00	0.00	0.00
慈惠街道	0.00	0.00	0.00	0.00	0.00	0.00	0.00	0.00
东山办事处	0.00	0.00	0.00	0.00	0.00	0.00	0.00	0.00
将军路街道	0.00	0.00	0.00	0.00	0.00	0.00	0.00	0.00
金银湖街道	0.00	0.00	0.00	0.00	0.00	0.00	0.00	0.00
径河街道	0.00	0.00	3.58	1.13	0.14	0.31	3.72	0.98
吴家山街道	0.00	0.00	0.00	0.00	0.00	0.00	0.00	0.00
吴家山农场	0.00	0.00	0.00	0.00	0.00	0.00	0.00	0.00
辛安渡办事处	0.00	0.00	0.00	0.00	0.00	0.00	0.00	0.00
新沟街道	7.61	39.95	302.65	95.82	0.00	0.00	310.26	81.46
走马岭街道	0.00	0.00	0.00	0.00	0.00	0.00	0.00	0.00
总计	19.05	100.00	315.86	100.00	45.98	100.00	380.89	100.00

乡名称	八等地						面积（公顷）	比例（%）
	旱地		水浇地		水田			
	面积（公顷）	比例（%）	面积（公顷）	比例（%）	面积（公顷）	比例（%）		
柏泉办事处	0.00	0.00	5.11	100.00	0.00	0.00	5.11	100.00
常青花园	0.00	0.00	0.00	0.00	0.00	0.00	0.00	0.00
慈惠街道	0.00	0.00	0.00	0.00	0.00	0.00	0.00	0.00
东山办事处	0.00	0.00	0.00	0.00	0.00	0.00	0.00	0.00
将军路街道	0.00	0.00	0.00	0.00	0.00	0.00	0.00	0.00

（续）

乡名称	八等地						面积（公顷）	比例（%）
	旱地		水浇地		水田			
	面积（公顷）	比例（%）	面积（公顷）	比例（%）	面积（公顷）	比例（%）		
金银湖街道	0.00	0.00	0.00	0.00	0.00	0.00	0.00	0.00
径河街道	0.00	0.00	0.00	0.00	0.00	0.00	0.00	0.00
吴家山街道	0.00	0.00	0.00	0.00	0.00	0.00	0.00	0.00
吴家山农场	0.00	0.00	0.00	0.00	0.00	0.00	0.00	0.00
辛安渡办事处	0.00	0.00	0.00	0.00	0.00	0.00	0.00	0.00
新沟街道	0.00	0.00	0.00	0.00	0.00	0.00	0.00	0.00
走马岭街道	0.00	0.00	0.00	0.00	0.00	0.00	0.00	0.00
总计	0.00	0.00	5.11	100.00	0.00	0.00	5.11	100.00

第二节　耕地质量等级分述

一、一等地分析

1. 分布特征与面积统计　东西湖区一等地面积为 186.18 公顷，主要分布中北部和南部，占耕地总面积的 1.17%。其中旱地面积 7.52 公顷，占旱地总面积的 1.56%；水浇地面积 130.71 公顷，占水浇地总面积的 1.33%；水田面积 47.95 公顷，占水田总面积的 0.86%（图 2-3-1）。

2. 养分状况分析　参见表 2-3-4。

表 2-3-4　一等地养分分析

指标	平均值	最小值	最大值	标准差	CV（%）
有机质（克/千克）	26.58	25.00	27.90	0.63	2.38
全氮（克/千克）	1.71	1.64	1.80	0.04	2.52
有效磷（毫克/千克）	95.95	25.30	146.10	37.00	38.57
速效钾（毫克/千克）	232.44	215.00	246.00	6.99	3.01
缓效钾（毫克/千克）	568.36	478.30	610.25	40.99	7.21
pH	6.56	6.10	7.00	0.26	3.93

二、二等地分析

1. 分布特征与面积统计　东西湖区二等地面积为 959.05 公顷，主要分布在中部和西北部，占耕地总面积的 6.04%。其中旱地面积 11.39 公顷，占旱地总面积的 2.36%；水浇地面积 367.92 公顷，占水浇地总面积的 3.73%；水田面积 579.74 公顷，占水田总面积的 10.45%（图 2-3-2）。

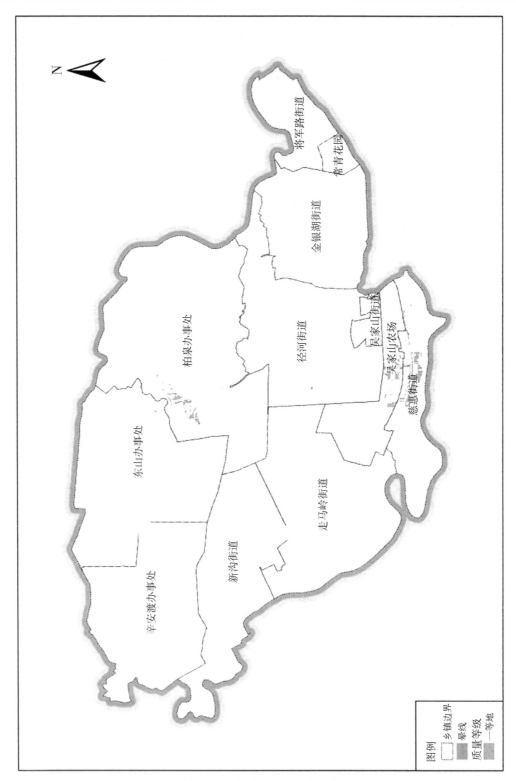

图 2-3-1　东西湖区一等地分布

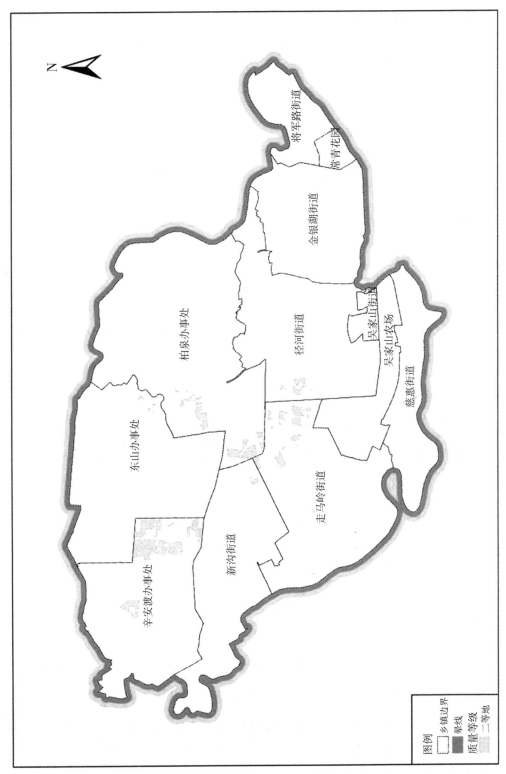

图 2-3-2　东西湖区二等地分布

2. 养分状况分析　参见表 2-3-5。

表 2-3-5　二等地养分分析

指标	平均值	最小值	最大值	标准差	CV（%）
有机质（克/千克）	25.49	18.60	27.90	1.77	6.93
全氮（克/千克）	1.69	1.43	1.86	0.09	5.37
有效磷（毫克/千克）	71.18	17.40	163.60	51.97	73.01
速效钾（毫克/千克）	217.79	187.00	241.00	12.87	5.91
缓效钾（毫克/千克）	551.04	477.67	620.71	33.16	6.02
pH	6.83	5.90	8.00	0.59	8.69

三、三等地分析

1. 分布特征与面积统计　东西湖区三等地面积为 4831.94 公顷，主要分布在中部、北部和南部，占耕地总面积的 30.43%。其中旱地面积 211.96 公顷，占旱地总面积的 43.96%；水浇地面积 2184.14 公顷，占水浇地总面积的 22.17%；水田面积 2435.85 公顷，占水田总面积的 43.91%（图 2-3-3）。

2. 养分状况分析　参见表 2-3-6。

表 2-3-6　三等地养分分析

指标	平均值	最小值	最大值	标准差	CV（%）
有机质（克/千克）	25.89	18.30	30.40	2.03	7.84
全氮（克/千克）	1.71	1.41	1.87	0.10	6.06
有效磷（毫克/千克）	59.68	11.80	180.20	36.12	60.52
速效钾（毫克/千克）	225.60	184.00	246.00	9.30	4.12
缓效钾（毫克/千克）	536.22	477.67	622.50	37.11	6.92
pH	6.56	5.30	8.00	0.80	12.16

四、四等地分析

1. 分布特征与面积统计　东西湖区四等地面积为 6454.45 公顷，主要分布在西北、西南和中部，占耕地总面积的 40.64%。其中旱地面积 144.44 公顷，占旱地总面积的 29.96%；水浇地面积 4824.69 公顷，占水浇地总面积的 48.97%；水田面积 1485.32 公顷，占水田总面积的 26.78%（图 2-3-4）。

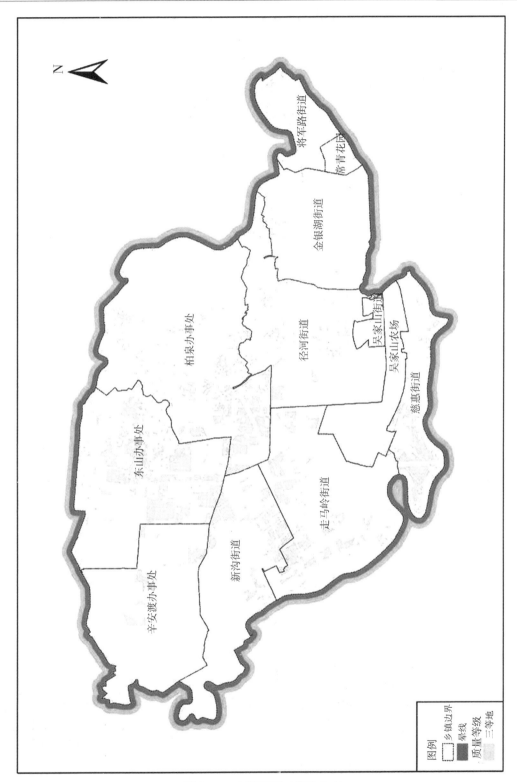

图 2-3-3　东西湖区三等地分布

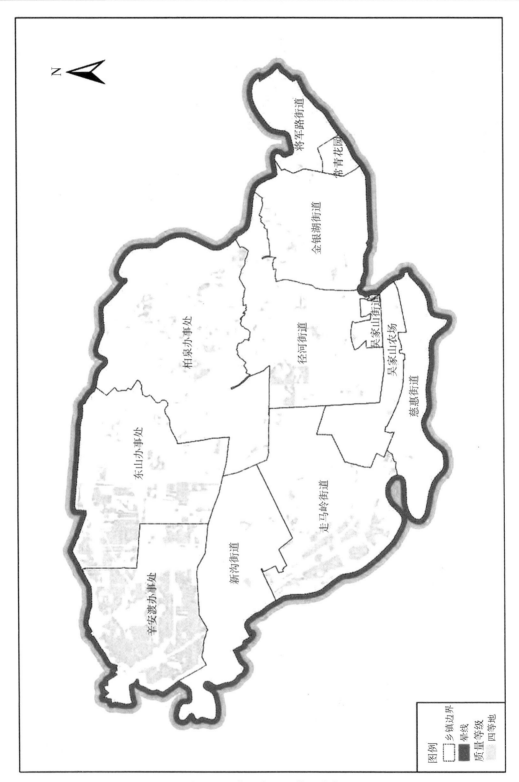

图 2-3-4　东西湖区四等地分布

2. 养分状况分析　参见表2-3-7。

表 2-3-7　四等地养分分析

指标	平均值	最小值	最大值	标准差	CV（%）
有机质（克/千克）	24.94	17.30	30.30	3.00	12.02
全氮（克/千克）	1.69	1.26	1.87	0.14	8.06
有效磷（毫克/千克）	53.35	7.30	245.20	44.97	84.30
速效钾（毫克/千克）	222.84	181.00	246.00	14.68	6.59
缓效钾（毫克/千克）	545.31	477.67	622.71	43.32	7.94
pH	6.62	5.20	8.00	0.88	13.32

五、五等地分析

1. 分布特征与面积统计　东西湖区五等地面积为2834.21公顷，主要分布在西部、中部和东北部，占耕地总面积的17.85%。其中旱地面积79.24公顷，占旱地总面积的16.43%；水浇地面积1840.55公顷，占水浇地总面积的18.68%；水田面积914.42公顷，占水田总面积的16.49%（图2-3-5）。

2. 养分状况分析　参见表2-3-8。

表 2-3-8　五等地养分分析

指标	平均值	最小值	最大值	标准差	CV（%）
有机质（克/千克）	24.10	16.90	30.40	3.11	12.91
全氮（克/千克）	1.64	1.26	1.87	0.16	9.51
有效磷（毫克/千克）	76.92	7.10	273.30	77.73	101.05
速效钾（毫克/千克）	222.26	187.00	247.00	13.63	6.13
缓效钾（毫克/千克）	558.76	490.17	626.58	47.18	8.44
pH	6.91	5.30	8.00	0.76	10.99

六、六等地分析

1. 分布特征与面积统计　东西湖区六等地面积为229.64公顷，主要分布在西南、西部和北部，占耕地总面积的1.45%。其中旱地面积8.59公顷，占旱地总面积的1.78%；水浇地面积183.39公顷，占水浇地总面积的1.86%；水田面积37.66公顷，占水田总面积的0.68%（图2-3-6）。

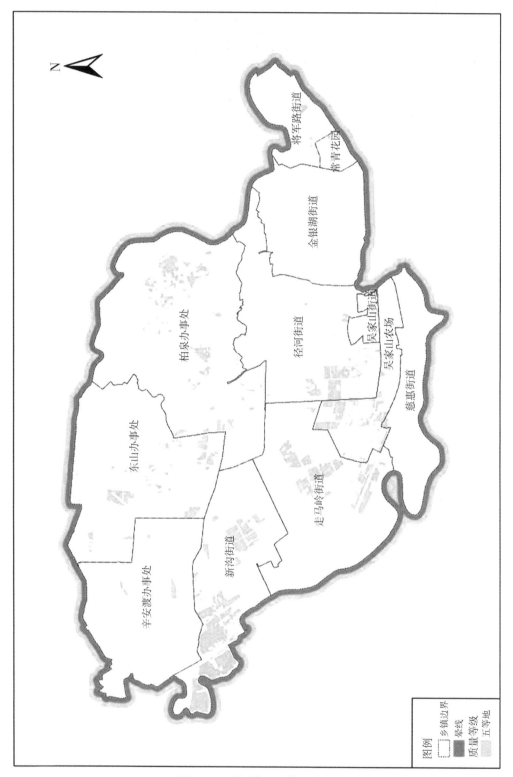

图 2-3-5　东西湖区五等地分布

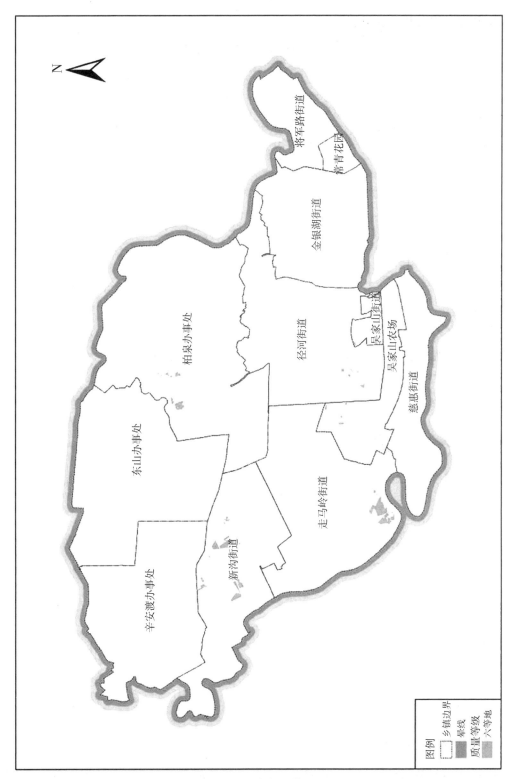

图 2-3-6　东西湖区六等地分布

2. 养分状况分析 参见表 2-3-9。

表 2-3-9   六等地养分分析

指标	平均值	最小值	最大值	标准差	CV（%）
有机质（克/千克）	24.24	19.50	27.80	2.04	8.41
全氮（克/千克）	1.67	1.44	1.80	0.09	5.13
有效磷（毫克/千克）	70.60	16.10	271.90	67.71	95.91
速效钾（毫克/千克）	219.81	202.00	241.00	12.16	5.53
缓效钾（毫克/千克）	552.16	479.42	610.25	39.00	7.06
pH	7.25	6.20	8.10	0.75	10.37

七、七等地分析

1. 分布特征与面积统计 东西湖区七等地面积为 380.89 公顷，主要分布西部和北部，占耕地总面积的 2.40%。其中旱地面积 19.05 公顷，占旱地总面积的 3.95%；水浇地面积 315.86 公顷，占水浇地总面积的 3.21%；水田面积 45.98 公顷，占水田总面积的 0.83%（图 2-3-7）。

2. 养分状况分析 参见表 2-3-10。

表 2-3-10   七等地养分分析

指标	平均值	最小值	最大值	标准差	CV（%）
有机质（克/千克）	23.20	19.50	27.70	2.89	12.46
全氮（克/千克）	1.63	1.44	1.80	0.15	8.90
有效磷（毫克/千克）	19.05	7.40	54.70	8.34	43.77
速效钾（毫克/千克）	217.16	202.00	234.00	10.64	4.90
缓效钾（毫克/千克）	551.43	493.67	608.08	52.05	9.44
pH	7.09	5.20	8.00	0.81	11.39

八、八等地分析

1. 分布特征与面积统计 东西湖区八等地全部是水浇地，面积为 5.11 公顷，主要分布在东北部，占耕地总面积的 0.03%。八等地中无旱地、水田（图 2-3-8）。

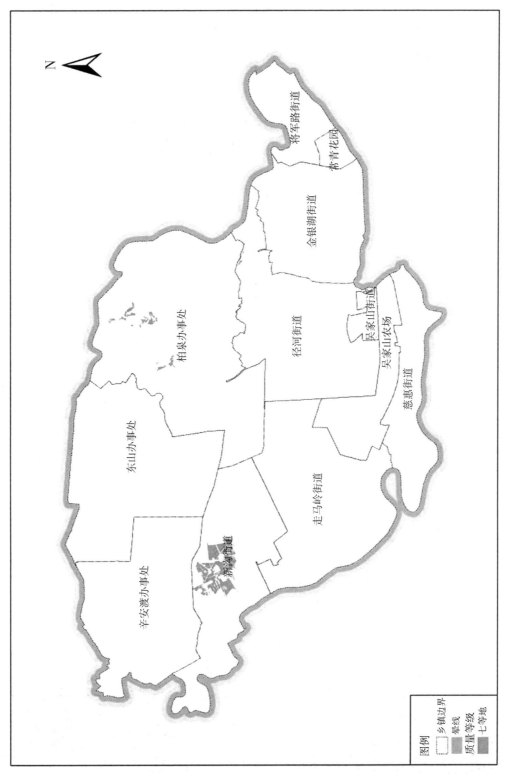

图 2-3-7 东西湖区七等地分布

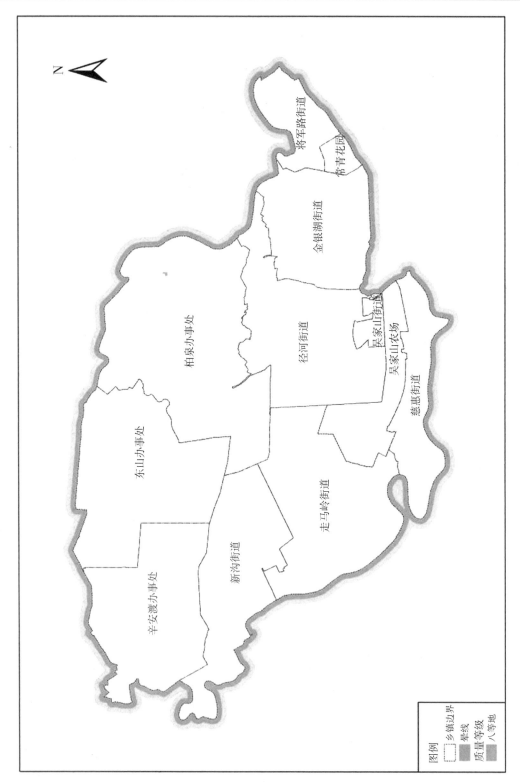

图 2-3-8 东西湖区八等地分布

2. 养分状况分析　参见表2-3-11。

表 2-3-11　八等地养分分析

指标	平均值	最小值	最大值	标准差	CV（%）
有机质（克/千克）	26.30	26.30	26.30	0.00	0.00
全氮（克/千克）	1.80	1.80	1.80	0.00	0.00
有效磷（毫克/千克）	12.25	12.20	12.30	0.07	0.58
速效钾（毫克/千克）	228.00	228.00	228.00	0.00	0.00
缓效钾（毫克/千克）	493.67	493.67	493.67	0.00	0.00
pH	6.20	6.20	6.20	0.00	0.00

第三节　耕地质量改良与提升

根据东西湖区耕地质量调查评价结果和耕地资源利用现状，对耕地质量及障碍因素进行综合分析，提出东西湖区耕地质量等级提高与土壤改良利用措施。

全区中低产田主要类型有：渍涝型、障碍层次型、质地不良型、缺素失调型、偏酸过碱型。

一、渍涝型

1. 特点　地下水位高，排水不良，土壤水分过多，易受涝渍危害。剖面全层或表层均有青泥层，水温、土温低，土烂泥深，还原性有毒物质多，土壤中的微生物活动受到抑制，有机质分解缓慢，释放出的有效养分少，特别是有效磷、锌含量低，但土壤潜在养分含量高。

2. 改良措施　针对渍涝土壤长期渍水，水温、土温低，土壤结构性差，潜在养分难以发挥等问题，必须首先根除水害，改善土壤水热状况，同时结合其他措施熟化土壤，使低产土壤变高产。

（1）完善排灌体系　新建和完善各种排灌站，搞好主渠、支渠、干渠网络配套，确保农田进水及时，排水迅速，能灌能排。

（2）冬耕晒垡，实行水旱轮作　采取翻耕晒垡、冬凌、炕土和熏土等办法，改善土壤结构，增加土壤通透性，活化土壤养分，在改善排水条件以后，除冬耕晒垡外，还应尽可能实行轮作换茬。在水稻生长期注意晒田和湿润管理，这都有利于土壤通气和理化性质的改善，促进还原物质的氧化而消除毒害，增强土壤微生物的活性，加速有机质的分解。短期晒田冬作，要注意充分脱水，适墒起板，以免僵垡。

（3）推广应用测土配方施肥技术　做到因土施肥、因作物施肥，节本增效，改善生态环境。

（4）多途径增施有机肥　推广秸秆还田和旱作秸秆覆盖技术，扩大绿肥种植面积。

二、障碍层次型

1. 特点 该类型中低产耕地其剖面构型有缺陷，土体内有夹砂、夹黏、夹砾石、白隔、白底等土壤障碍层次，从而妨碍水肥运行、农作物的根系伸展和对养分的吸收，易漏水漏肥，使作物吊气伤苗或滞水隔气对作物生长不利，导致作物低产。

2. 改良措施

（1）深耕、深翻、逐步打破障碍层 根据夹层所在土壤剖面的部位和厚度，选用适宜的农机具逐步深耕和深翻搅匀改良土壤结构，结合深施有机肥，增强土壤的保肥保水功能。

（2）轮作换茬，用养结合 调整种植结构，将豆科作物同其他作物进行轮作换茬，以培肥地力。

（3）完善配套水利设施，保障灌溉用水

（4）科学施肥 按照平衡施肥原则，稳施氮肥，重施钾肥，增施微肥，提高肥料利用率，实现节本增效。

三、质地不良型

1. 特点 该类型耕地主要是耕层太浅和土壤质地过黏或过砂。土壤质地黏重，通气差，宜耕期短，作物迟发，不耐旱，又不耐涝，土壤容易板结，作物出苗和扎根困难，抗逆能力差，缺水怕旱，下雨怕涝，作物生长差。土壤质地过砂，漏水跑肥，温差变幅大，作物易早衰。耕层浅薄，土壤严重缺素贫瘠。

2. 改良措施

（1）增施有机肥，改良土壤结构，改善土壤理化性状 增施有机肥是一个有效措施，特别是在目前施肥基本以施化肥为主的情况下，对质地不良的耕地增加有机质的施用量更为重要。

（2）合理配方施肥，改善作物营养状况 质地不良的耕地速效养分低，表现严重的缺磷、钾、少氮素，因此，更要注意因地因作物进行合理配方施肥，改善作物营养条件。

（3）注意种养结合，培肥地力 质地不良的耕地要多种植油菜、绿肥等养地作物，以养为主，培肥地力。

四、缺素失调型

1. 特点 以能供给作物吸收的氮、磷、钾三要素及微量元素在土壤中的含量来衡量其丰缺指标，其中缺一种或二种以上营养元素的土壤田块均属缺素田。全区各地农田都有分布。土壤营养元素缺乏，作物摄取的多，补偿的少以及长期的不平衡施肥，造成部分土壤养分失调或亏缺。

2. 改良措施

（1）减轻或消除中低产田造成缺素的根源 由于存在着影响土壤营养元素的有效性及其平衡的因素，往往引起土壤缺素以及营养元素间的平衡，而影响作物对养分的需要，使作物生长发育受到严惩影响，最终是产量降低。因此，在改良利用的同时，还要注意以下

3点：一是要控制和改造自然力对土壤的破坏作用，创造良好的生态环境；二是要改造土壤的不良性质和土体构型，消除土壤肥力的限制因素；三是要确定合理的使用和管理制度。

（2）用地与养地相结合　对农田土壤管理和使用不当（尤其是只用不养）是造成土壤肥力下降、作物产量不高的重要原因之一。因此，必须统筹兼顾在重视既用地又养地，用养结合的基础上才能使作物持续高产。用养结合的办法很多，如增施有机肥料，轮作换茬，豆科作物与其他作物连作和轮作，浅根作物与深根作物轮作等。

（3）实行测土配方施肥　根据土壤普查化验的结果和土壤的供肥能力，缺什么补什么，缺多少补多少，缺多多施，缺少少施，不缺不施。同时要根据作物的需要量和需肥时期，需肥规律以及土壤和肥料性质合理施肥。

五、偏酸过碱型

大多数农作物适合在中性土壤上生长。偏酸过碱型土壤改良措施：

①增施有机肥料。

②施用生理酸性肥料（碱性土壤）或生理碱性肥料（酸性土壤）。

③对碱性土壤施石膏、硅酸钙，以钙交换钠。

第四章 有机质、主要营养元素及其他指标分析

第一节 有机质

一、耕地土壤有机质分布

参见图 2-4-1。

二、耕地土壤有机质分布曲线

参见图 2-4-2。

三、耕地土壤有机质分布统计

参见表 2-4-1。

表 2-4-1 东西湖区耕地土壤有机质分布统计

有机质含量区间（克/千克）	评价单元数	百分比（%）	面积（公顷）	百分比（%）
15～20	369	8.39	2882	18.15
20～25	1162	26.42	5750	36.21
25～30	2841	64.58	7021	44.21
30～35	27	0.61	228	1.44
总计	4399	100.00	15881	100.00

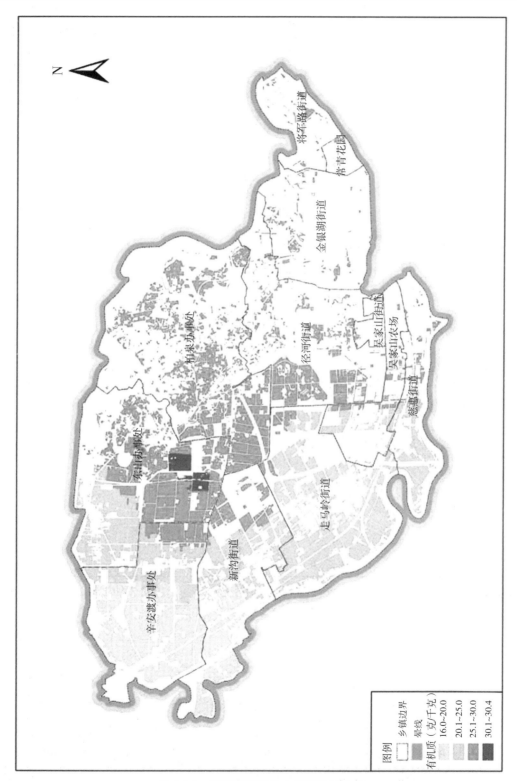

图 2-4-1　东西湖区耕地土壤有机质分布

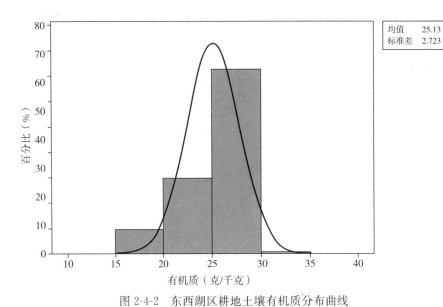

图 2-4-2　东西湖区耕地土壤有机质分布曲线

第二节　全氮

一、耕地土壤全氮分布

参见图 2-4-3。

二、耕地土壤全氮分布曲线

参见图 2-4-4。

三、耕地土壤全氮分布统计

参见表 2-4-2。

表 2-4-2　东西湖区耕地土壤全氮分布统计

全氮含量区间（克/千克）	评价单元数	百分比（％）	面积（公顷）	百分比（％）
1.2～1.4	89	2.02	1183	7.45
1.4～1.6	1010	22.96	4966	31.27
1.6～1.8	2951	67.08	8880	55.92
1.8～2.0	349	7.93	852	5.36
总计	4399	100.00	15881	100.00

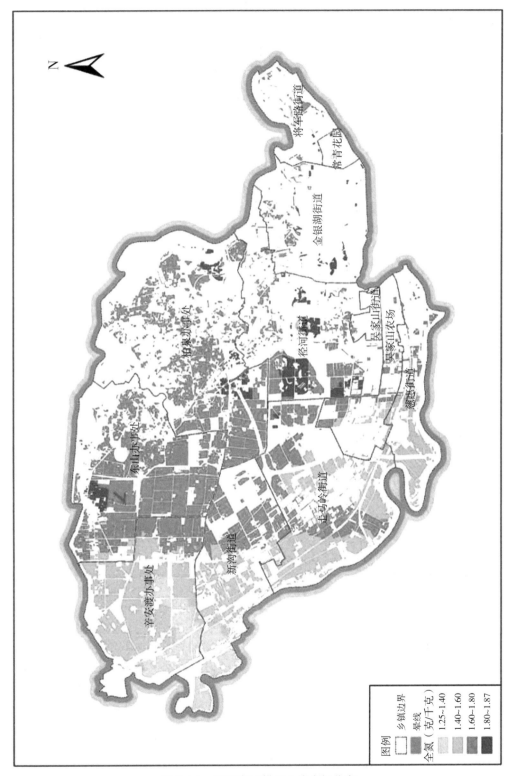

图 2-4-3　东西湖区耕地土壤全氮分布

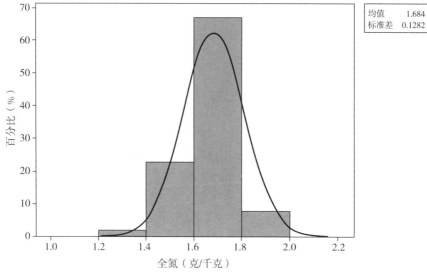

图 2-4-4 东西湖区耕地土壤全氮分布曲线

第三节 有效磷

一、耕地土壤有效磷分布

参见图 2-4-5。

二、耕地土壤有效磷分布曲线

参见图 2-4-6。

三、耕地土壤有效磷分布统计

参见表 2-4-3。

表 2-4-3 东西湖区耕地土壤有效磷分布统计

有效磷含量区间（毫克/千克）	评价单元数	百分比（%）	面积（公顷）	百分比（%）
0～50	2651	60.26	10693	67.33
50～100	831	18.89	2147	13.52
100～150	563	12.80	2025	12.75
150～200	265	6.02	815	5.13
200～250	73	1.66	157	0.99
250～300	16	0.36	45	0.28
总计	4399	100.00	15881	100.00

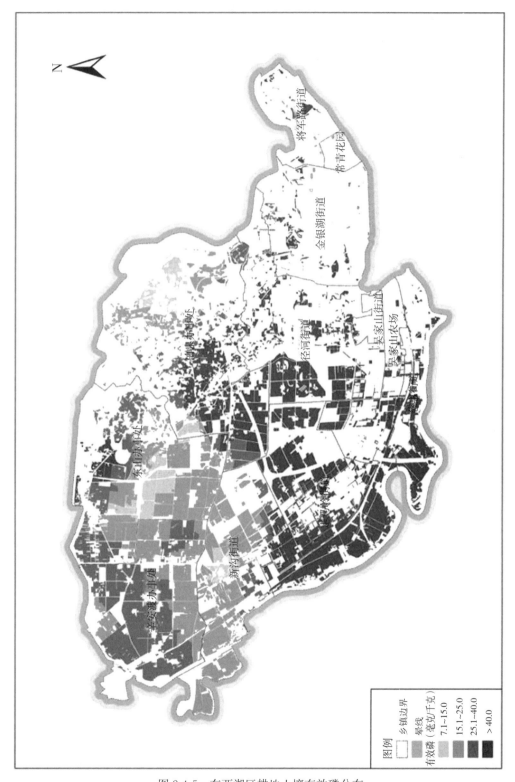

图 2-4-5　东西湖区耕地土壤有效磷分布

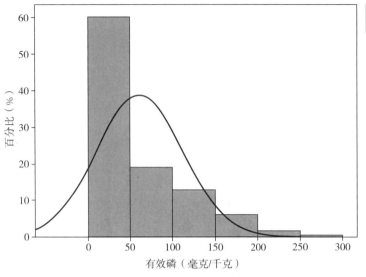

| | 均值 | 60.94 |
| 标准差 | 51.35 |

图 2-4-6　东西湖区耕地土壤有效磷分布曲线

第四节　速效钾

一、耕地土壤速效钾分布

参见图 2-4-7。

二、耕地土壤速效钾分布曲线

参见图 2-4-8。

三、耕地土壤速效钾分布统计

参见表 2-4-4。

表 2-4-4　东西湖区耕地土壤速效钾分布统计

速效钾含量区间（毫克/千克）	评价单元数	百分比（%）	面积（公顷）	百分比（%）
180～199	281	6.39	2946	18.55
200～219	989	22.48	5129	32.30
220～239	2799	63.63	7460	46.97
240～260	330	7.50	346	2.18
总计	4399	100.00	15881	100.00

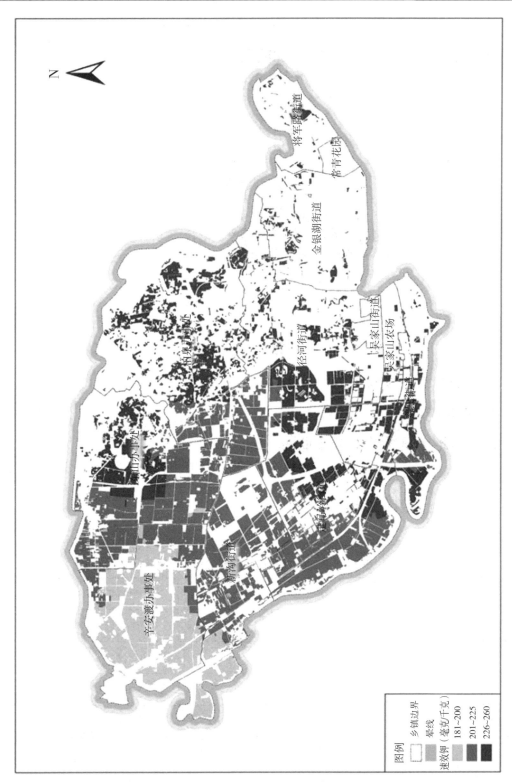

图 2-4-7　东西湖区耕地土壤速效钾分布

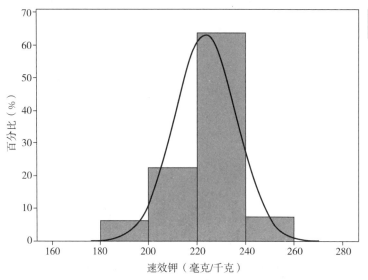

图 2-4-8　东西湖区耕地土壤速效钾分布曲线

第五节　缓效钾

一、耕地土壤缓效钾分布

参见图 2-4-9。

二、耕地土壤缓效钾分布曲线

参见图 2-4-10。

三、耕地土壤缓效钾分布统计

参见表 2-4-5。

表 2-4-5　东西湖区耕地土壤缓效钾分布统计

缓效钾含量区间（毫克/千克）	评价单元数	百分比（%）	面积（公顷）	百分比（%）
400～500	1082	24.60	1711	10.77
500～600	2838	64.51	11677	73.52
600～700	479	10.89	2494	15.70
总计	4399	100.00	15881	100.00

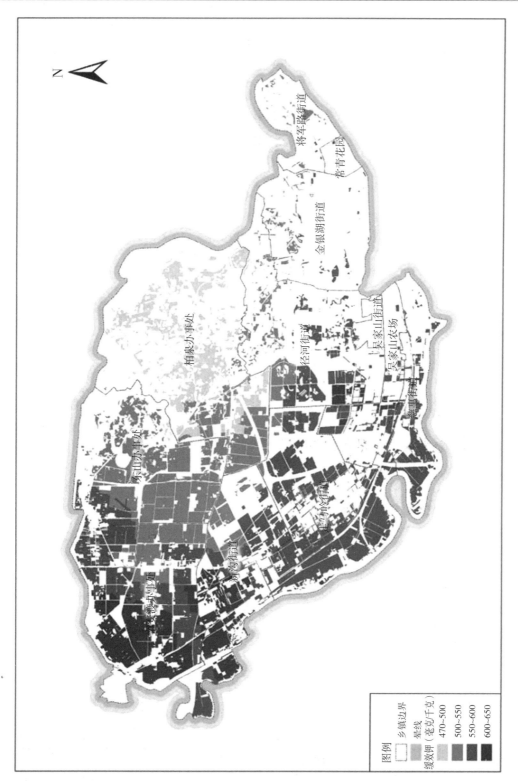

图 2-4-9　东西湖区耕地土壤缓效钾分布

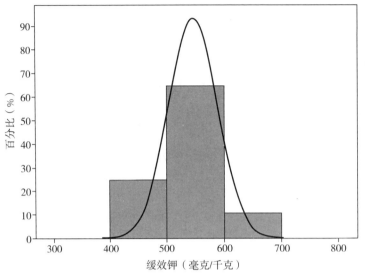

图 2-4-10 东西湖区耕地土壤缓效钾分布曲线

第六节　pH

一、耕地土壤 pH 分布

参见图 2-4-11。

二、耕地土壤 pH 分布曲线

参见图 2-4-12。

三、耕地土壤 pH 分布统计

参见表 2-4-6。

表 2-4-6　东西湖区耕地土壤 pH 分布统计

pH 区间	评价单元数	百分比（%）	面积（公顷）	百分比（%）
5.0～5.5	129	2.93	123	0.77
5.5～6.0	885	20.12	1595	10.04
6.0～6.5	1079	24.53	2751	17.32
6.5～7.0	635	14.44	1893	11.92
7.0～7.5	440	10.00	2248	14.16
7.5～8.0	1057	24.03	6487	40.85
8.0～8.5	174	3.96	786	4.95
总计	4399	100.00	15881	100.00

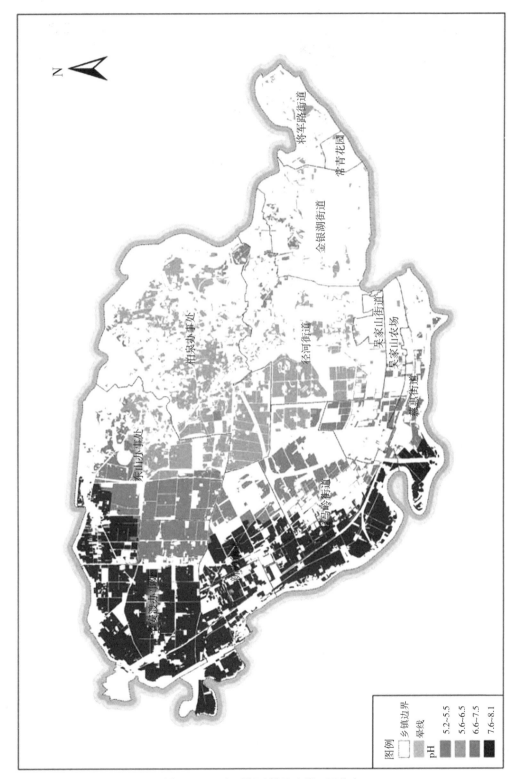

图 2-4-11　东西湖区耕地土壤 pH 分布

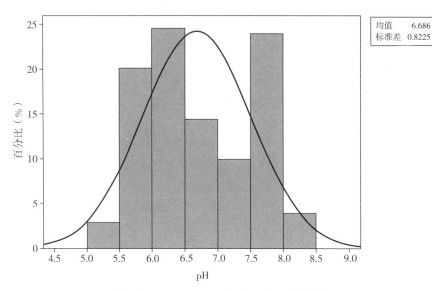

图 2-4-12　东西湖区耕地土壤 pH 分布曲线

第五章　成果图

东西湖区耕地质量等级分布图
东西湖区耕地质量调查评价采样点位图
东西湖区耕地土壤有机质分布图
东西湖区耕地土壤全氮分布图
东西湖区耕地土壤有效磷分布图
东西湖区耕地土壤速效钾分布图
东西湖区耕地土壤缓效钾分布图
东西湖区耕地土壤 pH 分布图
成果图参见书后彩图。

第三篇 | DISANPIAN

东湖高新区耕地质量调查与评价

第一章　评价区域概况

第一节　地理位置与行政区划

东湖新技术开发区，简称"东湖高新区"，别称"中国光谷"。位于武汉区东南部洪山区，江夏区境内，于1988年创建成立，1991年被国务院批准为首批国家高新区，2001年被原国家计委、科技部批准为国家光电子产业基地。东湖新技术开发区下辖8个街道。东起武汉外环线，西至卓刀泉路，北接东湖，南临汤逊湖，面积518.06千米²，由光谷生物城、武汉未来科技城、东湖综合保税区、光谷光电子信息产业园、光谷现代服务业产业园、光谷智能制造产业园、光谷中华科技产业园、光谷中心城等八大园区组成。东湖新技术开发区紧邻中心城区，依山傍水，风光秀丽。区内地势北高南低，湖泊密布，山峦起伏，绿化和水面多达200千米²。东湖新技术开发区距离武汉天河国际机场直线距离41千米，距离华中地区水陆联运中心武汉港20千米，距离武昌火车站8千米，距离汉口火车站28千米。区内有珞瑜路、雄楚大道、关山大道、光谷大道、高新大道、民族大道等主干道，形成"两横三纵"的城区道路骨架系统。

第二节　自然环境概况

一、气候

东湖高新区位于北纬30°23′～30°42′，东经114°8′30″～114°37′40″，具有中亚热带向北亚带热过渡的生物气候特征。

气温：年平均气温16.3～17.0℃，月平均最高气温29.2℃，年平均气温各年不同，如南湖年平均16.7℃，最高是17.3℃（1978年），最低是15.9℃（1969年），相差1.4℃。其他各站气温逐年变化趋势与南湖一致。最热月是7月，平均29℃左右，最冷是1月，平均4℃左右。

无霜期：以月最低气温2℃为无霜期。全区无霜期平均为240～250天，其保证率为220～230天。初霜日出现在11月9日，终霜日出现在3月19日。南湖无霜期最长达283天，最短224天，初霜出现在11月中、下旬，有13次，占59%，晚霜出现在3月中、下旬，有14次，占63.5%。全区具有夏长冬短、春秋长短居于以上两者之间，一年四季分明的特征。

降水：年平均降水量一般在 1150～1190 毫米之间，以 1969 年降水量最多，为 1584.7 毫米，而 1966 年却只有 803.3 毫米。由于受夏季风和冬季风的影响，形成春夏多雨、秋冬少雨的年际变化，一般从 1～4 月降水直线上升，7 月以后逐渐减少，江南降水略多于江北。降水量主要集中于 4～7 月，占全年降水量的 50% 以上。月降水 ≥60 毫米的有 8 个月（3～10 月），此期间内降水量平均合计为 995 毫米，占全年降水量的 85%，年平均蒸发量 1480 毫米，年平均相对湿度 79%。可见，东湖高新区降水资源丰富，却分配不均，且平常年份雨季出现暴雨。由于全区气温较高，雨量较多，且分配不均，有利的方面是水、热资源丰富，复种指数高；不利的方面是梅雨季节长，暴雨往往导致水土流失，发生涝灾，入伏以后又易造成旱灾，致使农业生产受到障碍。从本地区气候对土壤形成发育的影响来看，由于气候较湿热，岩石风化和地质淋溶均较强烈，以致土壤的发育明显发生黏化，同时也发生富铝化。其富铝化的强弱随成土母岩或母质不同而有所区别，从而使本地区的地带性土壤，既分布有黄棕壤，又分布有红壤，而且这两大土类呈现出犬牙交错分布的特点，这就充分反映了本地区具有由中亚热带向北亚热带过渡的气候特征。

二、地形地貌

东湖高新区位于长江中游江汉平原之东南部的边缘地带，随着海拔高度、相对高差、地形坡度、侵蚀与堆积、河流的运积、滨湖与否的不同，可大体划分为以下几种地貌类型：

1. 低丘岗地 分布在花山、九峰、建设、和平、洪山等乡，海拔高度为 30～45 米，主要土种有红土、死红土、黄土、死黄土、白散土、白散田、黄泥田等，自然植被已不多见，主要以人工马尾松为主，间或也夹杂一些别的树种，栽培作物主要是水稻、小麦、油菜、瓜果等。

2. 冲积平原 分布于长江汉水两岸，海拔高度为 21～25 米，主要土种有灰沙土、灰油沙土、灰正土、灰壳土、灰潮泥沙田、灰潮沙泥田、灰潮泥田等，为主要蔬菜和水生作物产地。

3. 湖积平原 分布在东湖、严西湖、北湖、南湖、汤苏湖、青菱湖、墨水湖等湖泊的四周，海拔在 19～20 米，主要土种有沙土、油沙土、正土、壳土、潮泥沙田、潮沙泥田等，主要种植蔬菜和莲藕、芋头等。

4. 石质丘陵 石质丘陵出露的岩层，大部分是上泥盆纪的石英岩状砂岩和志留纪砂页岩。由于岩石矿物组成和性质的差异，前者属酸性母岩，土壤发育处于红壤阶段，后者因属中性母岩，土壤发育处于黄棕壤阶段。

三、植被

东湖高新区属于亚热带气候，年平均气温 16.4℃，气候湿热，又具有南北过渡性的气候特征，以落叶乔木（如栎树、风香、化香、枫杨等）和常绿乔木（如青冈、石砾、苦槠、马尾松等）为主，见于龟山、蛇山、洪山、珞珈山以及一些苗圃和公园等地。常见的乔木有 100 多种，相当丰富。如南望山、喻家山、风筝山、团山、太鱼山、马鞍山、石门峰、宝盖山、扁担山、锅顶山、磨山等石质低丘，主要以人工马尾松林为主，间或地夹杂一些别的树种。由于树木屡经砍伐，现在自然植被已不多见，取而代之以草本灌丛或人工植被，但在防止土壤侵蚀和增加土壤有机质方面却显示出这些植被的重要作用。

四、水资源

东湖、南湖和汤逊湖贯穿全区。

第三节　农业生产概况

根据《东湖高新区第三次全国农业普查主要数据公报》，截至 2016 年末，共有 153 个农业经营单位，7588 户农业经营户，其中，规模农业经营户 419 个。2016 年末，在工商部门注册的农民合作社总数 1 个，其中，农业普查登记的以农业生产经营或服务为主的农民合作社 1 个。

共有拖拉机 184 台，耕整机 36 台，旋耕机 239 台，播种机 15 台，排灌动力机械 849套，联合收获机 5 台，机动脱粒机 183 台，增氧机 683 套。

全区灌溉耕地面积 33740 亩，其中有喷灌、滴灌、渗灌设施的耕地面积 17329 亩；灌溉用水主要水源中，使用地下水的农户和农业生产单位占 5.1%，使用地表水的农户和农业生产单位占 94.9%。

全区温室占地面积 19.2 亩，大棚占地面积 19.2 亩，渔业养殖用房面积 77 亩。

全区农业生产经营人员 1.2 万人，其中女性 0.5 万人。在农业生产经营人员中，年龄35 岁及以下的 1171 人，年龄在 36～54 岁之间的 5809 人，年龄 55 岁及以上的 5246 人。

第四节　耕地土壤资源

根据土壤分类系统的原则及参照各省份第二次土壤普查"土壤工作分类暂行方案"，共分为 4 个土类、11 个亚类、23 个土属、61 个土种。全区土壤类型根据全省统一代号规定如下：土壤类型代号：淹育型水稻土 11、潴育型水稻土 12、潜育型水稻土 13、沼泽型水稻土 14、侧渗型水稻土 15、潮土 21、灰潮土 22、棕红壤 51、黄红壤 52、红壤性土 53、黄壤 61、黄壤性土 62、黄棕壤 71、黄棕壤性土 74。

一、土类

1. 红壤　红壤形成于中亚热带生物气候条件下，这类地区年降雨量约为 1300～1600毫米，年平均气温 16～18℃，10℃以上的积温 5200～5400℃，无霜期 240～270 天。本区降雨量 1000～1300 毫米，多年平均气温为 16.3℃，无霜期 211～272 天，≥10℃以上积温 5203℃，属于中亚热带与北亚热带之间的过渡性地带，因而在本区有红壤分布。该土类有两个亚类：即棕红壤和红壤性亚类。

2. 黄棕壤　黄棕壤是通过弱脱硅富铝化作用形成的。在这一成土过程中，由于盐基的淋失，土壤呈微酸性反应，另一方面由于黏粒的形成与淋溶积聚十分明显，因而形成质地黏重的心土层。铁锰元素的淋溶和淀积，在特有的棱块状结构体表面上形成了呈褐色的铁锰胶膜，有些地方还出现铁子。该土类有两个亚类：即黄棕壤和黄棕壤性土亚类。

3. 潮土 潮土主要分布在长江、汉水两岸的建设、和平、青菱、天兴、湛家矶、长丰、江堤和后湖。这里地势平坦，土层深厚，土质肥沃，为主要的蔬菜基地。潮土形成过程是在河流冲积物或湖积物的基础上，长期受地下水活动和耕作熟化逐渐发育起来的旱作（蔬菜）土壤。依据母质有无石灰反应划分为潮土和灰潮土两个亚类。

4. 水稻土 水稻土是人类通过一系列农耕建设，土壤熟化措施和长期栽培水稻的条件下培育成的一种特殊土壤。该土类有 5 个亚类，即淹育型水稻土、潴育型水稻土、潜育型水稻土、沼泽型水稻土和侧渗型水稻土。

二、耕地利用与耕作制度

受地形地貌的限制和人为活动的影响，绝大部分后备土地资源已被开垦利用。目前，全区在土地利用上存在的主要问题：一是随着农村城区化和工业的发展，建设用地面积逐年增加，耕地面积不断减少，耕地后备资源严重不足；二是由于农民重用地轻养地，重投入轻产出，重施无机肥轻有机肥，致使土壤有机质下降，pH 降低，出现酸化的趋势，耕地质量下降明显；三是由于化肥、农药（特别是除草剂）的使用及工业废弃物的填埋，对土地及地下水产生污染。

三、耕地土壤培肥改良

20 世纪中叶以来，全区通过兴修水利，改革耕作制度，增施肥料，改土养地，用地培肥等一系列措施，使耕地得到充分利用，地力不断提升。

（一）增施肥料

20 世纪 50～60 年代主要施用农家肥，化肥和绿肥施用较少，农业生产不发达，地力没有充分发挥出来，农作物产量很低。60 年代后期至 70 年代，由于耕作制度改革，复种指数提高，肥料需要量大大增加，靠农家肥满足不了要求，绿肥得到较快发展，70 年代绿肥种植面积增加较大。绿肥的推广，对培肥土壤，提高地力起到了极大作用，增加了土壤有机质和各种营养元素，作物产量也得到提升。80 年代后期，随着复种指数再一次提高，绿肥种植面积逐年下降，化肥的使用量成倍地增加。70 年代以前主要使用氮肥，80 年代以后推广使用磷肥，并根据第二次土壤普查结果，推广了氮磷、氮钾初级配方施肥，90 年代以后，推广了氮、磷、钾优化配方施肥。20 世纪初期，通过土壤化验，针对具体作物研制配方，做到有机肥与无机肥配合，氮、磷、钾、微肥相结合，调节土壤的酸碱度，达到肥料的平衡利用，提高肥料的利用率，从而减少了肥料的浪费和对环境的污染，降低了生产成本，增加了农作物产量，提高了经济效益。

（二）改土养地

20 世纪 70 年代，全区在大搞农田基本建设的同时，还进行了平整土地的工作，对作物布局、农田灌溉、机械作业都带来了好处。一部分土壤质地黏重的地区，通过掺沙改土，改善了土壤的物理性状，提高了土壤肥力；一部分土壤质地较轻的地区，通过客泥改土，改善了土壤的物理性状。

（三）用地培肥

通过轮作、换茬、间作、套种等手段用地，配肥效果十分突出。

第五节 耕地质量保护与提升

一、重大项目对耕地质量的影响

20世纪50年代和80年代全区分别进行了全国第一、二次土壤普查，摸清了家底，政府制定和采取了一系列耕地保护措施。如开挖深沟大港建台田、退田还湖、水旱大轮作、退耕还林、改良土壤质地、增施有机肥、种植绿肥、轮作换茬、调整施肥结构、推广配方肥等，使耕地得到了有效的保养。

80年代全区进行了中、低产田改造，土地整理等一系列建设，极大地改变了农业生产条件，提高了耕地的质量。通过兴修水利，改革耕作制度，增施肥料，改土养地，用地培肥等一系列措施，使耕地得到了充分利用，地力不断提高。

近几年来又通过农机补贴机械收割，进行秸秆还田，有机肥补贴，增加了有机肥施用量，建设退耕还林高产稳产口粮田，通过轻简栽培达到用地养地相结合，测土配方施肥技术的应用在保养土地的基础上发挥了土地的最大潜能，节本增效。以上各项措施对全区耕地地力的提升起到了良好的作用。

二、法律法规对耕地质量的影响

1994年，国家颁布了《基本农田管理条例》，该条例的实施有效地遏制了耕地面积锐减的趋势，保证了基本农田面积，保护了高产良田，使全区耕地地力整体上不受影响。

1999年，农村土地的二轮延包政策通过调处土地纠纷、规范土地流转、稳定土地承包关系等措施，依法保障了承包方的各项权利，巩固了农村的大好形势，维护了农村的社会稳定，对耕地地力保护和农民自觉培肥土地起到了非常好的效果。

2002年农村税费改革，大幅度减轻了农民负担，尤其是2004年中央出台了"一降三补"等一系列扶农政策，农民种田效益显著提高，对进一步巩固耕地地力起到了较好的作用。

第二章 评价方法与步骤

第一节 资料收集与准备

一、软硬件准备

1. 硬件准备 主要包括计算机、大幅面扫描仪、大幅面打印机等。计算机主要用于数据和图件的处理分析，大幅面扫描仪用于土壤图等纸质图件的输入，大幅面打印机用于成果图的输出。

2. 软件准备 一是 Windows 操作系统、Excel 表格数据处理等软件，二是 ArcGIS 等GIS 软件，三是区域耕地资源管理信息系统。

二、资料收集整理

根据评价的目的、任务、范围、方法，收集准备与评价有关的各类自然及社会经济资料，对资料进行分析处理。

1. 野外调查资料 主要包括地貌类型、地形部位、成土母质、有效土层厚度、耕层厚度、耕层质地、灌溉能力、排水能力、障碍因素、常年耕作制度等。

2. 采样点化验分析资料 包括全氮、有效磷、速效钾、缓效钾等大量养分含量，有效锌、有效硼等微量养分含量，以及土壤 pH、有机质含量等。

3. 社会经济统计资料 第二次土壤普查资料以及化验分析资料、土地资源详查资料、测土配方施肥耕地地力评价资料、近年社会经济统计资料、土地利用总体规划及专题规划、有关耕地利用的科研、专题调查研究等文献资料。

4. 基础及专题图件资料 与耕地质量评价相关的各类专题图件，主要包括东湖高新区 1∶5 万地形图、行政区划图、土地利用现状图、地貌类型图、土壤图、土壤表层质地图、土体构型图、各类养分图、污染分布图等。

三、评价单元的确定

评价单元是由对耕地质量具有关键影响的各土地要素组成的空间实体，是土地评价的最基本单位、对象和基础图斑。同一评价单元内的土地自然基本条件、土地的个体属性和经济属性基本一致，不同土地评价单元之间，既有差异性，又有可比性。耕地质量评价就是要通过对每个评价单元的评价，确定其质量等级，把评价结果落实到评价单元上。评价

单元划分的合理与否，直接关系到评价的结果以及工作量的大小。

按照国家及《省耕肥总站关于启用"全国耕地质量等级评价指标体系"开展相关工作的通知》（鄂耕肥〔2019〕19号）要求，本次东湖高新区耕地质量等级评价评价单元的划分采用土壤图、土地利用现状图的叠加划分法，即"土地利用现状类型—土壤类型"的格式。其中，土壤类型划分到土属，土地利用现状类型划分到二级利用类型，制图边界以东湖高新区2017年度更新土地利用现状图为准。同一评价单元内的土壤类型相同，利用方式相同，交通、水利等基本一致，用这种方法划分评价单元既可以反映单元之间的空间差异性，既使土地利用类型有了土壤基本性质的均一性，又使土壤类型有了确定的地域边界线，使评价结果更具综合性、客观性，可以较容易地将评价结果落实到实地。

四、采样调查与分析

1. 布点原则　有广泛的代表性和典型性，兼顾均匀性；尽可能在第二次土壤普查的取样点上布点；采样点具有的所在评价单元特征最明显、最稳定、最典型，要避免各种非调查因素的影响。

2. 布点方法　根据农业部要求的采样点密度（5000～10000亩取1个土样，覆盖到亚类，同时兼顾水田和旱地等利用类型，考虑各级耕地质量长期监测点），结合当地实际，确定采样点总数量。在各评价单元中，根据图斑大小、种植制度、作物种类、产量水平确定布点数量和点位，并在图上标注采样编号。采样点数和点位确定后，根据土种、种植制度、产量水平等因素，统计各因素点位数。当某一因素点位数过少或过多时进行调整，同时考虑点位的均匀性。按上述方法和要求，全区确定采样点31个。

3. 采样与野外调查　根据室内预定采样点的位置，按行政区划图的区位，通过GPS导航，实地选择取土地块。如果图上标明的位置在当地不具有典型性时，则在实地另选有典型性的地块，并在图上标明准确位置，利用GPS定位仪确定经纬度。

取样点确定后，在所确定的田块进行采样。同时，与采样点户主和当地技术人员交谈，填写调查内容。如野外部分内容把握不准，当天回室内查阅资料，予以完善。

4. 样品分析　按照相关标准和规程，对样品进行各项化验分析。

五、数据审核和处理

1. 数据审核　获取的调查表数据是后阶段耕地质量等级评价的关键数据，数据的质量关系到后期评价工作的开展。正式评价前，必须对调查表的数据进行审核处理。审核主要分为数据完整性审核、数据规范性审核以及数据逻辑性审核。其要求如下：

（1）完整性　全表应有47列以上数据（EXCEL表格AU列）；表格各行数据应该完整，没有空白。

（2）规范性　填写应符合规范要求（字段类型、枚举内容等）；数值在正常范围内（如$3 < pH < 9.5$）。

（3）逻辑性　要注意部分指标间的相关关系和逻辑性。

2. 评价数据处理的处理

（1）评价数据的提取　评价数据的提取是根据数据源的形式采用相应的提取方法，一

是采用叠加分析模型，通过评价单元图与各评价因素图的叠加分析，从各专题图上提取评价数据；二是通过复合模型将采样调查点与评价单元图复合，从各调查点相应的调查、分析数据中提取各评价单元信息。

（2）指标体系的量化处理　系统获取的评价资料可以分为定量和定性资料两大部分，为了采用定量化的评价方法和自动化的评价手段，减少人为因素的影响，需要对其中的定性因素进行定量化处理，根据因素的级别状况赋予其相应的分值或数值。除此，对于各类养分等按调查点获取的数据，则需要进行插值处理。

（3）定性因素的量化处理　根据各因素对耕地质量的影响程度，采用特尔斐法直接打分获得隶属度。

（4）定量化指标的隶属函数　定量指标内的分级则采用数学方法拟合其隶属函数，利用隶属函数计算获得隶属度。

第二节　评价指标体系建立

一、评价指标的选取依据

（1）《耕地质量等级》（GB/T 33469—2016）国家标准

（2）《农业农村部耕地质量监测保护中心关于印发〈全国耕地质量等级评价指标体系〉的通知》（耕地评价函〔2019〕87号）

（3）《省农业厅办公室关于做好2017年耕地质量调查评价工作的通知》（鄂农办〔2017〕39号）

二、评价指标的选取方法

根据《耕地质量等级》国家标准确定东湖高新区所属农业区域，根据所属农业区域，对照《全国耕地质量等级评价指标体系》，确定东湖高新区耕地质量等级评价指标、指标权重及隶属函数。

三、评价指标、指标权重及隶属函数

1. 评价指标　东湖高新区属长江中下游一级农业区中的长江中游平原农业水产区二级农业分区，根据分区和标准确定评价指标15个。15个指标分别是：排水能力、灌溉能力、地形部位、有机质、耕层质地、土壤容重、质地构型、障碍因素、pH、有效磷、速效钾、有效土层厚度、生物多样性、农田林网化和清洁程度。

2. 指标权重及隶属函数　指标权重　参见表3-2-1。

表3-2-1　指标权重

指标名称	指标权重
排水能力	0.1319
灌溉能力	0.1090

（续）

指标名称	指标权重
地形部位	0.1078
有机质	0.0924
耕层质地	0.0721
土壤容重	0.0572
质地构型	0.0569
障碍因素	0.0559
pH	0.0555
有效磷	0.0554
速效钾	0.0549
有效土层厚	0.0478
生物多样性	0.0387
农田林网化	0.0353
清洁程度	0.0291

3. 指标隶属函数

（1）概念型指标隶属函数　参见表 3-2-2。

表 3-2-2　概念型指标隶属函数

地形部位	山间盆地	宽谷盆地	平原低阶	平原中阶	平原高阶	丘陵上部	丘陵中部	丘陵下部	山地坡上	山地坡中	山地坡下
隶属度	0.8	0.95	1	0.95	0.9	0.7	0.8	0.3	0.16	0.45	0.68
耕层质地	砂土	砂壤	轻壤	中壤	重壤	黏土					
隶属度	0.6	0.85	0.09	1	0.95	0.7					
质地构型	薄层型	松散型	紧实型	夹层型	上紧下松型	上松下紧型	海绵型				
隶属度	0.55	0.3	0.75	0.85	0.4	1	0.95				
生物多样性	丰富	一般	不丰富								
隶属度	1	0.8	0.6								
清洁程度	清洁	尚清洁									
隶属度	1	0.8									
障碍因素	盐碱	瘠薄	酸化	渍潜	障碍层次	无					
隶属度	0.6	0.65	0.7	0.55	0.6	1					
灌溉能力	充分满足	满足	基本满足	不满足							
隶属度	1	0.8	0.6	0.3							
排水能力	充分满足	满足	基本满足	不满足							
隶属度	1	0.8	0.6	0.3							

（续）

地形部位	山间盆地	宽谷盆地	平原低阶	平原中阶	平原高阶	丘陵上部	丘陵中部	丘陵下部	山地坡上	山地坡中	山地坡下
农田林网化	高	中	低								
隶属度	1	0.85	0.7								

（2）数值型指标隶属函数　参见表 3-2-3。

表 3-2-3　数值型指标隶属函数

指标名称	函数类型	函数公式	a 值	c 值	u 的下限值	u 的上限值
pH	峰型	$y=1/\left[1+a\,(u-c)^2\right]$	0.22129	6.811204	3	10
有机质	戒上型	$y=1/\left[1+a\,(u-c)^2\right]$	0.001842	33.656446	0	33.7
有效磷	戒上型	$y=1/\left[1+a\,(u-c)^2\right]$	0.002025	33.346824	0	33.3
速效钾	戒上型	$y=1/\left[1+a\,(u-c)^2\right]$	0.000081	181.622535	0	182
有效图层厚	戒上型	$y=1/\left[1+a\,(u-c)^2\right]$	0.000205	99.092342	0	99
土壤容量	峰型	$y=1/\left[1+a\,(u-c)^2\right]$	2.236726	1.211674	0.5	3.21

注：y 为隶属度；a 为系数；u 为实测值；c 为标准指标。当函数类型为戒上型，u 小于等于下限值时，y 为 0；u 大于等于上限值时，y 为 1；当函数类型为峰型，u 小于等于下限值或 u 大于等于上限值时，y 为 0。

第三节　数据库的建立

一、空间数据库的建立

1. 基础图件入库　对于土壤图、排灌图等纸质的基础图件，采用大幅面扫描仪扫描成电子版，配准后利用 arcmap 进行矢量化。矢量化前对图件进行精确性、完整性、现势性的分析，在此基础上对图件的有关内容进行分层处理，根据要求选取入库要素。相应的属性数据采用键盘录入。对于土地利用现状图，可直接入库。采样点位图的生成，可基于审核后的采样调查表，加载到 arcmap 中，利用相应方法生成。

2. 坐标变换　GIS 空间分析功能的实现要求数据库中的地理信息以相同的坐标为基础。原始的各种图件坐标系统不一致，如经扫描产生的坐标是一个随机的平面坐标系，不能满足空间分析操作的要求，应转换为统一的大地 2000 坐标。

3. 空间数据质量检查　数字化的几何图形可能存在各种错误，可利用 ARCMAP 提供的点、线、面编辑修改工具，对图件进行各种编辑修改，利用拓扑检查工具，检查修改图件的各种拓扑错误。

二、属性数据库的建立

对各种基础属性数据内容进行分类，键盘录入各类数据，采用 ACCESS 等软件进行统一管理。

三、空间数据和属性数据的连接

空间数据和属性数据之间用唯一标识码来标识和连接。

第四节　耕地质量等级评价

耕地质量等级评价是从农业生产角度出发，通过综合指数法对耕地地力、土壤健康状况和田间基础设施构成的满足农产品持续产出和质量安全的能力进行评价。

一、评价依据

（1）《耕地质量等级》（GB/T 33469—2016）国家标准

（2）《农业农村部耕地质量监测保护中心关于印发〈全国耕地质量等级评价指标体系〉的通知》（耕地评价函〔2019〕87号）

二、评价原理

根据《耕地质量等级》国标确定评价区域所属农业区域，依据所属农业区域确定耕地质量评价指标，按照《全国耕地质量等级评价指标体系》确定各指标权重、各指标隶属度以及等级划分指数，生成评价单元，对评价单元进行赋值，采用县域耕地资源管理信息系统进行耕地质量等级评价，计算耕地质量综合指数，根据等级划分标准，确定耕地质量等级（表3-2-4）。

表3-2-4　耕地质量等级

耕地质量等级	综合指数范围
一等	≥0.917
二等	0.8924～0.9170
三等	0.8678～0.8924
四等	0.8431～0.8678
五等	0.8185～0.8431
六等	0.7939～0.8185
七等	0.7693～0.7939
八等	0.7446～0.7693
九等	0.7200～0.7446
十等	<0.7200

三、评价流程

整个评价可分为3个方面的主要内容，按先后的次序分别为：

1. 资料工具准备及数据库建立　即根据评价的目的、任务、范围、方法，收集准备与评价有关的各类自然及社会经济资料，进行资料的分析处理。选择适宜的硬件平台和GIS等软件，建立耕地质量评价基础数据库。

2. 耕地质量评价　划分评价单元，提取影响质量的关键因素并确定权重，选择相应

评价方法，按照评价标准，确定耕地质量等级。

3. 评价结果分析 依据评价结果，量算各等级耕地面积，编制耕地质量等级分布图。分析耕地质量问题，提出耕地资源可持续利用的措施建议（图 3-2-1）。

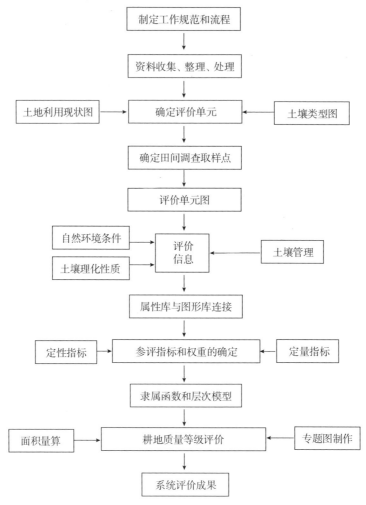

图 3-2-1　东湖高新区耕地质量等级评价流程

第五节　耕地土壤养分专题图的编制

将审核处理过后的采样点调查表加载到 arcmap 中，生成采样点位图；统一坐标系后，将土壤有机质、氮、磷、钾等养分数据进行插值，通过区域统计和属性连接，将养分值赋给对应评价单元；添加东湖高新区行政区划图、道路、水系、乡镇名等图层，根据评价单元各养分属性值制作专题图，经图件清绘整饰等步骤后导出。

第三章 耕地综合生产能力分析

第一节 耕地质量等级与空间分布

本次耕地质量等级调查，根据相关标准，选取 15 个对耕地地力影响比较大、区域内变异明显、在时间序列上具有相对稳定性、与农业生产有密切关系的因素，建立评价指标体系。以 1∶5 万耕地土壤图、土地利用现状图两种图件叠加形成的图斑为评价单元。利用区域耕地资源管理信息系统，对评价单元属性库进行操作，检索统计耕地各等级的面积及图幅总面积。按图幅总面积与东湖高新区 2017 年度更新耕地总面积的比例进行平差，计算各耕地质量等级面积。

一、耕地面积统计

东湖高新区耕地总面积为 8416.53 公顷，其中，旱地面积最多，为 4235.79 公顷，占耕地总面积的 50.33%；水田次之，为 3943.33 公顷，占耕地总面积的 46.85%；水浇地最少，为 237.41 公顷，占耕地总面积的 2.82%（表 3-3-1）。

表 3-3-1 东湖高新区耕地面积统计

耕地类型	面积（公顷）	比例（%）
旱地	4235.79	50.33
水浇地	237.41	2.82
水田	3943.33	46.85
总计	8416.53	100.00

二、耕地质量等级面积统计

按评价单元软件计算面积与东湖高新区 2017 年度更新耕地总面积的比例进行平差，计算各耕地质量等级面积。

东湖高新区耕地总面积为 8416.53 公顷，分为 8 个等级，最高等级为一等，最低等级为八等，三等地占比最大（37.76%），八等地占比最小，几乎为零。具体数据如下：

一等地 134.97 公顷，占耕地总面积 1.60%；二等地 1433.70 公顷，占耕地总面积

17.03%；三等地 3178.15 公顷，占耕地总面积 37.76%；四等地 2006.29 公顷，占耕地总面积 23.84%；五等地 1136.09 公顷，占耕地总面积 3.50%；六等地 509.80 公顷，占耕地总面积的 6.06%；七等地 17.18 公顷，占耕地总面积的 0.20%；八等地 0.34 公顷（表 3-3-2）。

表 3-3-2　东湖高新区耕地质量等级分类统计

等级	旱地		水浇地		水田		面积（公顷）	比例（%）
	面积（公顷）	比例（%）	面积（公顷）	比例（%）	面积（公顷）	比例（%）		
一等	65.17	1.54	0.82	0.34	68.99	1.75	134.97	1.60
二等	735.51	17.36	49.52	20.86	648.67	16.45	1433.70	17.03
三等	1522.92	35.95	105.42	44.40	1549.82	39.30	3178.15	37.76
四等	940.96	22.21	80.13	33.75	985.19	24.98	2006.29	23.84
五等	625.55	14.77	1.52	0.64	509.02	12.91	1136.09	13.50
六等	335.99	7.93	0.00	0.00	173.82	4.41	509.80	6.06
七等	9.45	0.22	0.00	0.00	7.73	0.20	17.18	0.20
八等	0.25	0.01	0.00	0.00	0.09	0.00	0.34	0.00
总计	4235.79	100.00	237.41	100.00	3943.33	100.00	8416.53	100.00

旱地总面积为 4235.79 公顷，其中一等旱地 65.17 公顷，占旱地总面积的 1.54%；二等旱地 735.51 公顷，占旱地总面积的 17.36%；三等旱地 1522.92 公顷，占旱地总面积的 35.95%；四等旱地 940.96 公顷，占旱地总面积的 22.21%；五等旱地 625.55 公顷，占旱地总面积的 14.77%；六等旱地 335.99 公顷，占旱地总面积的 7.93%；七等旱地 9.45 公顷，占旱地总面积的 0.22%；八等旱地 0.25 公顷，占比为 0.01%。

水浇地总面积为 237.41 公顷，其中一等水浇地 0.82 公顷，占水浇地总面积的 0.34%；二等水浇地 49.52 公顷，占水浇地总面积的 20.86%；三等水浇地 105.42 公顷，占水浇地总面积的 44.40%；四等水浇地 80.13 公顷，占水浇地总面积的 33.75%；五等水浇地 1.52 公顷，占水浇地总面积的 0.64%；无六等、七等、八等水浇地。

水田总面积为 3943.33 公顷，其中一等水田 68.99 公顷，占水田总面积的 1.75%；二等水田 648.67 公顷，占水田总面积的 16.45%；三等水田 1549.82 公顷，占水田总面积的 39.30%；四等水田 985.19 公顷，占水田总面积的 24.98%；五等水田 509.02 公顷，占水田总面积的 12.91%；六等水田 173.82 公顷，占水田总面积的 4.41%；七等水田 7.73 公顷，占水田总面积的 0.20%；无八等水田。

三、耕地质量等级空间分布

将耕地质量等级分布图与东湖高新区行政区划图进行叠加分析，统计各级耕地在各街道的分布状况。可以看出，东湖高新区一等地在 8 个街道（乡镇）分布情况为：藏龙岛办事处（37.95%）、东湖开发区街（15.84%）、洪山乡（0.34%）、花山镇（0.61%）、九峰乡（3.28%）、流芳街（15.52%）、五里界街（14.55%）、左岭镇（11.92%）；二等地在 8 个街道（乡镇）分布情况为：藏龙岛办事处（19.50%）、东湖开发区街（16.14%）、洪山乡（0.55%）、花山镇（4.44%）、九峰乡（8.96%）、流芳街（14.39%）、五里界街（19.05%）、左岭镇（16.97%）；三等地在8个街道（乡镇）分布情况为：藏龙岛办事处（7.66%）、东湖开发区街（29.72%）、洪山乡（0.35%）、花山镇（8.15%）、九峰乡（5.33%）、流芳街（16.70%）、五里界街（19.26%）、左岭镇（12.82%）；四等地在8个街道（乡镇）分布情况为：藏龙岛办事处（0.57%）、东湖开发区街（22.14%）、洪山乡（0.57%）、花山镇（12.80%）、九峰乡（4.08%）、流芳街（26.27%）、五里界街（21.87%）、左岭镇（11.71%）；四等地在8个街道（乡镇）分布情况为：藏龙岛办事处（0.57%）、东湖开发区街（22.14%）、洪山乡（0.57%）、花山镇（12.80%）、九峰乡（4.08%）、流芳街（26.27%）、五里界街（21.87%）、左岭镇（11.71%）；五等地在8个街道（乡镇）分布情况为：藏龙岛办事处（2.00%）、东湖开发区街（21.90%）、花山镇（0.71%）、九峰乡（0.87%）、流芳街（29.01%）、五里界街（41.71%）、左岭镇（3.80%），洪山乡没有五等地；六等地主要分布在流芳街（68.37%），零星分布在东湖开发区街（16.03%）、五里界街（12.80%）、花山镇（2.75%）等街道（乡镇），藏龙岛办事处和洪山乡没有六等地；七等地集中在流芳街（90.08%），零星分布在东湖开发区街（9.18%）、五里界街（0.74%），洪山乡、左岭镇、藏龙岛办事处、花山镇、九峰乡（0.00%）5个街道（乡镇）七等地面积均为0；八等地都在流芳街（100%）（表3-3-3）。

表3-3-3　东湖高新区耕地质量等级行政区域统计

| 乡名称 | 一等地 | | | | | | 面积（公顷） | 比例（%） |
| | 旱地 | | 水浇地 | | 水田 | | | |
	面积（公顷）	比例（%）	面积（公顷）	比例（%）	面积（公顷）	比例（%）		
藏龙岛办事处	26.11	40.06	0.00	0.00	25.11	36.40	51.22	37.95
东湖开发区街	10.22	15.67	0.66	80.61	10.50	15.22	21.38	15.84
洪山乡	0.46	0.70	0.00	0.00	0.00	0.00	0.46	0.34
花山镇	0.79	1.21	0.00	0.00	0.03	0.05	0.82	0.61
九峰乡	3.32	5.09	0.16	19.39	0.95	1.37	4.42	3.28
流芳街	10.48	16.09	0.00	0.00	10.47	15.17	20.95	15.52
五里界街	5.94	9.12	0.00	0.00	13.69	19.85	19.64	14.55
左岭镇	7.85	12.05	0.00	0.00	8.23	11.94	16.09	11.92
总计	65.17	100.00	0.82	100.00	68.99	100.00	134.97	100.00

| 乡名称 | 二等地 | | | | | | 面积（公顷） | 比例（%） |
| | 旱地 | | 水浇地 | | 水田 | | | |
	面积（公顷）	比例（%）	面积（公顷）	比例（%）	面积（公顷）	比例（%）		
藏龙岛办事处	163.34	22.21	0.00	0.00	116.22	17.92	279.56	19.50
东湖开发区街	81.08	11.02	0.34	0.69	149.98	23.12	231.40	16.14
洪山乡	1.65	0.22	5.65	11.42	0.61	0.09	7.92	0.55
花山镇	21.58	2.93	9.04	18.26	32.99	5.09	63.61	4.44

（续）

乡名称	二等地							
	旱地		水浇地		水田		面积（公顷）	比例（%）
	面积（公顷）	比例（%）	面积（公顷）	比例（%）	面积（公顷）	比例（%）		
九峰乡	49.26	6.70	33.00	66.64	46.22	7.13	128.49	8.96
流芳街	119.46	16.24	0.00	0.00	86.83	13.39	206.29	14.39
五里界街	165.52	22.50	0.00	0.00	107.62	16.59	273.14	19.05
左岭镇	133.62	18.17	1.49	3.00	108.19	16.68	243.30	16.97
总计	735.51	100.00	49.52	100.00	648.67	100.00	1433.70	100.00

乡名称	三等地							
	旱地		水浇地		水田		面积（公顷）	比例（%）
	面积（公顷）	比例（%）	面积（公顷）	比例（%）	面积（公顷）	比例（%）		
藏龙岛办事处	145.35	9.54	0.00	0.00	98.08	6.33	243.43	7.66
东湖开发区街	407.03	26.73	2.94	2.79	534.58	34.49	944.55	29.72
洪山乡	8.96	0.59	2.10	1.99	0.12	0.01	11.19	0.35
花山镇	61.97	4.07	66.63	63.21	130.56	8.42	259.16	8.15
九峰乡	60.11	3.95	22.16	21.02	87.13	5.62	169.40	5.33
流芳街	257.71	16.92	0.00	0.00	273.18	17.63	530.89	16.70
五里界街	352.96	23.18	0.30	0.29	258.86	16.70	612.12	19.26
左岭镇	228.83	15.03	11.28	10.70	167.30	10.79	407.41	12.82
总计	1522.92	100.00	105.42	100.00	1549.82	100.00	3178.15	100.00

乡名称	四等地							
	旱地		水浇地		水田		面积（公顷）	比例（%）
	面积（公顷）	比例（%）	面积（公顷）	比例（%）	面积（公顷）	比例（%）		
藏龙岛办事处	7.62	0.81	0.00	0.00	3.76	0.38	11.38	0.57
东湖开发区街	199.94	21.25	2.68	3.35	241.65	24.53	444.26	22.14
洪山乡	10.53	1.12	0.85	1.06	0.00	0.00	11.38	0.57
花山镇	51.51	5.47	64.85	80.92	140.51	14.26	256.86	12.80
九峰乡	38.69	4.11	5.41	6.75	37.70	3.83	81.80	4.08
流芳街	263.22	27.97	0.00	0.00	263.76	26.77	526.98	26.27
五里界街	244.84	26.02	0.00	0.00	193.85	19.68	438.68	21.87
左岭镇	124.63	13.25	6.34	7.91	103.97	10.55	234.94	11.71
总计	940.96	100.00	80.13	100.00	985.19	100.00	2006.29	100.00

（续）

乡名称	五等地						面积	比例
	旱地		水浇地		水田		（公顷）	（%）
	面积（公顷）	比例（%）	面积（公顷）	比例（%）	面积（公顷）	比例（%）		
藏龙岛办事处	8.24	1.32	0.00	0.00	14.45	2.84	22.69	2.00
东湖开发区街	136.46	21.81	0.06	3.78	112.31	22.06	248.83	21.90
洪山乡	0.00	0.00	0.00	0.00	0.00	0.00	0.00	0.00
花山镇	0.00	0.00	1.46	96.22	6.55	1.29	8.01	0.71
九峰乡	8.98	1.44	0.00	0.00	0.96	0.19	9.94	0.87
流芳街	125.64	20.09	0.00	0.00	203.99	40.08	329.63	29.01
五里界街	325.84	52.09	0.00	0.00	147.97	29.07	473.81	41.71
左岭镇	20.39	3.26	0.00	0.00	22.79	4.48	43.18	3.80
总计	625.55	100.00	1.52	100.00	509.02	100.00	1136.09	100.00

乡名称	六等地						面积	比例
	旱地		水浇地		水田		（公顷）	（%）
	面积（公顷）	比例（%）	面积（公顷）	比例（%）	面积（公顷）	比例（%）		
藏龙岛办事处	0.00	0.00	0.00	0.00	0.00	0.00	0.00	0.00
东湖开发区街	60.43	17.98	0.00	0.00	21.31	12.26	81.74	16.03
洪山乡	0.00	0.00	0.00	0.00	0.00	0.00	0.00	0.00
花山镇	3.14	0.93	0.00	0.00	10.88	6.26	14.02	2.75
九峰乡	0.08	0.02	0.00	0.00	0.00	0.00	0.08	0.01
流芳街	231.33	68.85	0.00	0.00	117.25	67.45	348.57	68.37
五里界街	40.88	12.17	0.00	0.00	24.38	14.03	65.26	12.80
左岭镇	0.14	0.04	0.00	0.00	0.00	0.00	0.14	0.03
总计	335.99	100.00	0.00	0.00	173.82	100.00	509.80	100.00

乡名称	七等地						面积	比例
	旱地		水浇地		水田		（公顷）	（%）
	面积（公顷）	比例（%）	面积（公顷）	比例（%）	面积（公顷）	比例（%）		
藏龙岛办事处	0.00	0.00	0.00	0.00	0.00	0.00	0.00	0.00
东湖开发区街	1.31	13.85	0.00	0.00	0.27	3.48	1.58	9.18
洪山乡	0.00	0.00	0.00	0.00	0.00	0.00	0.00	0.00
花山镇	0.00	0.00	0.00	0.00	0.00	0.00	0.00	0.00
九峰乡	0.00	0.00	0.00	0.00	0.00	0.00	0.00	0.00
流芳街	8.01	84.81	0.00	0.00	7.46	96.52	15.48	90.08
五里界街	0.13	1.35	0.00	0.00	0.00	0.00	0.13	0.74
左岭镇	0.00	0.00	0.00	0.00	0.00	0.00	0.00	0.00
总计	9.45	100.00	0.00	0.00	7.73	100.00	17.18	100.00

（续）

乡名称	八等地						面积（公顷）	比例（%）
	旱地		水浇地		水田			
	面积（公顷）	比例（%）	面积（公顷）	比例（%）	面积（公顷）	比例（%）		
藏龙岛办事处	0.00	0.00	0.00	0.00	0.00	0.00	0.00	0.00
东湖开发区街	0.00	0.00	0.00	0.00	0.00	0.00	0.00	0.00
洪山乡	0.00	0.00	0.00	0.00	0.00	0.00	0.00	0.00
花山镇	0.00	0.00	0.00	0.00	0.00	0.00	0.00	0.00
九峰乡	0.00	0.00	0.00	0.00	0.00	0.00	0.00	0.00
流芳街	0.25	100.00	0.00	0.00	0.09	100.00	0.34	100.00
五里界街	0.00	0.00	0.00	0.00	0.00	0.00	0.00	0.00
左岭镇	0.00	0.00	0.00	0.00	0.00	0.00	0.00	0.00
总计	0.25	100.00	0.00	0.00	0.09	100.00	0.34	100.00

第二节　耕地质量等级分述

一、一等地分析

1. 分布特征与面积统计　东湖高新区一等地面积为 134.97 公顷，主要分布在西南部，占耕地总面积的 1.60%。其中旱地面积 65.17 公顷，占旱地总面积的 1.54%；水浇地面积 0.82 公顷，占水浇地总面积的 0.34%；水田面积 68.99 公顷，占水田总面积的 1.75%（图 3-3-1）。

2. 养分状况分析　参见表 3-3-4。

表 3-3-4　一等地养分分析

指标	平均值	最小值	最大值	标准差	CV（%）
有机质（克/千克）	22.14	18.60	29.40	2.92	13.20
全氮（克/千克）	1.32	1.14	1.45	0.08	6.10
有效磷（毫克/千克）	15.59	13.40	18.40	1.33	8.54
速效钾（毫克/千克）	116.79	94.00	140.00	16.06	13.75
缓效钾（毫克/千克）	368.23	234.54	630.51	118.88	32.29
pH	6.46	6.00	7.40	0.32	4.94

二、二等地分析

1. 分布特征与面积统计　东湖高新区二等地面积为 1433.70 公顷，主要分布在西南部和北部，占耕地总面积的 17.03%。其中旱地面积 735.51 公顷，占旱地总面积的 17.36%；水浇地面积 49.52 公顷，占水浇地总面积的 20.86%；水田面积 648.67 公顷，占水田总面积的 16.45%（图 3-3-2）。

图 3-3-1　东湖高新区一等地分布

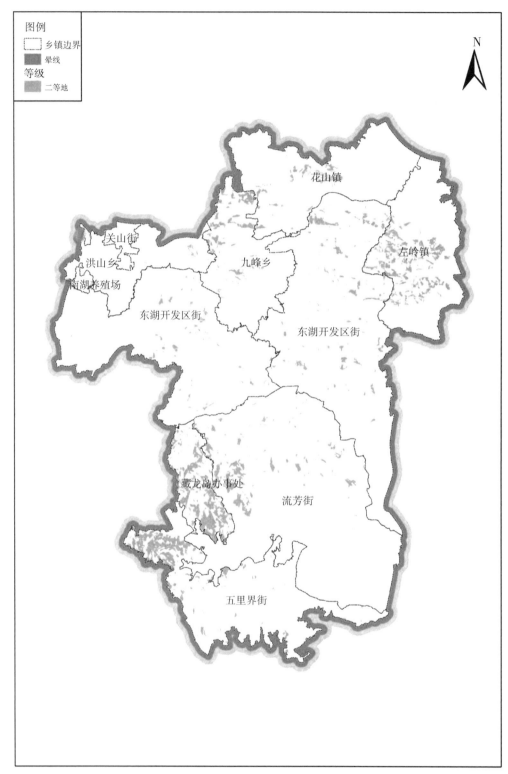

图 3-3-2　东湖高新区二等地分布

2. 养分状况分析 参见表 3-3-5。

表 3-3-5 二等地养分分析

指标	平均值	最小值	最大值	标准差	CV（%）
有机质（克/千克）	22.49	14.00	29.90	3.19	14.21
全氮（克/千克）	1.31	1.07	1.46	0.08	5.76
有效磷（毫克/千克）	15.35	10.90	18.40	1.46	9.52
速效钾（毫克/千克）	112.01	81.00	140.00	15.15	13.52
缓效钾（毫克/千克）	417.70	222.83	679.41	119.37	28.58
pH	6.53	5.70	7.30	0.36	5.44

三、三等地分析

1. 分布特征与面积统计 东湖高新区三等地面积为 3178.15 公顷，全区大部分地区都有分布，占耕地总面积的 37.76%。其中旱地面积 1522.92 公顷，占旱地总面积的 35.95%；水浇地面积 105.42 公顷，占水浇地总面积的 44.40%；水田面积 1549.82 公顷，占水田总面积的 39.30%（图 3-3-3）。

2. 养分状况分析 参见表 3-3-6。

表 3-3-6 三等地养分分析

指标	平均值	最小值	最大值	标准差	CV（%）
有机质（克/千克）	20.22	13.80	29.60	2.71	13.40
全氮（克/千克）	1.26	1.08	1.46	0.07	5.75
有效磷（毫克/千克）	14.73	8.20	18.40	1.65	11.19
速效钾（毫克/千克）	105.76	81.00	140.00	12.96	12.26
缓效钾（毫克/千克）	428.89	221.17	873.12	113.49	26.46
pH	6.47	5.70	7.50	0.45	6.94

四、四等地分析

1. 分布特征与面积统计 东湖高新区四等地面积为 2006.29 公顷，全区大部分地区都有分布，占耕地总面积的 23.84%。其中旱地面积 940.96 公顷，占旱地总面积的 22.21%；水浇地面积 80.13 公顷，占水浇地总面积的 33.75%；水田面积 985.19 公顷，占水田总面积的 24.98%（图 3-3-4）。

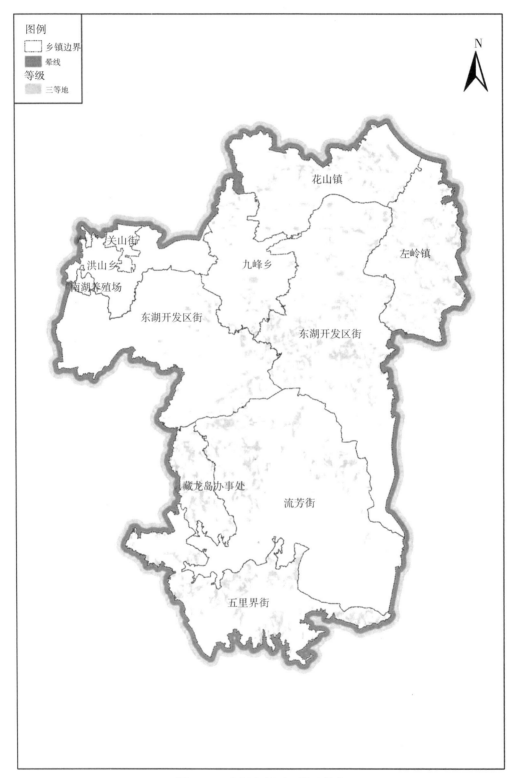

图 3-3-3 东湖高新区三等地分布

图 3-3-4 东湖高新区四等地分布

2. 养分状况分析 参见表 3-3-7。

表 3-3-7 四等地养分分析

指标	平均值	最小值	最大值	标准差	CV（％）
有机质（克/千克）	19.15	13.80	29.60	2.46	12.85
全氮（克/千克）	1.25	1.07	1.44	0.07	5.72
有效磷（毫克/千克）	14.20	8.20	18.40	1.68	11.81
速效钾（毫克/千克）	105.75	81.00	135.00	12.02	11.37
缓效钾（毫克/千克）	431.22	219.69	883.58	114.40	26.53
pH	6.45	5.70	7.50	0.56	8.68

五、五等地分析

1. 分布特征与面积统计 东湖高新区五等地面积为 1136.09 公顷，主要分布在中部和南部，占耕地总面积的 13.50％。其中旱地面积 625.55 公顷，占旱地总面积的 14.77％；水浇地面积 1.52 公顷，占水浇地总面积的 0.64％；水田面积 509.02 公顷，占水田总面积的 12.91％（图 3-3-5）。

2. 养分状况分析 参见表 3-3-8。

表 3-3-8 五等地养分分析

指标	平均值	最小值	最大值	标准差	CV（％）
有机质（克/千克）	18.36	13.70	28.60	2.59	14.12
全氮（克/千克）	1.26	1.07	1.43	0.08	6.52
有效磷（毫克/千克）	13.83	8.20	18.30	1.61	11.64
速效钾（毫克/千克）	109.19	81.00	133.00	14.63	13.40
缓效钾（毫克/千克）	392.01	224.57	751.15	110.64	28.22
pH	6.11	5.70	7.30	0.34	5.61

六、六等地分析

1. 分布特征与面积统计 东湖高新区六等地面积为 509.80 公顷，主要分布在东南部，占耕地总面积的 6.06％。其中旱地面积 335.99 公顷，占旱地总面积的 7.93％；水田面积 173.82 公顷，占水田总面积的 4.41％。无六等水浇地（图 3-3-6）。

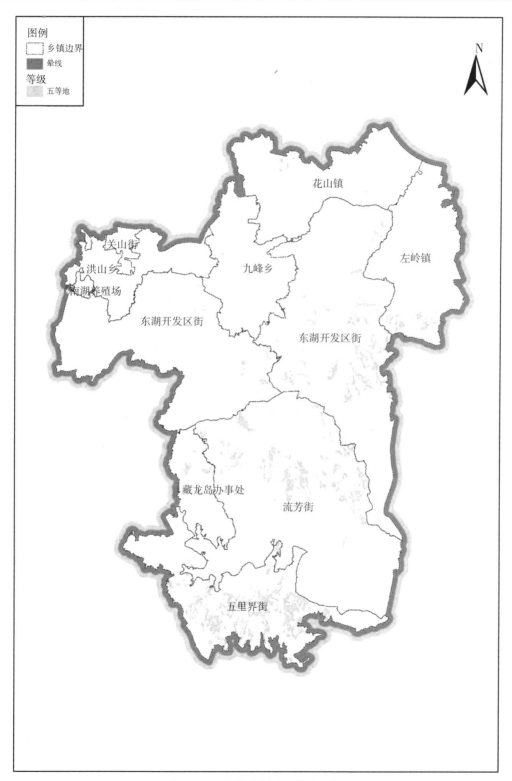

图 3-3-5　东湖高新区五等地分布

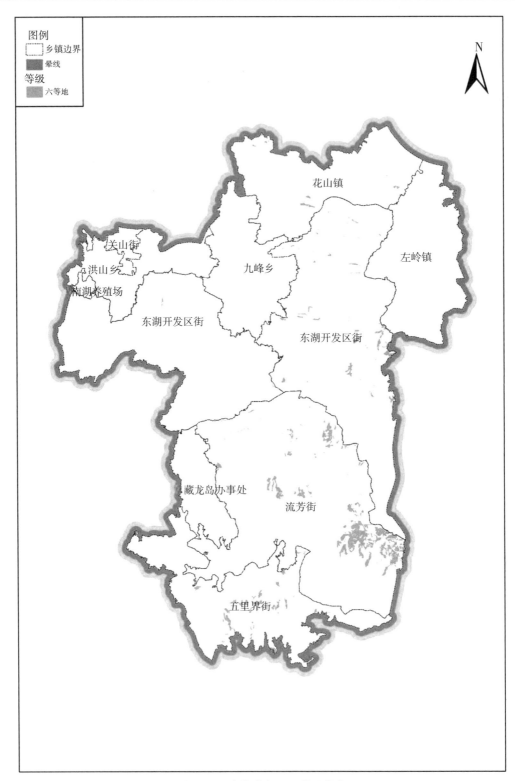

图 3-3-6　东湖高新区六等地分布

2. 养分状况分析 参见表 3-3-9。

表 3-3-9 六等地养分分析

指标	平均值	最小值	最大值	标准差	CV（%）
有机质（克/千克）	17.92	13.70	28.50	2.91	16.26
全氮（克/千克）	1.20	1.07	1.40	0.08	6.65
有效磷（毫克/千克）	12.36	8.20	17.70	2.48	20.10
速效钾（毫克/千克）	100.35	81.00	132.00	10.37	10.33
缓效钾（毫克/千克）	480.06	223.19	884.37	97.97	20.41
pH	6.06	5.70	7.50	0.40	6.63

七、七等地分析

1. 分布特征与面积统计 东湖高新区七等地面积为 17.18 公顷，主要分布在中南部，占耕地总面积的 0.20%，其中旱地面积 9.45 公顷，占旱地总面积的 0.22%；水田面积 7.73 公顷，占水田总面积的 0.20%。无七等水浇地（图 3-3-7）。

2. 养分状况分析 参见表 3-3-10。

表 3-3-10 七等地养分分析

指标	平均值	最小值	最大值	标准差	CV（%）
有机质（克/千克）	17.78	14.00	25.30	2.37	13.35
全氮（克/千克）	1.17	1.08	1.30	0.08	6.68
有效磷（毫克/千克）	12.31	8.20	16.30	2.63	21.38
速效钾（毫克/千克）	92.64	81.00	120.00	11.43	12.33
缓效钾（毫克/千克）	468.85	245.44	560.49	71.12	15.17
pH	6.01	5.80	7.20	0.32	5.26

八、八等地分析

1. 分布特征与面积统计 东湖高新区八等地面积为 0.34 公顷。主要是旱地，面积为 0.25 公顷，占旱地总面积的 0.01%；水田面积不足 1 公顷，为 0.09 公顷，无八等水浇地（图 3-3-8）。

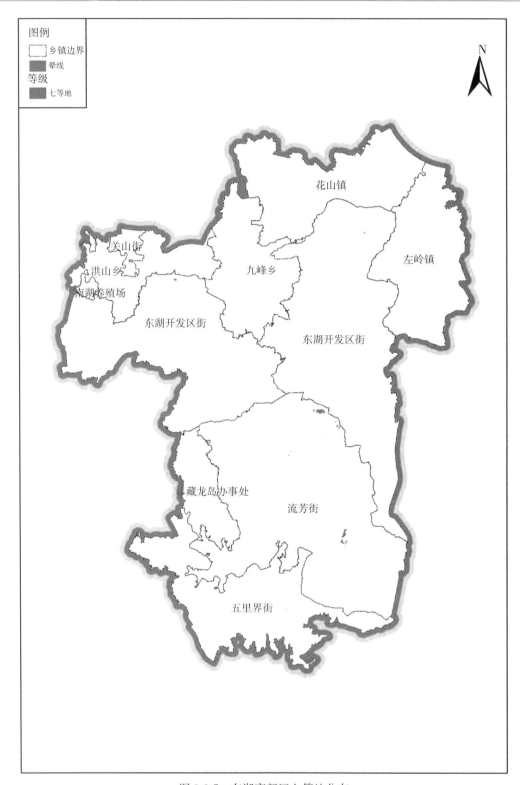

图 3-3-7 东湖高新区七等地分布

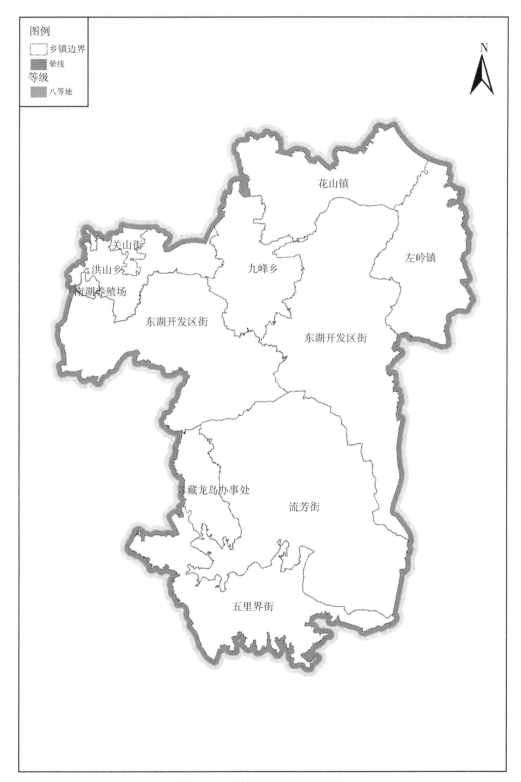

图 3-3-8　东湖高新区八等地分布

2. 养分状况分析 参见表 3-3-11。

表 3-3-11 八等地养分分析

指标	平均值	最小值	最大值	标准差	CV（%）
有机质（克/千克）	15.60	15.50	15.70	0.14	0.91
全氮（克/千克）	1.08	1.08	1.08	0.00	0.11
有效磷（毫克/千克）	13.00	13.00	13.00	0.00	0.00
速效钾（毫克/千克）	81.00	81.00	81.00	0.00	0.00
缓效钾（毫克/千克）	451.42	451.23	451.60	0.26	0.06
pH	5.90	5.90	5.90	0.00	0.00

第三节 耕地质量改良与提升

根据东湖高新区耕地质量调查评价结果和耕地资源利用现状，对耕地质量及障碍因素进行综合分析，提出东湖高新区耕地质量等级提高与土壤改良利用措施。

全区中低产田主要类型有：渍涝型、障碍层次型、质地不良型、缺素失调型、偏酸过碱型。

一、渍涝型

1. 特点 地下水位高，排水不良，土壤水分过多，易受涝渍危害。剖面全层或表层均有青泥层，水温、土温低，土烂泥深，还原性有毒物质多，土壤中的微生物活动受到抑制，有机质分解缓慢，释放出的有效养分少，特别是有效磷、锌含量低，但土壤潜在养分含量高。

2. 改良措施 针对渍涝土壤长期渍水，水温、土温低，土壤结构性差，潜在养分难以发挥等问题，必须首先根除水害，改善土壤水热状况，同时结合其他措施熟化土壤，使低产土壤变高产。

（1）完善排灌体系 新建和完善各种排灌站，搞好主渠、支渠、干渠网络配套，确保农田进水及时，排水迅速，能灌能排。

（2）冬耕晒垡，实行水旱轮作 采取翻耕晒垡，冬凌、炕土和熏土等办法，改善土壤结构，增加土壤通透性，活化土壤养分，在改善排水条件以后，除冬耕晒垡外，还应尽可能实行轮作换茬。在水稻生长期注意晒田和湿润管理，这都有利于土壤通气和理化性质的改善，促进还原物质的氧化而消除毒害，增强土壤微生物的活性，加速有机质的分解。短期晒田冬作，要注意充分脱水，适墒起板，以免僵垡。

（3）推广应用测土配方施肥技术 做到因土施肥、因作物施肥，节本增效，改善生态环境。

（4）多途径增施有机肥 推广秸秆还田和旱作秸秆覆盖技术，扩大绿肥种植面积。

二、障碍层次型

1. 特点 该类型中低产耕地其剖面构型有缺陷，土体内有夹砂、夹黏、夹砾石、白隔、白底等土壤障碍层次，从而妨碍水肥运行、农作物的根系伸展和对养分的吸收，易漏水漏肥，使作物吊气伤苗或滞水隔气，对作物生长不利，导致作物低产。

2. 改良措施

（1）深耕、深翻，逐步打破障碍层　根据夹层所在土壤剖面的部位和厚度，选用适宜的农机具逐步深耕和深翻搅匀改良土壤结构，结合深施有机肥，增强土壤的保肥保水功能。

（2）轮作换茬，用养结合　调整种植结构，将豆科作物同其他作物进行轮作换茬，以培肥地力。

（3）完善配套水利设施，保障灌溉用水

（4）科学施肥　按照平衡施肥原则，稳施氮肥，重施钾肥，增施微肥，提高肥料利用率，实现节本增效。

三、质地不良型

1. 特点　该类型耕地主要是耕层太浅和土壤质地过黏或过砂。土壤质地黏重，通气差、宜耕期短，作物迟发，不耐旱，又不耐涝，土壤容易板结，作物出苗和扎根困难，抗逆能力差，缺水怕旱，下雨怕涝，作物生长差。土壤质地过砂，漏水跑肥，温差变幅大，作物易早衰。耕层浅薄，土壤严重缺素贫瘠。

2. 改良措施

（1）增施有机肥，改良土壤结构，改善土壤理化性状　增施有机肥是有效的措施，特别是在目前施肥基本以施化肥为主的情况下，对质地不良的耕地增加有机质的施用量更为重要。

（2）合理配方施肥，改善作物营养状况　质地不良的耕地速效养分低，表现严重的缺磷、缺钾、少氮，因此，更要注意因地因作物进行合理配方施肥，改善作物营养条件。

（3）注意种养结合，培肥地力　质地不良的耕地要多种植油菜、绿肥等养地作物，以养为主，培肥地力。

四、缺素失调型

1. 特点　以能供给作物吸收的氮、磷、钾三要素及微量元素在土壤中的含量来衡量其丰缺指标，其中缺一种或两种以上营养元素的土壤田块均属缺素田，全区各地农田都有分布。土壤营养元素缺乏，作物摄取的多，补偿的少以及长期的不平衡施肥，造成部分土壤养分失调或亏缺。

2. 改良措施

（1）减轻或消除中低产田造成缺素的根源　由于存在着影响土壤营养元素的有效性及其平衡的因素，往往引起土壤缺素，影响营养元素间的平衡，影响作物对养分的需要，致使作物生长发育受到严重影响，最终导致产量降低。因此，在改良利用的同时，还要注意以下 3 点：一是要控制和改造自然力对土壤的破坏作用，创造良好的生态环境；二是要改造土壤的不良性质和土体构型，消除土壤肥力的限制因素；三是要确定合理的使用和管理制度。

（2）用地与养地相结合　对农田土壤管理和使用不当（尤其是只用不养）是造成土壤肥力下降、作物产量不高的重要原因之一。因此，必须统筹兼顾，在重视既用地又养地，用养结合的基础上才能使作物持续高产。用养结合的办法很多，如增施有机肥料，轮作换茬，豆科作物与其他作物连作和轮作，浅根作物与深根作物轮作等。

（3）实行测土配方施肥　根据土壤普查化验的结果和土壤的供肥能力，缺什么补什么，缺多少补多少，缺多多施，缺少少施，不缺不施。同时要根据作物的需要量和需肥时期、需肥规律，以及土壤和肥料性质合理施肥。

五、偏酸过碱型

大多数农作物适合在中性土壤上生长。偏酸过碱型土壤改良措施如下：

①增施有机肥料。

②施用生理酸性肥料（碱性土壤）或生理碱性肥料（酸性土壤）。

③对碱性土壤施石膏、硅酸钙，以钙交换钠。

第四章 有机质、主要营养元素及其他指标分析

第一节 有机质

一、耕地土壤有机质分布

参见图 3-4-1。

二、耕地土壤有机质分布曲线

参见图 3-4-2。

三、耕地土壤有机质分布统计

参见表 3-4-1。

表 3-4-1 东湖高新区耕地土壤有机质分布统计

有机质含量区间（克/千克）	评价单元数	百分比（%）	面积（公顷）	百分比（%）
10～15	369	3.59	383	4.55
15～20	5537	53.92	4866	57.81
20～25	3410	33.21	2359	28.02
25～30	953	9.28	809	9.61
总计	10269	100.00	8417	100.00

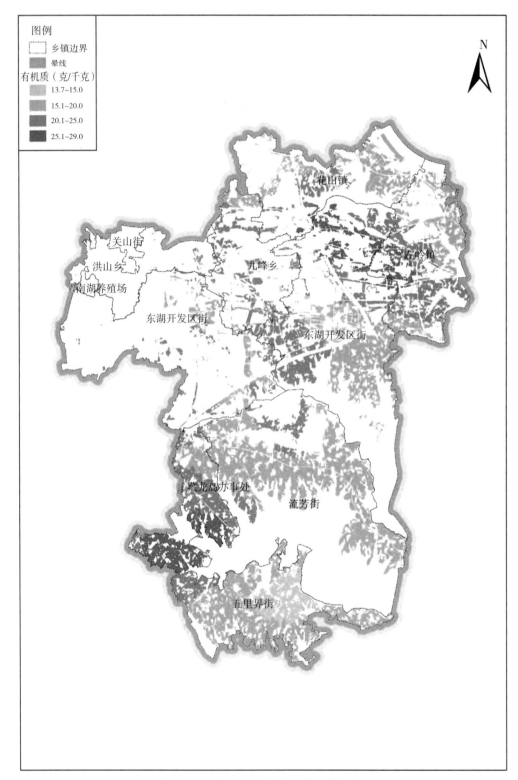

图 3-4-1 东湖高新区耕地土壤有机质分布

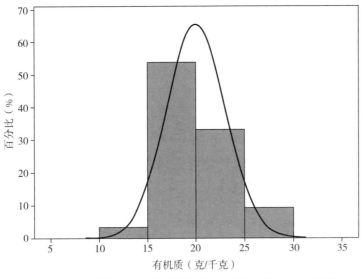

图 3-4-2　东湖高新区耕地土壤有机质分布曲线

第二节　全氮

一、耕地土壤全氮分布

参见图 3-4-3。

二、耕地土壤全氮分布曲线

参见图 3-4-4。

三、耕地土壤全氮分布统计

参见表 3-4-2。

表 3-4-2　东湖高新区耕地土壤全氮分布统计

全氮含量区间（克/千克）	评价单元数	百分比（%）	面积（公顷）	百分比（%）
1.0～1.2	1966	19.14	1665	19.78
1.2～1.4	7791	75.87	6122	72.74
1.4～1.6	512	4.99	629	7.48
总计	10269	100.00	8417	100.00

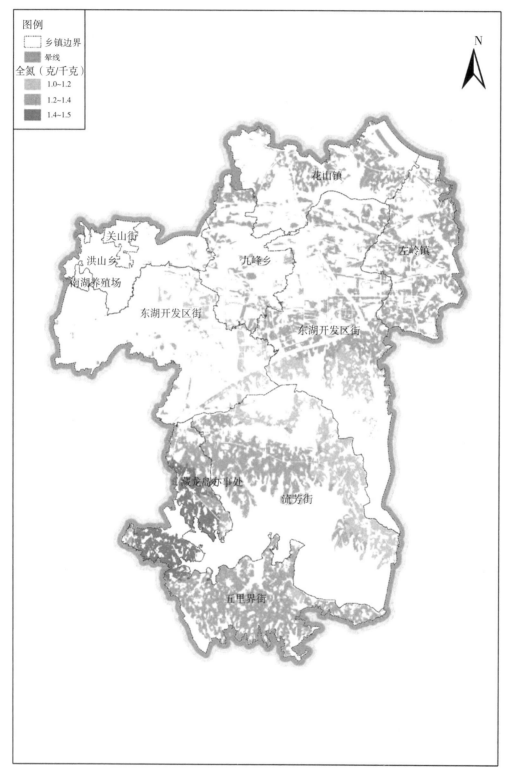

图例
乡镇边界
晕线
全氮（克/千克）
1.0~1.2
1.2~1.4
1.4~1.5

N

花山镇

关山街

洪山乡

南湖养殖场

东湖开发区街

九峰乡

左岭镇

东湖开发区街

藏龙岛办事处

流芳街

五里界街

图 3-4-3　东湖高新区耕地土壤全氮分布

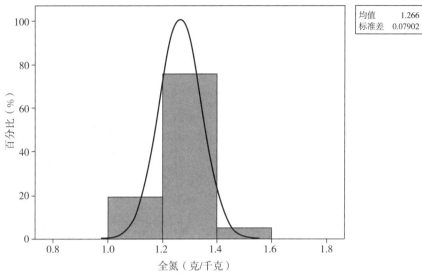

图 3-4-4 东湖高新区耕地土壤全氮分布曲线

第三节 有效磷

一、耕地土壤有效磷分布

参见图 3-4-5。

二、耕地土壤有效磷分布曲线

参见图 3-4-6。

三、耕地土壤有效磷分布统计

参见表 3-4-3。

表 3-4-3 东湖高新区耕地土壤有效磷分布统计

有效磷含量区间（毫克/千克）	评价单元数	百分比（%）	面积（公顷）	百分比（%）
5～10	123	1.20	170	2.01
10～15	6512	63.41	5625	66.84
15～20	3634	35.39	2621	31.15
总计	10269	100.00	8417	100.00

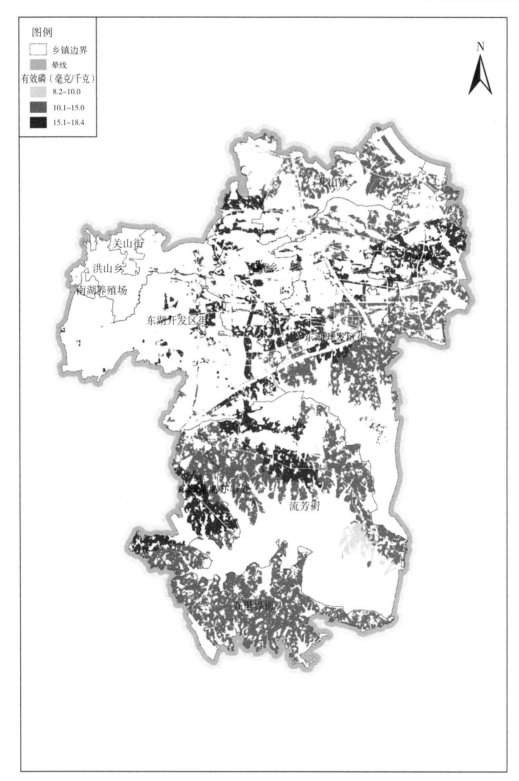

图 3-4-5　东湖高新区耕地土壤有效磷分布

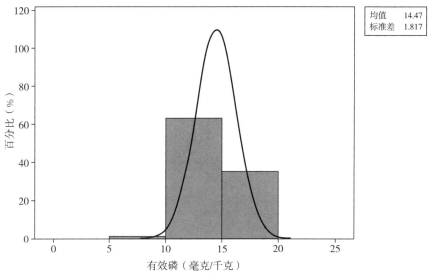

图 3-4-6　东湖高新区耕地土壤有效磷分布曲线

第四节　速效钾

一、耕地土壤速效钾分布

参见图 3-4-7。

二、耕地土壤速效钾分布曲线

参见图 3-4-8。

三、耕地土壤速效钾分布统计

参见表 3-4-4。

表 3-4-4　东湖高新区耕地土壤速效钾分布统计

速效钾含量区间（毫克/千克）	评价单元数	百分比（%）	面积（公顷）	百分比（%）
80～99	3322	32.35	2437	28.95
100～119	4485	43.68	3394	40.32
120～140	2462	23.98	2586	30.72
总计	10269	100.00	8417	100.00

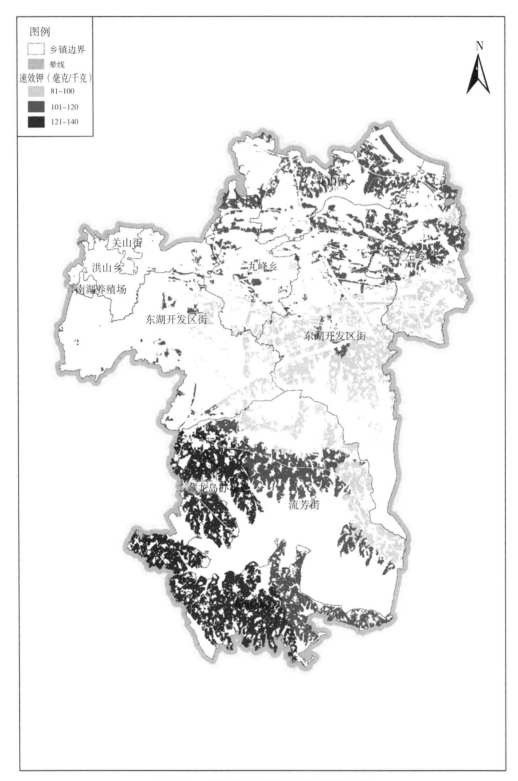

图 3-4-7 东湖高新区耕地土壤速效钾分布

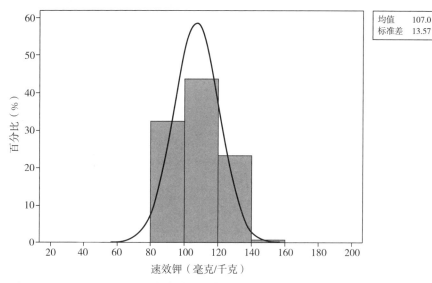

图 3-4-8　东湖高新区耕地土壤速效钾分布曲线

第五节　缓效钾

一、耕地土壤缓效钾分布

参见图 3-4-9。

二、耕地土壤缓效钾分布曲线

参见图 3-4-10。

三、耕地土壤缓效钾分布统计

参见表 3-4-5。

表 3-4-5　东湖高新区耕地土壤缓效钾分布统计

缓效钾含量区间（毫克/千克）	评价单元数	百分比（%）	面积（公顷）	百分比（%）
200～300	1752	17.06	1636	19.43
300～400	2890	28.14	2528	30.03
400～500	2574	25.07	2129	25.30
500～600	2503	24.37	1774	21.07
600～700	470	4.58	309	3.68
700～800	47	0.46	28	0.33
800～900	33	0.32	13	0.16
总计	10269	100.00	8417	100.00

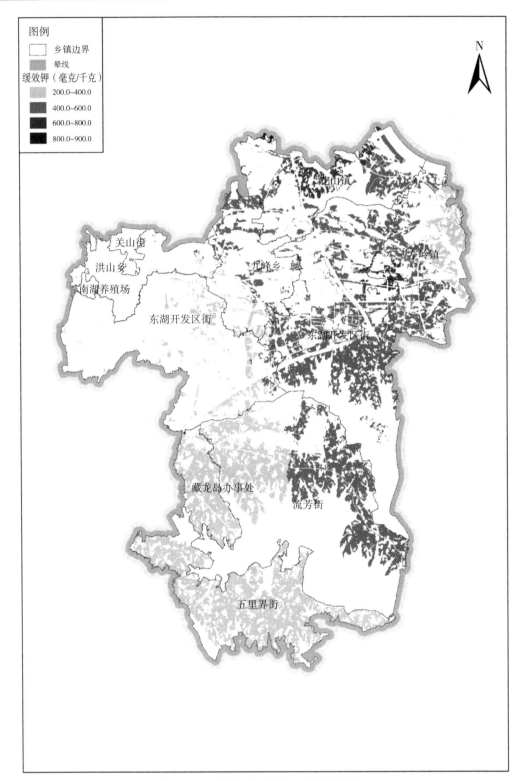

图 3-4-9　东湖高新区耕地土壤缓效钾分布

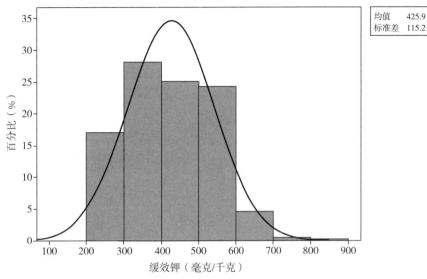

图 3-4-10 东湖高新区耕地土壤缓效钾分布曲线

第六节 pH

一、耕地土壤 pH 分布

参见图 3-4-11。

二、耕地土壤 pH 分布曲线

参见图 3-4-12。

三、耕地土壤 pH 分布统计

参见表 3-4-6。

表 3-4-6 东湖高新区耕地土壤 pH 分布统计

pH 区间	评价单元数	百分比（%）	面积（公顷）	百分比（%）
5.5～6.0	2103	20.48	2149	25.53
6.0～6.5	4085	39.78	3482	41.37
6.5～7.0	2382	23.20	1485	17.64
7.0～7.5	1699	16.54	1301	15.46
总计	10269	100.00	8417	100.00

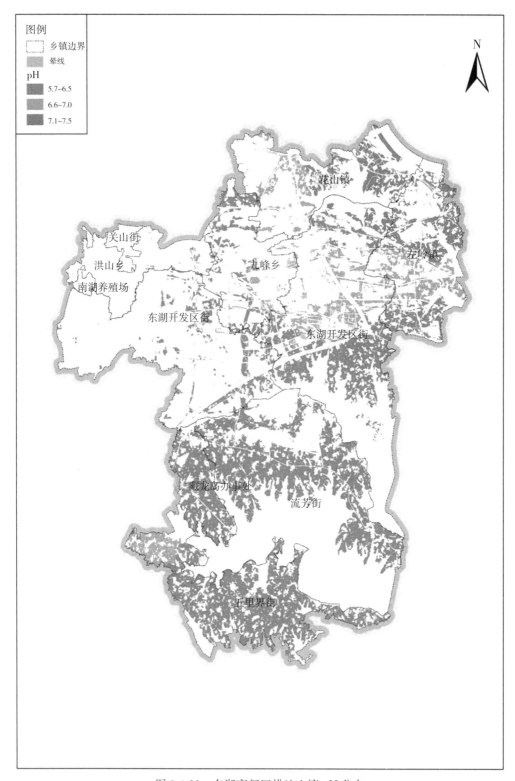

图 3-4-11　东湖高新区耕地土壤 pH 分布

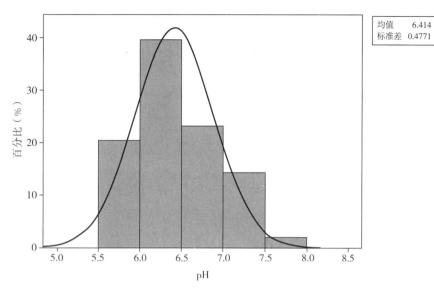

| 均值 | 6.414 |
| 标准差 | 0.4771 |

图 3-4-12 东湖高新区耕地土壤 pH 分布曲线

第五章　成果图

东湖高新区耕地质量等级分布图
东湖高新区耕地质量调查评价采样点位图
东湖高新区耕地土壤有机质分布图
东湖高新区耕地土壤全氮分布图
东湖高新区耕地土壤有效磷分布图
东湖高新区耕地土壤速效钾分布图
东湖高新区耕地土壤缓效钾分布图
东湖高新区耕地土壤 pH 分布图
成果图参见书后彩图。

第四篇 | DISIPIAN

汉南区耕地质量调查与评价

第一章 评价区域概况

第一节 地理位置与行政区划

汉南区地处武汉区西南部，东经 113°45'0"～114°06'15"，北纬 30°11'03"～30°11'20"，三面环水，东南濒临长江，与嘉鱼县、江夏区隔江相望，北抵通顺河，与蔡甸区相邻，西面、南面以东荆河为界，并与仙桃、洪湖两区毗连。截至 2017 年，全区版图面积 287 千米²，常住人口 21 万人，辖 4 个街（纱帽街、湘口街、东荆街、邓南街）、4 个国有农场（乌金、东城垸、汉南、银莲湖，其中乌金、东城垸农场隶属于东荆街，汉南、银莲湖农场隶属于湘口街）、1 个农业科学研究所、1 个畜禽公司；全区有 13 个社区、53 个村（队）。

第二节 自然环境概况

一、气候

境内地处中低纬度，属北亚热带东亚季风湿润气候区。年平均气温为 16.8℃，历年中平均气温最高的是 1998 年的 18.1℃，最低的是 1969 年的 15.7℃。年内温差悬殊，上半年逐月增高，7 月达到最高；下半年逐月降低，至翌年 1 月达到最低。作物生长期（4～10 月）内，气温白天高，夜间低，日较差在 7.5～10℃之间。最小值（7～8℃）出现在 6 月下旬至 7 月中旬。最大值（9～10℃）出现在 4 月和 10 月。初霜期，常年在 10 月 26 日至 11 月 27 日；终霜期，在翌年 2 月 9 日至 4 月 14 日。

辐射量：境内属辐射量低值区。太阳的年辐射量为 448.6 千焦/米²，辐射量的年际变化大。境内全年的日照时数为 1970 小时，日照率为 45%。日照时数随季节不同有明显差异。春季的日照率为 38%，日照时数占全年的 22.9%；夏季的日照率为 54%，日照时数占全年的 34.3%；秋季的日照率为 47%，日照时数占全年的 24.8%；冬季的日照率为 37%，日照时数占全年的 18%。

降水量：境内年平均降水量为 1276.2 毫米，高值年（1954 年）为 2037.6 毫米，低值年（1976 年）为 839.9 毫米，年际差为 1197.7 毫米。年平均降水日数为 123 天。

春季（3～5 月）平均降水量为 429.8 毫米，占全年的 34%。夏季（6～8 月）平均降水量为 499 毫米，占全年的 39%。秋季（9～11 月）平均降水量为 210.4 毫米，占全年的

16％。冬季（12月至翌年2月）平均降水量为137.2毫米，占全年的11％。在农业生产活跃季节（4～10月）降水量在900～1000毫米，降水集中时期与植物生长季节相吻合。

境内历年平均风速为2.1米/秒，常年风向为东北风，频率为28％。一般是秋冬北风和偏北风较多，春夏偏南风多。境内春、秋、冬三季的大风，往往与寒潮低湿相伴。夏季午后有时还有短暂的雷雨大风，8级以上的瞬时大风偶有发生，有时局部地区还伴有冰雹，主要发生在大嘴、水洪新沟、向新一带。

二、地形地貌

境内地质为疏松沉积物，厚度在80米左右。疏松沉积物具有二元结构特征。上下两层性质有别，上层为细颗粒层物质，主要是河漫滩相，厚20～30米；下层为粗颗粒层物质，主要是河床相，厚度为50～60米。疏松沉积物的组成物质，上层细颗粒层主要是亚黏土，局部为黏土和亚砂土；下层粗颗粒层主要是细沙和中沙，局部为粉沙和砾石。境内地表结构，孤丘一般由石灰岩、页岩组成，还有的为多种异源物质的叠合物组成；岗岭、岗石为第四纪黄褐色亚黏土。

境内西部、中南与东南沿江地区为近代石灰性河流冲积物。冲积物、湖积物覆盖于第四纪黄褐色亚黏土之上，因地势的高低和沉积的年代不同而厚薄不等。

地貌境内三面环水。东西之间逶迤40多千米，地形蜿蜒狭长。自然地貌呈东南高，西北低，沿河高，腹部低。东北局部丘岗星罗棋布，小湖交错，港汉纵横。东南部、南部及西部为江河冲积平原，以及由湖泊淤积而成的平原，地势平坦，其高程在海拔20.7～26米之间。

境内大致可分为冲积平原区、淤积平原区和低垄岗区。冲积平原区占境内总面积的61.2％。分布于中南部和东南部，高程在海拔23～25米之间，地面以千分之一左右的坡降与长江江岸呈垂直方向平缓倾斜，全部处于长江汛期水位之下。淤积平原区占境内总面积的19％。海拔高程均在23～24米之间。由于年深日久河湖沉积的作用，大量地面径流带入的泥沙及水生动植物残体的混合淤积，使湖床垫高，水面缩小，形成以银莲湖为中心的蝶状地貌。低垄岗区占境内总面积的19.8％。由于第四纪中后期的地质作用，这一带地层曾一度下降，后因新结构上升，加上气候、河流、湖泊以及地面径流水的泛滥、侵蚀、搬运和沉积作用，致使其海拔高程反低于高河漫滩，成为沉降低垄岗。境内的山丘、湖泊都分布于此，山丘的海拔高程均在30～50米之间，岗岭、岗面的海拔高程均在21～23.5米之间，平畈地的海拔高程在19.5～20.5米之间，湖泊、洼地的海拔高程均在15.5～17.5米之间。

境内的山集中分布在东城垸农场伍拾湖以东，通顺河以南，顺蚂蚁河流向至纱帽山一线以北的低垄岗地区。除邓家口镇内东北缘的搪江山以外，其余的均在纱帽街、乌金农场和东城垸农场以内，由东向西依次排列着：纱帽山、朱家山、程家山、坛山、船头山、蚂蚁山、王家山、乌金山、蒋家山、张家山、云水山、滩头山、茶山头、搪江山、周家山。

三、植被

汉南区可食用的野生植物有藜蒿、湖藕、茭白、菱角、芡实、薇菜等。另外，还有可作蔬菜食用的木心菜、野韭菜、灰彤菜、长命菜、甜红菜、燕子花、虾米菜等。藕多产于东城垸农场和乌金农场，1987年以前多为野藕，条细、节长。茭白俗称蒿笆，主要生长在水浅的湖荡沟汊之中，以东城垸农场最多。菱角有家菱角与野菱角之分，茎、叶可作饲料，鲜菱可剥皮做菜或生食。芡实生长在有莲藕生长的地方，其茎可做菜，果实可食用和入药。区内多数植物夏绿且生长繁茂，冬天枝叶凋落，休眠或枯萎。地带性植物属亚热带落叶阔叶林、常绿阔叶林，并混有针叶林及次生灌草丛植被，草本植物多于木本植物。非地带性植被发育良好，在坑塘、洼淀可见水生植被，在河坡、路边有发育良好的荆条、狗尾草群落。水生植被以苔草、菰莲、蕨类为代表，沉水植物群系与挺水植物群系二者兼有。境内植物还有蔬菜栽培各类品种群丛，果树栽培有梨园、苹果园、葡萄园、桃园群丛，另有片林和村庄园林群丛。

汉南境内的冲积平原，枯水时节地下水位较低，大都垦为旱地，原始的自然植被已难寻觅，主要呈现的是栽培植被。有一年一熟的棉花、玉米、高粱、花生、大麦、小麦、大豆、油菜、芝麻等旱作物。但在远离长江边的地方和通顺河的地带，以及蚂蚁河两岸的河湖漫滩，常年地下水位较高，大部分垦为水田，以种植一年两熟或一年一熟的水稻为主，兼种有一年一熟的麦类和油料作物。

汉南境内的淤积平原区，由于四周地势较高，多为旱地，以种植一年一熟的棉花、旱杂粮、油料为主。中部稍低，地下水位有时达到耕作层，形成一年一熟的水稻种植区，是境内重要的粮、棉、油产区。

汉南境内的低垄岗区，具有生产多宜性特点和优厚条件，自然植被比较丰富，栽培植被品种繁多。

四、水资源

长江、通顺河是两条过境河流，将境内围在其中，形如一个狭长岛屿。境内还有蚂蚁河、协子河、内荆河等自然河。

长江从洪湖区同心垸流入境内，西起水洪乡的新沟村，由南向西再折北，流经水洪乡、邓家口镇、纱帽街和乌金农场，东止汉南经济发展区。过境流程46千米，年平均流量为2.26万米^3/秒，年过境水量达7.127亿米^3，是汉南区南部的水利调蓄总动脉。

通顺河于武汉经济发展区的沌口注入长江，过境流程45千米，西起银莲湖农场沟口头，东止乌金农场王家山，流经银莲湖农场、汉南农场、水洪乡、东城垸农场和乌金农场，年平均流量为44.7米^3/秒，年过境水量达14亿米^3，是区内北部的水利调蓄总动脉。由于港汊纷繁，没有统一的名称，人们习惯以通顺河（沟口头—汉南段）、上洪河（汉南—洪闸村段）、东荆河（洪闸村—东港村段）、长河（东港村—蚂蚁山段）、清江河（蚂蚁山—王家山段）等分段为名称说。

蚂蚁河位于区内东北部，西起东城垸农场十八家，东止乌金农场东城闸，河道全长27.4千米，流经东城垸农场、乌金农场、邓家口镇和纱帽街，原系通顺河一支流，1958年修复东城垸堵口后，成为内陆河，历史上此河没有统一的名称，人们习惯以滩头河（又名五丈沟，南丰桥—探头山段）、周家河（滩头山—坛山桥段）、蚂蚁河（古称马影河，坛山桥—东城闸段）等分段为名称说。其流域面积152.49千米^2，占全区垸内总面积的

69.3%，流域内有耕地 0.87 万公顷，占全区耕地面积的 56.4%，在枯水季节，蚂蚁河最窄处（坛山鸡肠子河段）宽度为 4 米，在正常调蓄水位 21.5 米的情况下，最宽处（搪江山河段）为 100 米，其河道分布在下东城垸排水区，雨量过大时，可起到调节水量的作用，在一般情况下，既能给农田提供灌溉水量，也能为养殖业提供放养水面。

区内湖泊星罗棋布，大部分分布在东北部。承水面为 225913.87 亩，在正常水位 20.5 米的情况下，总容积为 714.4 万米^3。

第三节 农业生产概况

汉南区是一个具有悠久历史的农业大区。中华人民共和国成立后，在党和人民政府的领导下，组织全区人民兴修水利，改革耕作制度，平整土地，发展农业机械，改土养地，对促进农业生产的发展、土壤的形成和改良均起到了有利的作用。1983 年以后，改革农村土地制度，土地承包到户，农民种田的积极性空前高涨，各种新技术、新模式、新品种、新肥料等的运用，推动了农业生产的加速发展，农业生产量和总值屡创新高。

随着互联网＋模式的兴起，全区农业生产特点如下：

1. 新型经营主体不断发展壮大 全区新培育注册家庭农场和农民专业合作社多家。把家庭农场和农民专业合作社发展作为提高农民组织化程度、完善农村区场经济体系的重要抓手，因地制宜，多元创办，大力扶持，积极培育，使家庭农户和农民专业合作社成为农业增效、农民增收的有力支撑。

2. 智慧农业发展迅速 区级"互联网＋农业"公共服务平台、3 个街道的 12316 信息服务站、14 个村级电子商务综合服务站、3 家农业加工型龙头企业电子商务平台，以及陈登宝家庭农场物联网应用平台正式投入运行。同时，启动了 2017 年"互联网＋农业"工作实施方案制定工作，计划支持大汉口、广厦、强民 3 家公司、合作社实施农业电子商务项目建设，楚湘、广厦、龙凯 3 家公司实施农业物联网应用项目，引导 2 家合作社开展无人机植保技术应用。

第四节 耕地土壤资源

一、耕地土壤类型

汉南区的土壤质地多样，沙、黏、壤质兼有，但以砂质、壤—砂质、砂—壤质土壤居多，纯砂质土壤和纯黏质土壤极少。

按照《全国第二次土壤普查工作土壤分类暂行方案》和《湖北省第二次土壤普查工作土壤分类暂行方案》，全区土壤分为 3 个土类，7 个亚类，10 个土属，38 个土种。3 个土类分别是潮土、水稻土和黄棕壤，其中以潮土为主，潮土占耕地总面积的 75.7%，水稻土 21.6%，黄棕壤 2.7%；其中以正土、油沙土、次油沙土、壳土、湖板土、乌枝子田、正土田居多。正土主要分布在东城垸农场、乌金农场、邓南街、纱帽街。油砂土主要分布在邓南街、纱帽街、东城垸农场、乌金农场。次油沙土主要分布在邓南街、纱帽街。壳土主要分布在乌金农场、东城垸农场、纱帽街。湖板土主要分布在汉南农场、银莲湖农场、东城垸农场。乌枚子田主要分布在乌金农场、东城垸农场。正土田主要分布在汉南农场、乌金农场、邓南街、东城垸农场。

（一）潮土类

潮土较多，占土地总面积的 75.7%，均为耕地，主要分布在长江及东荆河沿岸的冲积母质上，水源丰富，土层深厚，地势平坦，土壤肥沃，气候适宜，是粮、油的良好生产基地，有的已改作水田。全区只有灰潮土 2 个亚类，该亚类分灰河潮土和湿潮土两个土属。

1. 灰河潮土　占土地总面积的 61.7%，成土母质为长江冲积物。受成土母质的影响，土壤含有碳酸盐，有石灰反应。剖面均型为 A-B-A、B-A。

2. 湿潮土　占土地总面积的 14.0%，分布在河流两岸，成土母质为无石灰性湖积物，其地下水位低，受母质和水的淋洗作用，土壤碳酸盐含量低，一般无石灰反应。剖面均型为 B-B、C-C、A-B-C。

（二）水稻土类

水稻土是指发育于各种自然土壤之上，经过人为水耕熟化、淹水种稻而形成的土壤。这种土壤由于长期处于水淹的缺氧状态，土壤中的氧化铁被还原成易溶于水的氧化亚铁，并随水在土壤中移动，当土壤排水后或受稻根的影响（水稻有通气组织为根部提供氧气），氧化亚铁又被氧化成氧化铁沉淀，形成锈斑、锈线，土壤下层较为黏重。水稻土以种植水稻为主，在排灌设施较好的条件下，也可水旱轮作，种植小麦、棉花、油菜等旱作。按照全国第二次土壤普查分类系统，湖北省制定的土壤分类暂行方案，依据水文条件、地形部位、耕作制度等因素，把水稻土分为淹育型、潴育型、潜育型、侧渗型和沼泽型 5 个亚类，汉南区有淹育型、潴育型、潜育型和沼泽型 4 个亚类。

1. 淹育型水稻土　占土地总面积的 4.58%，淹育型水稻土亚类共分为浅黄潮土田、浅灰潮土田 2 个土属，其中浅黄潮土田和浅灰潮土田各有 3 个土种。剖面构型为 A-P-C 或 A-C。

2. 潴育型水稻土　占土地总面积的 13.39%，它是水稻土中最典型的一个亚类，属良水型，具有水稻土的典型特征。分布在较淹育型水稻土较低的部位，具有水稻土特有的剖面形态发生层次，特别是地下水位在 50 厘米上下活动，土壤干湿交替频繁，由于水耕热化时间较长，有明显的淋溶淀积层，土体内有黄斑、锈纹、锈斑和软铁锰结核，梭块状结构，犁底层下有潴育层。此亚类分为 3 个土属，9 个土种。剖面构型为 A-P-W-G、A-P-W_1-WG_2。

3. 潜育型水稻土　占土地总面积的 3.29%，发育于各种成土母质。因长期渍水，土体中有明显的青泥层。这类水田水冷泥温低，潜在养分高，有效养分低。剖面构型为 A-P-G。主要是青泥田。

4. 沼泽型水稻土　占土地总面积的 0.38%，发育于各种成土母质。由于地下水位接近地表，终年积水，耕层以下是青泥层。土体构型为 A-G，该区主要是烂泥田。

（三）黄棕壤土类

占土地总面积的 0.38%，包括黄棕壤、山地黄棕壤和粗骨性黄棕壤 3 个亚类，其中黄棕壤下有 3 个土属，分别是：红砂岩类黄棕壤、泥质岩类黄棕壤和碳酸盐类黄棕壤。汉南区只有黄土土属。

二、耕地利用与耕作制度

在区委、区政府的正确领导下，区农业战线按照科学发展观和构建和谐社会的总体要求，紧紧围绕推进城乡一体、建设社会主义新农村这个大局，围绕促进农业持续增效、农民持续增收这个主题，解放思想，真抓实干，克难勇进，开拓创新，促进了农业农村经济又好又快发展。境内的粮食作物分主粮和杂粮。主粮包括水稻、小麦、玉米，杂粮包括大麦、大豆、高粱、马铃薯、甘薯、蚕豆、豌豆、红豆、绿豆等。按收获期分，大麦、小麦、蚕豆、豌豆等为冬播夏收粮食，其余的均为春播或夏播秋收粮食。

截至 2016 年，全区完成农业总产值 732470 万元。全区土壤养分状况是"普遍缺氮、严重缺磷、部分缺钾"。几乎 100% 的土壤中氮磷钾比例失调，有机质含量偏低。此次调查结果显示，与第二次土壤普查结果相比，汉南区土壤酸碱度变化不大，土壤性质仍为中性偏碱；有机质含量仍然属于偏低水平；碱解氮仍然偏低；速效磷含量有所上升，但仍属于缺乏水平；速效钾较高，但部分地区偏低。氮磷钾比例为 1:0.21:2.01，比例失调。

目前，全区在土地利用上存在的主要问题：一是随着农村城区化和工业的发展，建设用地面积逐年增加，耕地面积不断减少，耕地后备资源严重不足；二是由于农民重用地轻养地，重投入轻产出，重施无机肥轻有机肥，至土壤有机质下降，pH 下降，出现酸化的趋势，耕地质量下降明显；三是由于化肥、农药（特别是除草剂）的使用及工业废弃物的填埋，对土地及地下水产生污染。

三、耕地土壤培肥改良

20 世纪中叶以来，汉南区通过兴修水利，改革耕作制度，增施肥料，改土养地，用地培肥等一系列措施，使耕地得到充分利用，地力不断提升。

（一）增施肥料

20 世纪 50～60 年代主要施用农家肥，化肥和绿肥施用较少，农业生产不发达，地力没有充分发挥出来，农作物产量很低。60 年代后期至 70 年代，由于耕作制度改革，复种指数提高，肥料需要量大大增加，靠农家肥满足不了要求，绿肥得到较快发展，70 年代绿肥种植面积增加较大。绿肥的推广，对培肥土壤，提高地力起到了极大的作用，增加了土壤有机质和各种营养元素，作物产量也得到提升。80 年代后期，随着复种指数再一次提高，绿肥种植面积逐年下降，化肥的使用量成倍地增加。70 年代以前主要使用氮肥，80 年代以后推广使用磷肥，并根据第二次土壤普查结果，推广了氮磷、氮钾初级配方施肥，80 年代以后，推广了氮、磷、钾优化配方施肥。20 世纪初期，通过土壤化验，针对具体作物研制配方，做到有机肥与无机肥配合，氮、磷、钾、微肥相结合，调节土壤酸碱度，达到肥料的平衡利用，提高肥料的利用率，从而减少肥料的浪费和对环境的污染，降低了生产成本，增加了农作物产量，提高了经济效益。

（二）改土养地

20 世纪 70 年代，汉南区在大搞农田基本建设的同时，还进行了平整土地的工作，对作物布局、农田灌溉、机械作业都带来了好处。一部分土壤质地黏重的地区，通过掺沙改土，改善了土壤的物理性状，提高了土壤肥力；一部分土壤质地较轻的地区，通过客泥改土，改善了土壤的物理性状。通过中、低产田改造，土地整理等一系列建设，进行土地平整，兴修灌溉沟渠，植造农田林网，修筑乡村公路，配套水利设施等。通过改造，大大提高了农田抗御自然灾害的能力，改善了农田生态环境，使一部分"水袋子""旱包子"低产田，变成了经济效益高，生态效益好的高产稳产农田。

（三） 用地培肥

通过轮作、换茬、间作、套种等手段用地，配肥效果十分突出。

第五节　耕地质量保护与提升

一、重大项目对耕地质量的影响

汉南区 1957 年和 1980 年分别进行了全国第一、二次土壤普查，摸清了家底，政府制定和采取了一系列耕地保护措施，如开挖深沟大港建台田、退田还湖、水旱大轮作、退耕还林、改良土壤质地、增施有机肥、种植绿肥、轮作换茬、调整施肥结构、推广配方肥等，使耕地得到了有效的保养。

1984 年以来全区进行了商品粮基地县，中、低产田改造，土地整理等一系列建设，极大地改变了农业生产条件，提高了耕地的质量。通过兴修水利，改革耕作制度，增施肥料，改土养地，用地培肥等一系列措施，使耕地得到充分利用，地力不断提高。

近几年来通过农机补贴机械收割，进行秸秆还田；对有机肥补贴，增加了有机肥施用量，建设退耕还林高产稳产口粮田。通过轻简栽培达到用地养地相结合，通过测土配方施肥技术的应用，在保养土地的基础上发挥了土地的最大潜能，节本增效。以上各项措施对全区耕地地力的提升起到了良好的作用。

二、法律法规对耕地质量的影响

1994 年，国家颁布了《基本农田管理条例》，该条例的实施有效地遏制了耕地面积锐减的趋势，保证了基本农田面积，保护了高产良田，使全区耕地地力整体上不受影响。

1999 年，农村土地的二轮延包政策通过调处土地纠纷、规范土地流转、稳定土地承包关系等措施，依法保障了承包方的各项权利，巩固了农村大好形势，维护了农村社会稳定，对耕地地力保护和农民自觉培肥土地起到了非常好的效果。

2002 年农村税费改革，大幅度减轻了农民的负担，尤其是 2004 年中央和省里出台了"一降三补"等一系列扶农政策，农民种田效益显著提高，农村由以前的"荒田"变成了"田荒"，农民争田抢地，对进一步巩固耕地地力取到了较好的作用。

第二章 评价方法与步骤

第一节 资料收集与准备

一、软硬件准备

1. 硬件准备 主要包括计算机、大幅面扫描仪、大幅面打印机等。计算机主要用于数据和图件的处理分析，大幅面扫描仪用于土壤图等纸质图件的输入，大幅面打印机用于成果图的输出。

2. 软件准备 一是 Windows 操作系统、Excel 表格数据处理等软件；二是 ArcGIS 等 GIS 软件；三是县域耕地资源管理信息系统。

二、资料收集整理

根据评价的目的、任务、范围、方法，收集准备与评价有关的各类自然及社会经济资料，对资料进行分析处理。

1. 野外调查资料 主要包括地貌类型、地形部位、成土母质、有效土层厚度、耕层厚度、耕层质地、灌溉能力、排水能力、障碍因素、常年耕作制度等。

2. 采样点化验分析资料 包括全氮、有效磷、速效钾、缓效钾等大量养分含量，有效锌、有效硼等微量养分含量，以及土壤 pH、有机质等含量。

3. 社会经济统计资料 第二次土壤普查资料以及化验分析资料、土地资源详查资料、测土配方施肥耕地地力评价资料、近年社会经济统计资料、土地利用总体规划及专题规划、有关耕地利用的科研、专题调查研究等文献资料。

4. 基础及专题图件资料 与耕地质量评价相关的各类专题图件，主要包括汉南区 1∶5 万地形图、行政区划图、土地利用现状图、地貌类型图、土壤图、土壤表层质地图、土体构型图、各类养分图、污染分布图等。

三、评价单元的确定

评价单元是由对耕地质量具有关键影响的各土地要素组成的空间实体，是土地评价的最基本单位、对象和基础图斑。同一评价单元内的土地自然基本条件、土地的个体属性和经济属性基本一致，不同土地评价单元之间，既有差异性，又有可比性。耕地质量评价就是要通过对每个评价单元的评价，确定其质量等级，把评价结果落实到评价单元上。评价

单元划分的合理与否，直接关系到评价的结果以及工作量的大小。

按照国家及《省耕肥总站关于启用"全国耕地质量等级评价指标体系"开展相关工作的通知》（鄂耕肥〔2019〕19 号）要求，本次汉南区耕地质量等级评价评价单元的划分采用土壤图、土地利用现状图的叠加划分法，即"土地利用现状类型—土壤类型"的格式。其中，土壤类型划分到土属，土地利用现状类型划分到二级利用类型，制图边界以汉南区2017 年度更新土地利用现状图为准。同一评价单元内的土壤类型相同，利用方式相同，交通、水利等基本一致，用这种方法划分评价单元既可以反映单元之间的空间差异性，既使土地利用类型有了土壤基本性质的均一性，又使土壤类型有了确定的地域边界线，使评价结果更具综合性、客观性，可以较容易地将评价结果落实到实地。

四、采样调查与分析

1. 布点原则　有广泛的代表性和典型性，兼顾均匀性；尽可能在第二次土壤普查的取样点上布点；采样点具有的评价单元特征最明显、最稳定、最典型，要避免各种非调查因素的影响。

2. 布点方法　根据农业部要求的采样点密度（5000～10000 亩取 1 个土样，覆盖到亚类，同时兼顾水田和旱地等利用类型，考虑各级耕地质量长期监测点），结合当地实际，确定采样点总数量。在各评价单元中，根据图斑大小、种植制度、作物种类、产量水平确定布点数量和点位，并在图上标注采样编号。采样点数和点位确定后，根据土种、种植制度、产量水平等因素，统计各因素点位数。当某一因素点位数过少或过多时进行调整，同时考虑点位的均匀性。按上述方法和要求，全区确定采样点 26 个。

3. 采样与野外调查　根据室内预定采样点的位置，按行政区划图的区位，通过 GPS 导航，进行实地选择取土地块。如果图上标明的位置在当地不具典型性时，则在实地另选有典型性的地块，并在图上标明准确位置，利用 GPS 定位仪确定经纬度。

取样点确定后，在所确定的田块进行采样。同时，与采样点户主和当地技术人员交谈，填写调查内容。如野外部分内容把握不准，当天回室内查阅资料，予以完善。

4. 样品分析　按照相关标准和规程，对样品进行各项化验分析。

五、数据审核和处理

1. 数据审核　获取的调查表数据是后阶段耕地质量等级评价的关键数据，数据的质量关系到后期评价工作的开展。正式评价前，必须对调查表的数据进行审核处理。审核主要分为数据完整性审核、数据规范性审核以及数据逻辑性审核。其要求如下：

（1）完整性　全表应有 47 列以上数据（EXCEL 表格 AU 列）；表格各行数据应该完整，没有空白。

（2）规范性　填写应符合规范要求（字段类型、枚举内容等）；数值在正常范围内（如 $3 < pH < 9.5$）。

（3）逻辑性　要注意部分指标间的相关关系和逻辑性。

2. 评价数据处理的处理

（1）评价数据的提取　评价数据的提取是根据数据源的形式采用相应的提取方法，一

是采用叠加分析模型，通过评价单元图与各评价因素图的叠加分析，从各专题图上提取评价数据；二是通过复合模型将采样调查点与评价单元图复合，从各调查点相应的调查、分析数据中提取各评价单元信息。

（2）指标体系的量化处理　系统获取的评价资料可以分为定量和定性资料两大部分，为了采用定量化的评价方法和自动化的评价手段，减少人为因素的影响，需要对其中的定性因素进行定量化处理，根据因素的级别状况赋予其相应的分值或数值。除此，对于各类养分等按调查点获取的数据，则需要进行插值处理。

（3）定性因素的量化处理　根据各因素对耕地质量的影响程度，采用特尔斐法直接打分获得隶属度。

（4）定量化指标的隶属函数　定量指标内的分级则采用数学方法拟合其隶属函数，利用隶属函数计算获得隶属度。

第二节　评价指标体系建立

一、评价指标的选取依据

（1）《耕地质量等级》（GB/T 33469—2016）国家标准

（2）《农业农村部耕地质量监测保护中心关于印发〈全国耕地质量等级评价指标体系〉的通知》（耕地评价函〔2019〕87号）

（3）《省农业厅办公室关于做好2017年耕地质量调查评价工作的通知》（鄂农办〔2017〕39号）

二、评价指标的选取方法

根据《耕地质量等级》国家标准确定汉南区所属农业区域，对照《全国耕地质量等级评价指标体系》，确定汉南区耕地质量等级评价指标、指标权重及隶属函数。

三、评价指标、指标权重及隶属函数

1. 评价指标　汉南区属长江中下游一级农业区中的长江中游平原农业水产区二级农业分区，根据分区和标准确定评价指标15个。15个指标分别是：排水能力、灌溉能力、地形部位、有机质、耕层质地、土壤容重、质地构型、障碍因素、pH、有效磷、速效钾、有效土层厚、生物多样性、农田林网化和清洁程度。

2. 指标权重及隶属函数　指标权重见表4-2-1。

表4-2-1　指标权重

指标名称	指标权重
排水能力	0.1319
灌溉能力	0.1090
地形部位	0.1078

（续）

指标名称	指标权重
有机质	0.0924
耕层质地	0.0721
土壤容重	0.0572
质地构型	0.0569
障碍因素	0.0559
pH	0.0555
有效磷	0.0554
速效钾	0.0549
有效土层厚	0.0478
生物多样性	0.0387
农田林网化	0.0353
清洁程度	0.0291

3. 指标隶属函数

（1）概念型指标隶属函数　见表 4-2-2。

表 4-2-2　概念型指标隶属函数

地形部位	山间盆地	宽谷盆地	平原低阶	平原中阶	平原高阶	丘陵上部	丘陵中部	丘陵下部	山地坡上	山地坡中	山地坡下
隶属度	0.8	0.95	1	0.95	0.9	0.7	0.8	0.3	0.16	0.45	0.68
耕层质地	砂土	砂壤	轻壤	中壤	重壤	黏土					
隶属度	0.6	0.85	0.09	1	0.95	0.7					
质地构型	薄层型	松散型	紧实型	夹层型	上紧下松型	上松下紧型	海绵型				
隶属度	0.55	0.3	0.75	0.85	0.4	1	0.95				
生物多样性	丰富	一般	不丰富								
隶属度	1	0.8	0.6								
清洁程度	清洁	尚清洁									
隶属度	1	0.8									
障碍因素	盐碱	瘠薄	酸化	渍潜	障碍层次	无					
隶属度	0.6	0.65	0.7	0.55	0.6	1					
灌溉能力	充分满足	满足	基本满足	不满足							
隶属度	1	0.8	0.6	0.3							
排水能力	充分满足	满足	基本满足	不满足							
隶属度	1	0.8	0.6	0.3							

（续）

地形部位	山间盆地	宽谷盆地	平原低阶	平原中阶	平原高阶	丘陵上部	丘陵中部	丘陵下部	山地坡上	山地坡中	山地坡下
农田林网化	高	中	低								
隶属度	1	0.85	0.7								

（2）数值型指标隶属函数　　见表 4-2-3。

表 4-2-3　数值型指标隶属函数

指标名称	函数类型	函数公式	a 值	c 值	u 的下限值	u 的上限值
pH	峰型	$y=1/[1+a(u-c)^2]$	0.22129	6.811204	3	10
有机质	戒上型	$y=1/[1+a(u-c)^2]$	0.001842	33.656446	0	33.7
有效磷	戒上型	$y=1/[1+a(u-c)^2]$	0.002025	33.346824	0	33.3
速效钾	戒上型	$y=1/[1+a(u-c)^2]$	0.000081	181.622535	0	182
有效图层厚	戒上型	$y=1/[1+a(u-c)^2]$	0.000205	99.092342	0	99
土壤容量	峰型	$y=1/[1+a(u-c)^2]$	2.236726	1.211674	0.5	3.21

注：y 为隶属度；a 为系数；u 为实测值；c 为标准指标。当函数类型为戒上型，u 小于等于下限值时，y 为 0；u 大于等于上限值时，y 为 1；当函数类型为峰型，u 小于等于下限值或 u 大于等于上限值时，y 为 0。

第三节　数据库的建立

一、空间数据库的建立

1. 基础图件入库　对于土壤图、排灌图等纸质的基础图件，采用大幅面扫描仪扫描成电子版，配准后利用 arcmap 进行矢量化。矢量化前对图件进行精确性、完整性、现势性的分析，在此基础上对图件的有关内容进行分层处理，根据要求选取入库要素。相应的属性数据采用键盘录入。对于土地利用现状图，可直接入库。采样点位图的生成，可基于审核后的采样调查表，加载到 arcmap 中，利用相应方法生成。

2. 坐标变换　GIS 空间分析功能的实现要求数据库中的地理信息以相同的坐标为基础。原始的各种图件坐标系统不一致，如经扫描产生的坐标是一个随机的平面坐标系，不能满足空间分析操作的要求，应转换为统一的大地 2000 坐标。

3. 空间数据质量检查　数字化的几何图形可能存在各种错误，可利用 ARCMAP 提供的点、线、面编辑修改工具，对图件进行各种编辑修改，利用拓扑检查工具，检查修改图件的各种拓扑错误。

二、属性数据库的建立

对各种基础属性数据内容进行分类，键盘录入各类数据，采用 ACCESS 等软件进行统一管理。

三、空间数据和属性数据的连接

空间数据和属性数据之间用唯一标识码来标识和连接。

第四节　耕地质量等级评价

耕地质量等级评价是从农业生产角度出发，通过综合指数法对耕地地力、土壤健康状况和田间基础设施构成的满足农产品持续产出和质量安全的能力进行评价。

一、评价依据

（1）《耕地质量等级》（GB/T 33469—2016）国家标准

（2）《农业农村部耕地质量监测保护中心关于印发〈全国耕地质量等级评价指标体系〉的通知》（耕地评价函〔2019〕87号）

二、评价原理

根据《耕地质量等级》国标确定评价区域所属农业区域，依据农业区域确定耕地质量评价指标，按照《全国耕地质量等级评价指标体系》确定各指标权重、各指标隶属度以及等级划分指数，生成评价单元，对评价单元进行赋值，采用县域耕地资源管理信息系统进行耕地质量等级评价，计算耕地质量综合指数，根据等级划分标准，确定耕地质量等级。

汉南区耕地质量等级分布参见表4-2-4。

表 4-2-4　耕地质量等级

耕地质量等级	综合指数范围
一等	≥0.917
二等	0.8924～0.9170
三等	0.8678～0.8924
四等	0.8431～0.8678
五等	0.8185～0.8431
六等	0.7939～0.8185
七等	0.7693～0.7939
八等	0.7446～0.7693
九等	0.7200～0.7446
十等	<0.7200

三、评价流程

整个评价可分为3个方面的主要内容，按先后的次序分别为：

1. 资料工具准备及数据库建立　即根据评价的目的、任务、范围、方法，收集准备与评价有关的各类自然及社会经济资料，进行资料的分析处理。选择适宜的硬件平台和GIS等软件，建立耕地质量评价基础数据库。

2. 耕地质量评价　划分评价单元，提取影响质量的关键因素并确定权重，选择相应

评价方法，按照评价标准，确定耕地质量等级。

3. 评价结果分析　依据评价结果，量算各等级耕地面积，编制耕地质量等级分布图。分析耕地质量问题，提出耕地资源可持续利用的措施建议（图 4-2-1）。

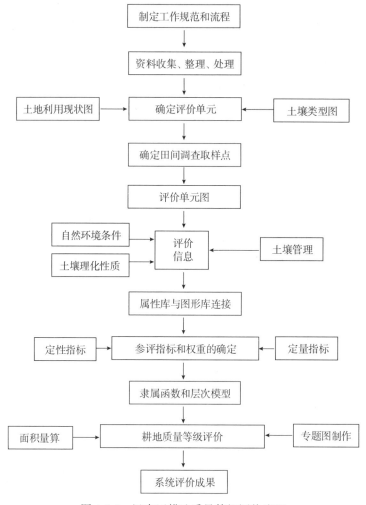

图 4-2-1　汉南区耕地质量等级评价流程

第五节　耕地土壤养分专题图的编制

将审核处理过后的采样点调查表加载到 arcmap 中，生成采样点位图；统一坐标系后，将土壤有机质、氮、磷、钾等养分数据进行插值，通过区域统计和属性连接，将养分值赋给对应评价单元；添加汉南区行政区划图、道路、水系、乡镇名等图层，根据评价单元各养分属性值制作专题图，经图件清绘整饰等步骤后导出。

第三章　耕地综合生产能力分析

第一节　耕地质量等级与空间分布

本次耕地质量等级调查，根据相关标准，选取15个对耕地地力影响比较大、区域内变异明显、在时间序列上具有相对稳定性、与农业生产有密切关系的因素，建立评价指标体系。以1∶5万耕地土壤图、土地利用现状图两种图件叠加形成的图斑为评价单元。利用区域耕地资源管理信息系统，对评价单元属性库进行操作，检索统计耕地各等级的面积及图幅总面积。按图幅总面积与汉南区2017年度更新耕地总面积的比例进行平差，计算各耕地质量等级面积。

一、耕地面积统计

汉南区耕地总面积为11267.00公顷，其中，水浇地面积最多，为10899.18公顷，占耕地总面积的96.74%；旱地和水田只占0.07%和3.19%，面积为7.96公顷和359.86公顷（表4-3-1）。

表4-3-1　汉南区耕地总面积统计

耕地类型	面积（公顷）	比例（%）
旱地	7.96	0.07
水浇地	10899.18	96.74
水田	359.86	3.19
总计	11267.00	100.00

二、耕地质量等级面积统计

按评价单元软件计算面积与汉南区2017年度更新耕地总面积的比例进行平差，计算各耕地质量等级面积。

汉南区耕地总面积为11267.00公顷，分为7个等级，最高等级为一等，最低为七等，四等地占比最大（49.49%），一等地占比最小（0.16%）。具体数据如下：

一等地17.67公顷，占耕地总面积0.16%；二等地1904.56公顷占，占耕地总面积

16.90%；三等地 2692.12 公顷，占耕地总面积 23.89%；四等地 5576.21 公顷，占耕地总面积 49.49%；五等地 581.49 公顷，占耕地总面积 5.16%；六等地 267.10 公顷，占耕地总面积的 2.37%；七等地 227.85 公顷，占耕地总面积的 2.02%（表 4-3-2）。

表 4-3-2 汉南区耕地质量等级分类统计

等级	旱地		水浇地		水田		面积（公顷）	比例（%）
	面积（公顷）	比例（%）	面积（公顷）	比例（%）	面积（公顷）	比例（%）		
一等	0.00	0.00	17.43	0.16	0.24	0.07	17.67	0.16
二等	1.71	21.49	1846.28	16.94	56.57	15.72	1904.56	16.90
三等	2.48	31.20	2571.36	23.59	118.28	32.87	2692.12	23.89
四等	3.56	44.68	5393.24	49.48	179.41	49.85	5576.21	49.49
五等	0.08	0.96	579.43	5.32	1.98	0.55	581.49	5.16
六等	0.10	1.29	265.44	2.44	1.56	0.43	267.10	2.37
七等	0.03	0.37	225.99	2.07	1.83	0.51	227.85	2.02
总计	7.96	100.00	10899.18	100.00	359.86	100.00	11267.00	100.00

旱地总面积仅为 7.96 公顷，其中无一等旱地；二等旱地 1.71 公顷，占旱地总面积的 21.49%；三等旱地 2.48 公顷，占旱地总面积的 31.20%；四等旱地 3.56 公顷，占旱地总面积的 44.68%；五等旱地 0.08 公顷，占旱地总面积的 0.96%；六等旱地 0.10 公顷，占旱地总面积的 1.29%；七等旱地 0.03 公顷，占旱地总面积的 0.37%。

水浇地总面积为 10899.18 公顷，其中一等水浇地 17.43 公顷，占水浇地总面积 0.16%；二等水浇地 1846.28 公顷，占水浇地总面积 16.94%；三等水浇地 2571.36 公顷，占水浇地总面积 23.59%；四等水浇地 5393.24 公顷，占水浇地总面积 49.48%；五等水浇地 579.43 公顷，占水浇地总面积 5.32%；六等水浇地 265.44 公顷，占水浇地总面积 2.44%；七等水浇地 225.99 公顷，占水浇地总面积 2.07%。

水田总面积为 359.86 公顷，其中一等水田 0.24 公顷，占水田总面积的 0.07%；二等水田 56.57 公顷，占水田总面积的 15.72%；三等水田 118.28 公顷，占水田总面积的 32.87%；四等水田 179.41 公顷，占水田总面积的 49.85%；五等水田 1.98 公顷，占水田总面积的 0.55%；六等水田 1.56 公顷，占水田总面积的 0.43%；七等水田 1.83 公顷，占水田总面积的 0.51%。

三、耕地质量等级空间分布

将耕地质量等级分布图与汉南区行政区划图进行叠加分析，统计各级耕地在各街道（乡镇）的分布状况。可以看出：汉南区一等地集中在湘口街（100%）；二等地主要分布在邓南镇（40.92%）和湘口街（37.92%）等 5 个街道（乡镇）；三等地主要分布在东荆街（44.18%）、邓南镇（22.10%）、湘口街（20.98%）等 5 个街道（乡镇）；四等地主要分布在纱帽街（35.21%）、邓南镇（27.97%）、蛟塘镇（13.89%）、横塘镇（9.90%）等 6 个街道（乡镇）；五等地主要分布在纱帽街（54.00%）、东荆街（34.61%）等 5 个乡镇；六等地主要分布在纱帽街（53.58%）、东荆街（36.22%）等 4 个乡镇；七等地集中在纱帽街（85.91%）（表 4-3-3）。

表 4-3-3　汉南区耕地质量等级行政区域统计

| 乡名称 | 一等地 | | | | | | 面积（公顷） | 比例（%） |
| | 旱地 | | 水浇地 | | 水田 | | | |
	面积（公顷）	比例（%）	面积（公顷）	比例（%）	面积（公顷）	比例（%）		
邓南镇	0.00	0.00	0.00	0.00	0.00	0.00	0.00	0.00
东荆街	0.00	0.00	0.00	0.00	0.00	0.00	0.00	0.00
沌口街办事处	0.00	0.00	0.00	0.00	0.00	0.00	0.00	0.00
军山街	0.00	0.00	0.00	0.00	0.00	0.00	0.00	0.00
纱帽街	0.00	0.00	0.00	0.00	0.00	0.00	0.00	0.00
湘口街	0.00	0.00	17.43	100.00	0.24	100.00	17.67	100.00
总计	0.00	0.00	17.43	100.00	0.24	100.00	17.67	100.00

| 乡名称 | 二等地 | | | | | | 面积（公顷） | 比例（%） |
| | 旱地 | | 水浇地 | | 水田 | | | |
	面积（公顷）	比例（%）	面积（公顷）	比例（%）	面积（公顷）	比例（%）		
邓南镇	0.00	0.00	779.28	42.21	0.00	0.00	779.28	40.92
东荆街	0.05	3.13	297.30	16.10	9.35	16.52	306.70	16.10
沌口街办事处	1.60	93.47	7.03	0.38	14.83	26.21	23.46	1.23
军山街	0.00	0.00	49.24	2.67	23.71	41.91	72.95	3.83
纱帽街	0.00	0.00	0.00	0.00	0.00	0.00	0.00	0.00
湘口街	0.06	3.40	713.43	38.64	8.69	15.36	722.17	37.92
总计	1.71	100.00	1846.28	100.00	56.57	100.00	1904.56	100.00

| 乡名称 | 三等地 | | | | | | 面积（公顷） | 比例（%） |
| | 旱地 | | 水浇地 | | 水田 | | | |
	面积（公顷）	比例（%）	面积（公顷）	比例（%）	面积（公顷）	比例（%）		
邓南镇	0.00	0.00	611.21	23.77	0.00	0.00	611.21	22.70
东荆街	0.03	1.02	1177.19	45.78	12.21	10.32	1189.43	44.18
沌口街办事处	2.38	95.95	21.13	0.82	17.49	14.79	41.00	1.52
军山街	0.08	3.03	215.33	8.37	70.28	59.42	285.68	10.61
纱帽街	0.00	0.00	0.00	0.00	0.00	0.00	0.00	0.00
湘口街	0.00	0.00	546.50	21.25	18.30	15.47	564.81	20.98
总计	2.48	100.00	2571.36	100.00	118.28	100.00	2692.12	100.00

（续）

乡名称	四等地						面积（公顷）	比例（%）
	旱地		水浇地		水田			
	面积（公顷）	比例（%）	面积（公顷）	比例（%）	面积（公顷）	比例（%）		
邓南镇	0.00	0.00	1559.64	28.92	0.00	0.00	1559.64	27.97
东荆街	0.00	0.00	539.82	10.01	28.04	15.63	567.86	10.18
沌口街办事处	2.53	71.06	29.15	0.54	14.12	7.87	45.80	0.82
军山街	1.00	28.07	548.85	10.18	122.29	68.16	672.14	12.05
纱帽街	0.00	0.00	1963.15	36.40	0.00	0.00	1963.15	35.21
湘口街	0.03	0.87	752.63	13.96	14.95	8.34	767.62	13.77
总计	3.56	100.00	5393.24	100.00	179.41	100.00	5576.21	100.00

乡名称	五等地						面积（公顷）	比例（%）
	旱地		水浇地		水田			
	面积（公顷）	比例（%）	面积（公顷）	比例（%）	面积（公顷）	比例（%）		
邓南镇	0.00	0.00	51.76	8.93	0.00	0.00	51.76	8.90
东荆街	0.00	0.00	201.02	34.69	0.25	12.43	201.26	34.61
沌口街办事处	0.08	100.00	1.04	0.18	0.62	31.32	1.73	0.30
军山街	0.00	0.00	11.60	2.00	1.12	56.25	12.72	2.19
纱帽街	0.00	0.00	314.02	54.19	0.00	0.00	314.02	54.00
湘口街	0.00	0.00	0.00	0.00	0.00	0.00	0.00	0.00
总计	0.08	100.00	579.43	100.00	1.98	100.00	581.49	100.00

乡名称	六等地						面积（公顷）	比例（%）
	旱地		水浇地		水田			
	面积（公顷）	比例（%）	面积（公顷）	比例（%）	面积（公顷）	比例（%）		
邓南镇	0.00	0.00	0.00	0.00	0.00	0.00	0.00	0.00
东荆街	0.00	0.00	95.19	35.86	1.56	100.00	96.75	36.22
沌口街办事处	0.10	100.00	0.00	0.00	0.00	0.00	0.10	0.04
军山街	0.00	0.00	27.14	10.23	0.00	0.00	27.14	10.16
纱帽街	0.00	0.00	143.11	53.91	0.00	0.00	143.11	53.58
湘口街	0.00	0.00	0.00	0.00	0.00	0.00	0.00	0.00
总计	0.10	100.00	265.44	100.00	1.56	100.00	267.10	100.00

乡名称	七等地						面积（公顷）	比例（%）
	旱地		水浇地		水田			
	面积（公顷）	比例（%）	面积（公顷）	比例（%）	面积（公顷）	比例（%）		
邓南镇	0.00	0.00	0.00	0.00	0.00	0.00	0.00	0.00
东荆街	0.03	100.00	30.70	13.59	1.38	75.51	32.11	14.09
沌口街办事处	0.00	0.00	0.00	0.00	0.00	0.00	0.00	0.00

（续）

乡名称	七等地						面积（公顷）	比例（%）
	旱地		水浇地		水田			
	面积（公顷）	比例（%）	面积（公顷）	比例（%）	面积（公顷）	比例（%）		
军山街	0.00	0.00	0.00	0.00	0.00	0.00	0.00	0.00
纱帽街	0.00	0.00	195.29	86.41	0.45	24.49	195.74	85.91
湘口街	0.00	0.00	0.00	0.00	0.00	0.00	0.00	0.00
总计	0.03	100.00	225.99	100.00	1.83	100.00	227.85	100.00

第二节　耕地质量等级分述

一、一等地分析

1. 分布特征与面积统计　汉南区一地面积为 17.67 公顷，集中在湘口街，占耕地总面积的 0.16%。一等地主要由水浇地组成，为 17.43 公顷；水田面积 0.24 公顷，占水田总面积的 0.07%；无旱地一等地（图 4-3-1）。

2. 养分状况分析　参见表 4-3-4。

表 4-3-4　一等地养分分析

指标	平均值	最小值	最大值	标准差	CV（%）
有机质（克/千克）	21.00	21.00	21.00	0.00	0.00
全氮（克/千克）	1.55	1.53	1.55	0.01	0.50
有效磷（毫克/千克）	23.30	23.30	23.30	0.00	0.00
速效钾（毫克/千克）	170.00	170.00	170.00	0.00	0.00
缓效钾（毫克/千克）	481.13	477.00	491.00	6.13	1.27
pH	8.06	7.80	8.20	0.17	2.09

二、二等地分析

1. 分布特征与面积统计　汉南区二等地面积为 1904.56 公顷，主要分布在西南部，占耕地总面积的 16.90%。其中旱地面积 1.71 公顷，占旱地总面积的 21.49%；水浇地面积 1846.28 公顷，占水浇地总面积的 16.94%；水田面积 56.57 公顷，占水田总面积的 15.72%（图 4-3-2）。

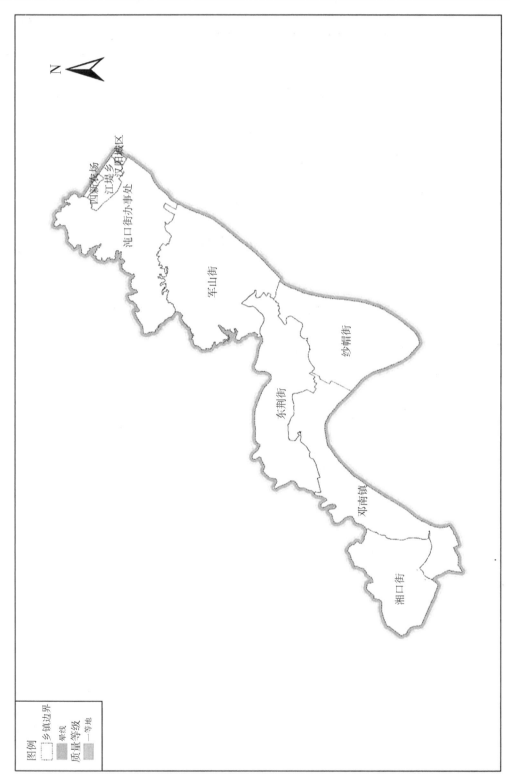

图 4-3-1 汉南区一等地分布

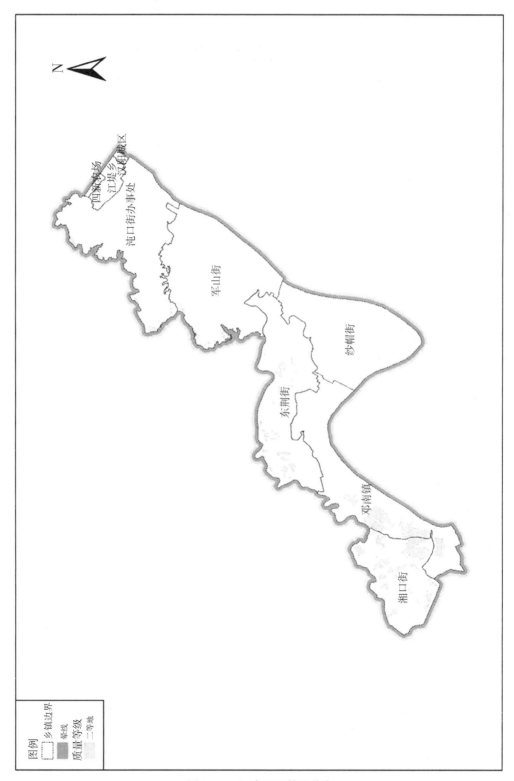

图 4-3-2　汉南区二等地分布

2. 养分状况分析 参见表 4-3-5。

表 4-3-5 二等地养分分析

指标	平均值	最小值	最大值	标准差	CV（%）
有机质（克/千克）	18.76	17.10	21.00	1.60	8.54
全氮（克/千克）	1.36	1.20	1.55	0.11	8.19
有效磷（毫克/千克）	22.25	20.90	24.30	0.80	3.59
速效钾（毫克/千克）	150.31	120.00	180.00	15.16	10.08
缓效钾（毫克/千克）	491.11	443.00	518.00	21.29	4.33
pH	7.94	6.10	8.60	0.48	6.01

三、三等地分析

1. 分布特征与面积统计 汉南区三等地面积为 2692.12 公顷，主要分布在西北部，占耕地总面积的 23.89%。其中旱地面积 2.48 公顷，占旱地总面积的 31.20%；水浇地面积 2571.36 公顷，占水浇地总面积的 23.59%；水田面积 118.28 公顷，占水田总面积的 32.87%（图 4-3-3）。

2. 养分状况分析 参见表 4-3-6。

表 4-3-6 三等地养分分析

指标	平均值	最小值	最大值	标准差	CV（%）
有机质（克/千克）	17.48	16.50	21.00	0.96	5.52
全氮（克/千克）	1.22	1.12	1.55	0.08	6.66
有效磷（毫克/千克）	21.70	18.60	29.30	0.61	2.79
速效钾（毫克/千克）	136.29	120.00	183.00	10.55	7.74
缓效钾（毫克/千克）	476.53	434.00	498.00	7.29	1.53
pH	8.11	5.90	8.60	0.30	3.68

四、四等地分析

1. 分布特征与面积统计 汉南区四等地面积为 5576.21 公顷，主要分布在南部和西北部，占耕地总面积的 49.49%。其中旱地面积 3.56 公顷，占旱地总面积的 44.68%；水浇地面积 5393.24 公顷，占水浇地总面积的 49.48%；水田面积 179.41 公顷，占水田总面积的 49.85%（图 4-3-4）。

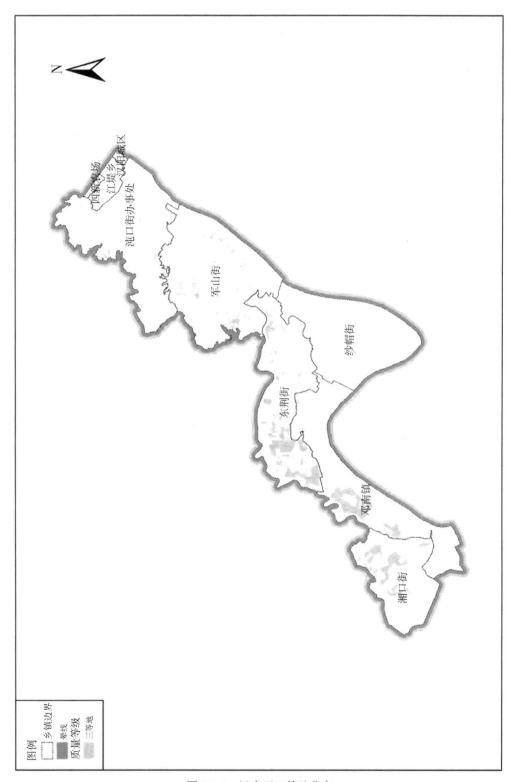

图 4-3-3 汉南区三等地分布

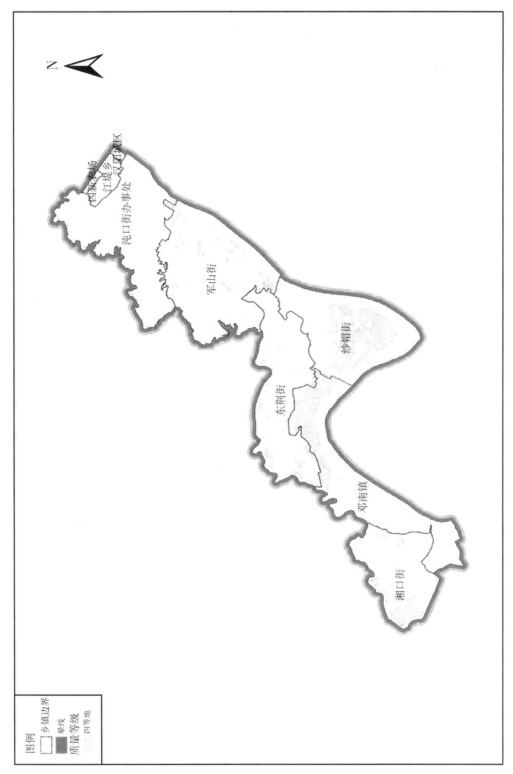

图 4-3-4　汉南区四等地分布

2. 养分状况分析　参见表 4-3-7。

表 4-3-7　四等地养分分析

指标	平均值	最小值	最大值	标准差	CV（%）
有机质（克/千克）	17.44	16.50	21.10	0.95	5.45
全氮（克/千克）	1.21	1.08	1.55	0.09	7.45
有效磷（毫克/千克）	21.61	18.60	23.50	0.64	2.95
速效钾（毫克/千克）	136.12	120.00	172.00	9.42	6.92
缓效钾（毫克/千克）	477.20	434.00	517.00	11.98	2.51
pH	8.21	6.00	8.70	0.20	2.38

五、五等地分析

1. 分布特征与面积统计　汉南区五等地面积为 581.49 公顷，主要分布在中部，占耕地总面积的 5.16%。其中旱地面积 0.08 公顷，占旱地总面积的 0.96%；水浇地面积 579.43 公顷，占水浇地总面积的 5.32%；水田面积 1.98 公顷，占水田总面积的 10.55%（图 4-3-5）。

2. 养分状况分析　参见表 4-3-8。

表 4-3-8　五等地养分分析

指标	平均值	最小值	最大值	标准差	CV（%）
有机质（克/千克）	17.21	16.50	18.60	0.29	1.69
全氮（克/千克）	1.19	1.08	1.32	0.06	5.05
有效磷（毫克/千克）	21.53	18.60	24.30	0.53	2.45
速效钾（毫克/千克）	133.77	120.00	144.00	3.48	2.60
缓效钾（毫克/千克）	476.74	444.00	516.00	10.67	2.24
pH	8.10	5.90	8.70	0.36	4.50

六、六等地分析

1. 分布特征与面积统计　汉南区六等地面积为 267.10 公顷，主要分布在中部，占耕地总面积的 2.37%。其中旱地面积 0.10 公顷，占旱地总面积的 1.29%；水浇地面积 265.44 公顷，占水浇地总面积的 2.44%；水田面积 1.56 公顷，占水田总面积的 0.43%（图 4-3-6）。

图 4-3-5　汉南区五等地分布

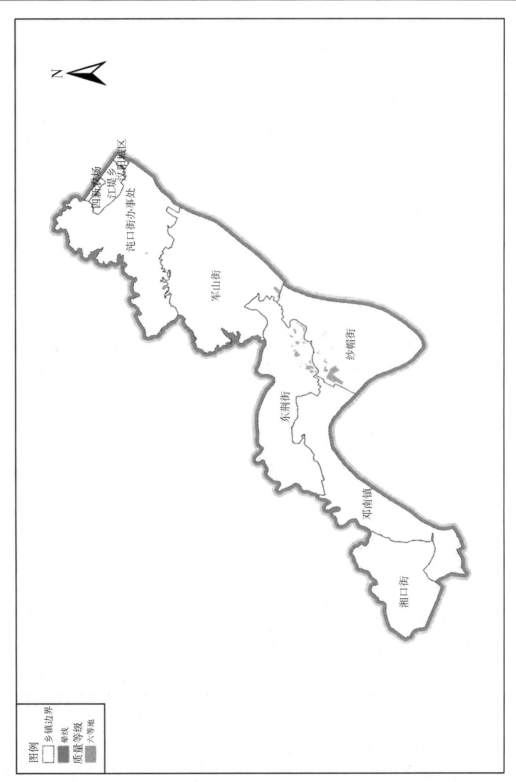

图 4-3-6　汉南区六等地分布

2. 养分状况分析　参见表 4-3-9。

表 4-3-9　六等地养分分析

指标	平均值	最小值	最大值	标准差	CV（%）
有机质（克/千克）	17.10	17.10	17.10	0.00	0.00
全氮（克/千克）	1.20	1.13	1.23	0.02	2.06
有效磷（毫克/千克）	21.50	21.40	21.50	0.01	0.05
速效钾（毫克/千克）	133.00	133.00	133.00	0.00	0.00
缓效钾（毫克/千克）	477.93	467.00	481.00	3.53	0.74
pH	8.20	7.50	8.60	0.18	2.18

七、七等地分析

1. 分布特征与面积统计　汉南区七等地面积为 227.85 公顷，主要分布在中部，占耕地总面积的 2.02%。其中旱地面积 0.03 公顷，占旱地总面积的 0.37%；水浇地面积 225.99 公顷，占水浇地总面积的 2.07%；水田面积 1.83 公顷，占水田总面积的 0.51%（图 4-3-7）。

2. 养分状况分析　参见表 4-3-10。

表 4-3-10　七等地养分分析

指标	平均值	最小值	最大值	标准差	CV（%）
有机质（克/千克）	17.10	17.10	17.20	0.01	0.06
全氮（克/千克）	1.19	1.14	1.22	0.02	2.03
有效磷（毫克/千克）	21.49	20.70	21.50	0.08	0.39
速效钾（毫克/千克）	133.11	133.00	143.00	1.04	0.78
缓效钾（毫克/千克）	478.02	469.00	481.00	3.03	0.63
pH	8.29	8.10	8.70	0.14	1.66

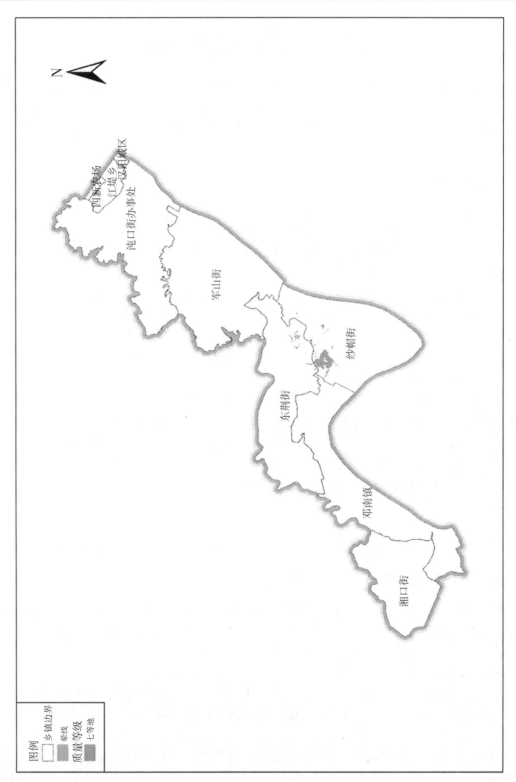

图 4-3-7　汉南区七等地分布

第三节　耕地质量改良与提升

根据汉南区耕地质量调查评价结果和耕地资源利用现状，对耕地质量及障碍因素进行综合分析，提出汉南区耕地质量等级提高与土壤改良利用措施。

全区中低产田主要类型有：渍涝型、障碍层次型、质地不良型、缺素失调型、偏酸过碱型。

一、渍涝型

1. 特点　地下水位高，排水不良，土壤水分过多，易受涝渍危害。剖面全层或表层均有青泥层，水温、土温低，土烂泥深，还原性有毒物质多，土壤中的微生物活动受到抑制，有机质分解缓慢，释放出的有效养分少，特别是有效磷、锌含量低，但土壤潜在养分含量高。

2. 改良措施　针对渍涝土壤长期渍水，水温、土温低，土壤结构性差，潜在养分难以发挥等问题，必须首先根除水害，改善土壤水热状况，同时结合其他措施熟化土壤，使低产土壤变高产土壤。

（1）完善排灌体系　新建和完善各种排灌站，搞好主渠、支渠、干渠网络配套，确保农田进水及时，排水迅速，能灌能排。

（2）冬耕晒垡，实行水旱轮作　采取翻耕晒垡，冬凌、炕土和熏土等办法，改善土壤结构，增加土壤通透性，活化土壤养分，在改善排水条件以后，除冬耕晒垡外，还应尽可能实行轮作换茬。在水稻生长期注意晒田和湿润管理，这都有利于土壤通气和理化性质的改善，促进还原物质的氧化而消除毒害，增强土壤微生物的活性，加速有机质的分解。短期晒田冬作，要注意充分脱水，适墒起板，以免僵垡。

（3）推广应用测土配方施肥技术　做到因土施肥、因作物施肥，节本增效，改善生态环境。

（4）多途径增施有机肥　推广秸秆还田和旱作秸秆覆盖技术，扩大绿肥种植面积。

二、障碍层次型

1. 特点　该类型中低产耕地其剖面构型有缺陷，土体内有夹砂、夹黏、夹砾石、白隔、白底等土壤障碍层次，从而妨碍水肥运行、农作物的根系伸展和对养分的吸收，易漏水漏肥，使作物吊气伤苗或滞水隔气对作物生长不利，导致作物低产。

2. 改良措施

（1）深耕、深翻、逐步打破障碍层　根据夹层所在土壤剖面的部位和厚度，选用适宜的农机具逐步深耕和深翻搅匀改良土壤结构，结合深施有机肥，增强土壤的保肥保水功能。

（2）轮作换茬，用养结合　调整种植结构，将豆科作物同其他作物进行轮作换茬，以培肥地力。

（3）完善配套水利设施，保障灌溉用水

（4）科学施肥　按照平衡施肥原则，稳施氮肥，重施钾肥，增施微肥，提高肥料利用率，实现节本增效。

三、质地不良型

1. 特点　该类型耕地主要是耕层太浅和土壤质地过黏或过砂。土壤质地黏重，通气差，宜耕期短，作物迟发，不耐旱，又不耐涝，土壤容易板结，作物出苗和扎根困难，抗逆能力差，缺水怕旱，下雨怕涝，作物生长差。土壤质地过砂，漏水跑肥，温差变幅大，作物易早衰。耕层浅薄，土壤严重缺素贫瘠。

2. 改良措施

（1）增施有机肥，改良土壤结构，改善土壤理化性状　增施有机肥是有效的措施，特别是在目前施肥基本以施化肥为主的情况下，对质地不良的耕地增加有机质的施用量更为重要。

（2）合理配方施肥，改善作物营养状况　质地不良的耕地速效养分含量低，表现为严重缺磷、缺钾，少氮，因此，更要注意因地因作物进行合理配方施肥，改善作物营养条件。

（3）注意种养结合，培肥地力　质地不良的耕地要多种植油菜、绿肥等养地作物，以养为主，培肥地力。

四、缺素失调型

1. 特点　以能供给作物吸收的氮、磷、钾三要素及微量元素在土壤中的含量来衡量其丰缺指标，其中缺乏一种或两种以上营养元素的土壤均属缺素田。全区各地农田都有分布，土壤营养元素缺乏，作物摄取的多，补偿的少以及长期的不平衡施肥，造成部分土壤养分失调或亏缺。

2. 改良措施

（1）减轻或消除中低产田造成缺素的根源　由于存在着影响土壤营养元素的有效性及其平衡的因素，往往引起土壤缺素以及营养元素间的平衡，从而影响作物对养分的需要，使作物生长发育受到严重影响，最终产量降低。因此，在改良利用的同时，还要注意以下三点：一是要控制和改造自然力对土壤的破坏作用，创造良好的生态环境；二是要改造土壤的不良性质和土体构型，消除土壤肥力的限制因素；三是要确定合理的使用和管理制度。

（2）用地与养地相结合　对农田土壤管理和使用不当（尤其是只用不养）是造成土壤肥力下降、作物产量不高的重要原因之一。因此，必须统筹兼顾在重视既用地又养地，用养结合的基础上才能使作物持续高产。用养结合的办法很多，如增施有机肥料，轮作换茬，豆科作物与其他作物连作和轮作，浅根作物与深根作物轮作等。

（3）实行测土配方施肥　根据土壤普查化验的结果和土壤的供肥能力，缺什么补什么，缺多少补多少，缺多多施，缺少少施，不缺不施。同时要根据作物的需要量和需肥时期，需肥规律以及土壤和肥料性质合理施肥。

五、偏酸过碱型

大多数农作物适合在中性土壤上生长。偏酸过碱型土壤改良措施如下：

①增施有机肥料。

②施用生理酸性肥料（碱性土壤）或生理碱性肥料（酸性土壤）。

③对碱性土壤施石膏、硅酸钙，以钙交换钠。

第四章 有机质、 主要营养元素及其他指标分析

第一节 有机质

一、耕地土壤有机质分布

参见图 4-4-1。

二、耕地土壤有机质分布曲线

参见图 4-4-2。

三、耕地土壤有机质分布统计

参见表 4-4-1。

表 4-4-1 汉南区耕地土壤有机质分布统计

有机质含量区间（克/千克）	评价单元数	百分比（%）	面积（公顷）	百分比（%）
16～18	3449	86.64	6999	62.12
18～20	140	3.52	1153	10.24
20～22	392	9.85	3114	27.64
总计	3981	100.00	11267	100.00

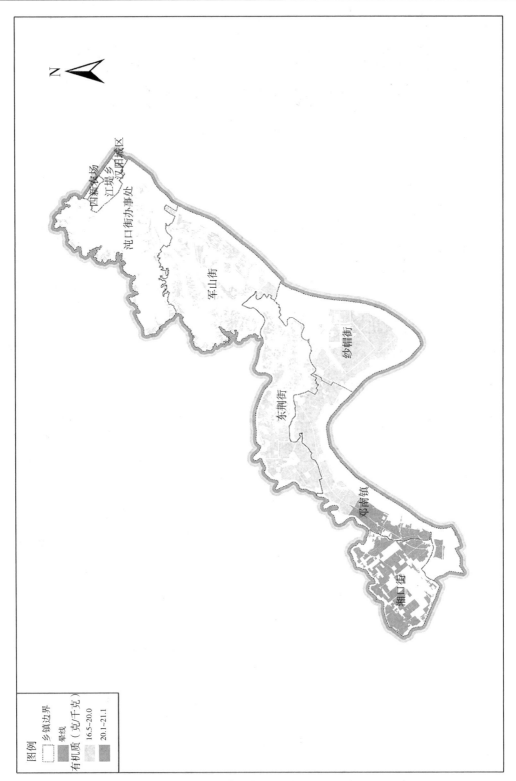

图 4-4-1　汉南区耕地土壤有机质分布

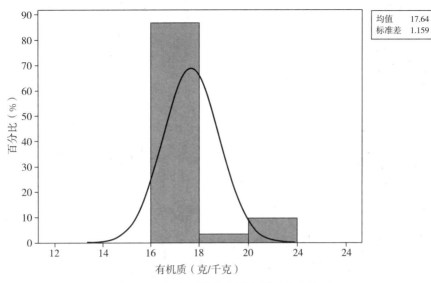

图 4-4-2　汉南区耕地土壤有机质分布曲线

第二节　全氮

一、耕地土壤全氮分布

参见图 4-4-3。

二、耕地土壤全氮分布曲线

参见图 4-4-4。

三、耕地土壤全氮分布统计

参见表 4-4-2。

表 4-4-2　汉南区耕地土壤全氮分布

全氮含量区间（克/千克）	评价单元数	百分比（%）	面积（公顷）	百分比（%）
1～1.2	1793	45.04	4786	42.48
1.2～1.4	1799	45.19	3369	29.90
1.4～1.6	389	9.77	3113	27.63
总计	3981	100.00	11267	100.00

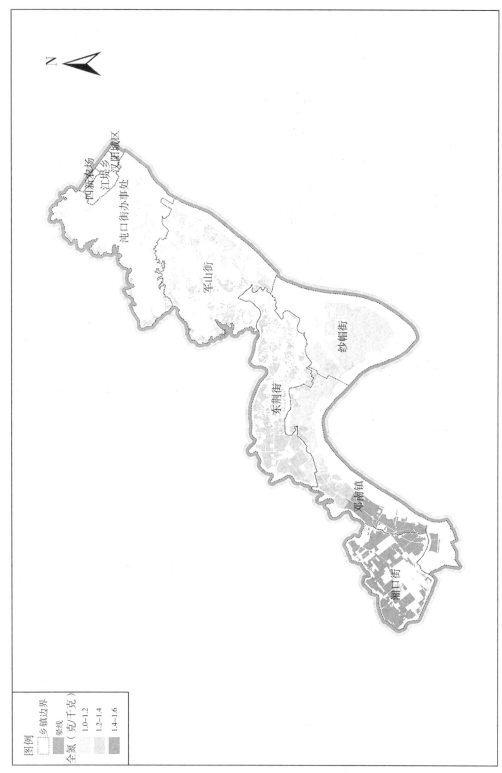

图 4-4-3　汉南区耕地土壤全氮分布

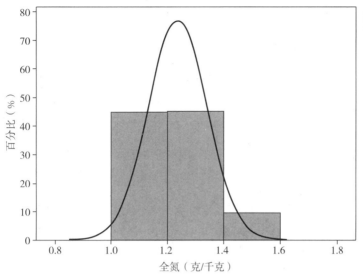

均值	1.235
标准差	0.1036

图 4-4-4　汉南区耕地土壤全氮曲线

第三节　有效磷

一、耕地土壤有效磷分布

参见图 4-4-5。

二、耕地土壤有效磷分布曲线

参见图 4-4-6。

三、耕地土壤有效磷分布统计

参见表 4-4-3。

表 4-4-3　汉南区耕地土壤有效磷分布统计

有效磷含量区间（毫克/千克）	评价单元数	百分比（%）	面积（公顷）	百分比（%）
18～21	51	1.28	540.04	4.79
21～24	3927	98.64	10724.66	95.19
24～27	2	0.05	0.17	0.00
27～30	1	0.03	2.13	0.02
总计	3981	100.00	11267.00	100.00

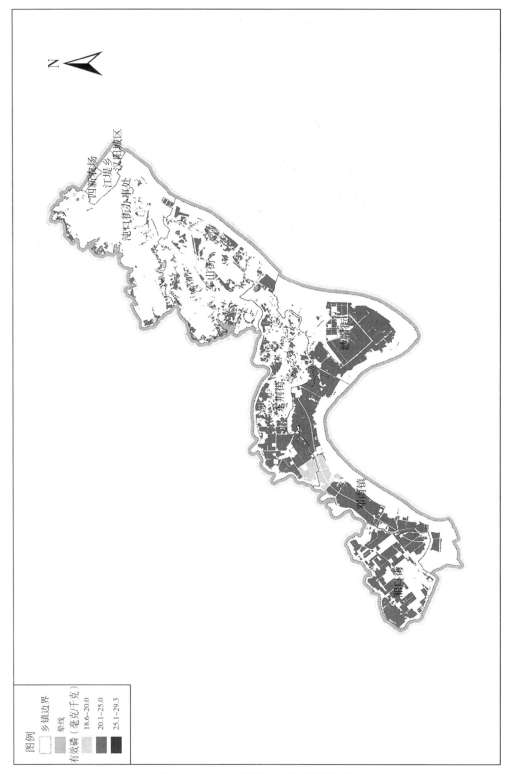

图 4-4-5 汉南区耕地土壤有效磷分布

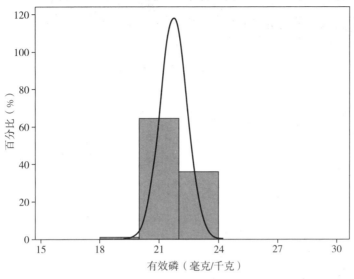

图 4-4-6 汉南区耕地土壤有效磷分布曲线

第四节 速效钾

一、耕地土壤速效钾分布

参见图 4-4-7。

二、耕地土壤速效钾分布曲线

参见图 4-4-8。

三、耕地土壤速效钾分布统计

参见表 4-4-4。

表 4-4-4 汉南区耕地土壤速效钾分布统计

速效钾含量区间（毫克/千克）	评价单元数	百分比（%）	面积（公顷）	百分比（%）
120～139	3020	75.86	6763	60.03
140～159	546	13.72	1086	9.64
160～179	400	10.05	3332	29.57
180～200	15	0.38	85	0.76
总计	3981	100.00	11267	100.00

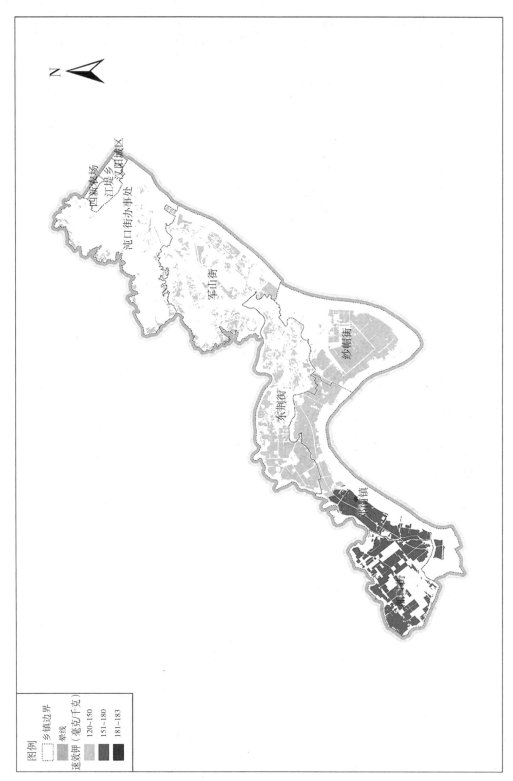

图 4-4-7 汉南区耕地土壤速效钾分布

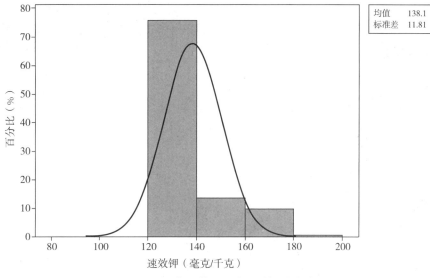

图 4-4-8　汉南区耕地土壤速效钾分布曲线

第五节　缓效钾

一、耕地土壤缓效钾分布

参见图 4-4-9。

二、耕地土壤缓效钾分布曲线

参见图 4-4-10。

三、耕地土壤缓效钾分布统计

参见表 4-4-5。

表 **4-4-5**　汉南区耕地土壤速效钾分布统计

缓效钾含量区间（毫克/千克）	评价单元数	百分比（%）	面积（公顷）	百分比（%）
430～459	210	5.28	2276	20.20
460～489	3348	84.10	8169	72.51
490～520	423	10.63	821	7.29
总计	3981	100.00	11267	100.00

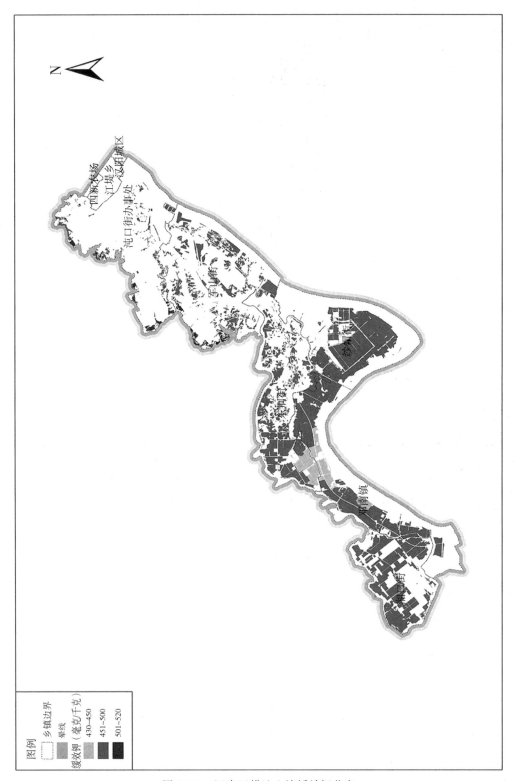

图 4-4-9　汉南区耕地土壤缓效钾分布

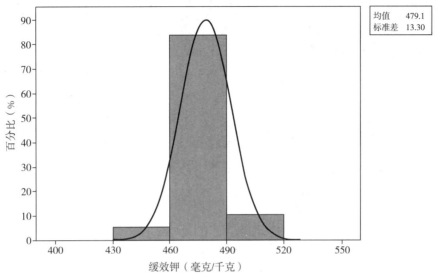

图 4-4-10　汉南区耕地土壤缓效钾分布曲线

第六节　pH

一、耕地土壤 pH 分布

参见图 4-4-11。

二、耕地土壤 pH 分布曲线

参见图 4-4-12。

三、耕地土壤 pH 分布统计

参见表 4-4-6。

表 4-4-6　汉南区耕地土壤 pH 分布统计

pH 区间	评价单元数	百分比（%）	面积（公顷）	百分比（%）
5.5～6.0	2	0.05	2	0.02
6.0～6.5	30	0.75	44	0.39
6.5～7.0	51	1.28	72	0.64
7.0～7.5	57	1.43	86	0.77
7.5～8.0	196	4.92	990	8.78
8.0～8.5	3429	86.13	7748	68.76
8.5～9.0	216	5.43	2325	20.64
总计	3981	100.00	11267	100.00

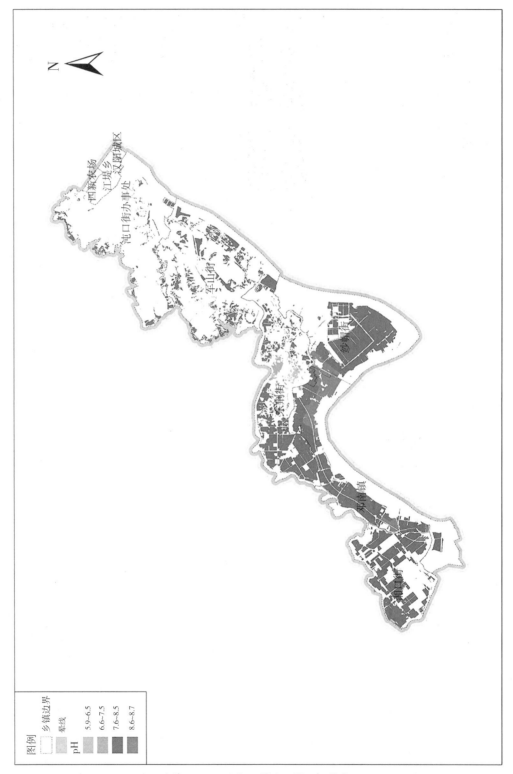

图 4-4-11 汉南区耕地土壤 pH 分布

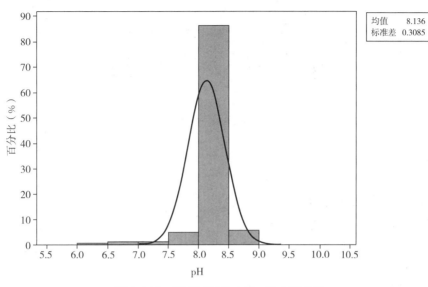

图 4-4-12　汉南区耕地土壤 pH 分布曲线

第五章 成果图

汉南区耕地质量等级分布图
汉南区耕地质量调查评价采样点位图
汉南区耕地土壤有机质分布图
汉南区耕地土壤全氮分布图
汉南区耕地土壤有效磷分布图
汉南区耕地土壤速效钾分布图
汉南区耕地土壤缓效钾分布图
汉南区耕地土壤 pH 分布图
成果图参见书后彩图。

第五篇 DIWUPIAN

新洲区耕地质量调查与评价

第一章　评价区域概况

第一节　地理位置与行政区划

新洲区是武汉市的远城区之一，位于武汉市东北部，大别山余脉南端，长江中游北岸，介于东经114°30′～115°5′和北纬30°35′～30°2′之间，东邻黄冈市团风县，西接武汉市黄陂区，南与武汉市青山区、鄂州市隔江相望，北与黄冈市红安县、麻城市毗邻交错，地势由东北向西南倾斜，山岗与河流呈"川"字形排列，俗称"一江（长江）、两湖（武湖、涨渡湖）、三河（举水河、倒水、沙河）、四岗（楼寨岗、叶顾岗、长岭岗、仓阳岗）"，为武汉东部水陆门户。1951年6月建立新洲县，隶于黄冈地区。1983年8月划归武汉市管辖，1998年9月撤县设区，成为武汉市的一个新型城区。全区版图面积1500.66千米²，其中陆地占82%，水域占18%；总人口98.7万，辖10街、3镇、1个经济开发区、1个风景旅游区，是全国闻名的"双孢蘑菇之乡""建筑之乡"，享誉荆楚的"教育之乡"和"民间艺术之乡"。

第二节　自然环境概况

一、气候

新洲区属我国东部中亚热带向北亚热带过渡的季风气候区，光热资源丰富，光合潜力大。年平均气温16.3～17.6℃，极端最高气温37.7℃，极端最低气温−14.3℃，无霜期为215～280天，活动积温5218℃，日照时数1900～2100小时。夏季炎热潮湿，冬季比较温和。年平均降雨量1162.5毫米，春夏多雨，秋冬降雨较少，最多雨月为5、6月，最少雨月为11、12月。季风性比较明显。新洲区气候在热量方面与典型的中亚热带有一定的变异，但也不属于标准的北亚热带。全区20年平均活动积温为5218℃，比典型的中亚热带低，比标准的北亚热带高，表现出过渡性特点。

二、地形地貌

山地：境内主要有楼寨山地和沙潭河山地，皆西接沙河平原，东北靠麻城，东南连黄冈。总面积68.74千米²，地势北高南低，海拔在100米以上。

丘岗：境内主要有3条丘岗，分别为叶顾岗、长岭岗、仓阳岗，皆自北向南纵贯中部，自东向西与河流相间排列，总面积 721.79 千米²。

平原：境内主要有沿河、滨湖、滨江三大平原，总面积 691.07 千米²。

三、植被

新洲区植被类型以人工栽培为主，野生常绿阔叶树种已残存无几，现有的人工和自然植被情况主要是：

①马尾松针叶林：分布在新洲区东北部花岗片麻岩和石英片岩母质上，主要在坡度 30°以上的山腰及山顶上。

②引进的水杉、意杨、落羽松、池杉等人工林，分布较广。

③残存的落叶和常绿树种有麻栎、女桢、枫杨等

④人工栽培的经济林：茶叶、桑树、柑橘、柿子等。分布于丘陵岗地。

落羽松的存在，说明了新洲区北亚热带地域类型的根本属性；麻栎、女桢的存在，又反映出中亚热带气候生物条件的若干特点。

四、水资源

新洲区水资源十分丰富，主要水源有一江两湖，即紧临新洲区南部的长江，南部地区的涨渡湖和武湖。主要水系有三大水系，自西而东依次为倒水水系、举水水系和沙河水系。三大水系贯穿新洲区南北，直入长江。境内大、中、小型水库48座，塘堰19655口，自流灌溉面积16万余亩，旱涝保收面积52.5万余亩，占耕地面积的72.5％。全区年平均降雨量1162.5毫米，年产水量17.44亿米³，年径流量7.2亿米³，过境年径流量27.9亿米³；湖库静储量3亿米³，年蓄水量4000万米³；地下水静储量4.5亿米³，正常日可采量300万米³。

五、成土母质

1. 第四纪黏土　主要分布在中部岗地，发育成黄土土类，呈酸性反应。土壤板结黏重，在正常情况下不含粗砂，黄土平岗可进一步划分为岗地、塝田、冲田。岗地即平岗顶部，分布着黄土和死黄土；塝田即平岗斜坡土，分布着丐黄土和黄土（有的是水稻土）；冲田位于岗间低地，分布着清泥和马肝泥。

2. 近代河流冲积物　分布在沿江、倒水、举水、沙河等平原。可分为两种类型，即石灰性反应和无石灰性反应，石灰性反应是长江冲积物，无石灰性反应是其他河流冲积物。

3. 红色砂岩　主要分布在中部岗地，发育成黄土土类，呈酸性反应。土壤板结黏重，在正常情况下不含粗砂，黄土平岗可进一步划分为岗地、塝田、冲田。岗地即平岗顶部，分布着黄土和死黄土；塝田即平岗斜坡土，分布着丐黄土和黄土（有的是水稻土）；冲田位于岗间低地，分布着清泥和马肝泥。

4. 紫色砂岩　主要分布在新洲区和平贺桥、松林、石河一带，阳逻金台、旧街、辛冲、潘塘也有零星分布。岩石抗风化能力弱，在土壤形成过程中，处于幼年阶段，土壤养分含磷钾较高。

5. 花岗片麻岩　分布于新洲区东北部,如旧街的黄林、楼寨、利河、柳河等地。土壤呈酸性反应,质地偏轻,区内还有零星分布的基性岩。

6. 石英片岩　分布于新洲区西北部,如方杨、罗院、莲花、凤凰、民主等地。由于含云母长石较多,其风化物较花岗片麻岩的风化物细,其上土壤质地大部为中壤到重壤之间。

第三节　农业生产概况

新洲区是一个具有悠久历史的农业大区。远在夏商以前,我们的祖先就在这块土地上生息劳作,对土壤的发生发展及肥力的变化起到了极大的作用,但是境内经常遭受洪灾,农业生产水平极低。中华人民共和国成立前,平原地区常受洪水淹没,泥沙沉积,水系紊乱。丘陵地区水土流失严重,沟谷纵横,给农业生产造成巨大威胁,也给土壤的形成和发展带来了不良的影响。中华人民共和国成立后,在党和人民政府的领导下,相关部门组织全区人民兴修水利,改革耕作制度,平整土地,发展农业机械,改土养地,对促进农业生产的发展、土壤的形成和改良均起到了有利的作用。1983年以后,改革农村土地制度,土地承包到户,农民种田的积极性空前高涨,各种新技术、新模式、新品种、新肥料等的运用,推动了农业生产加速发展,农业产量和总值屡创新高。

新洲区区委、区政府高度重视"三农"工作,紧紧围绕"农业增效、农民增收"的工作思路,调整优化农业结构,稳定粮油生产,扩大蔬菜和食用菌的种植面积,增加农业投入,积极发展特色农业,大力推广应用农业科学新技术,全区农业经济稳步向前发展。在农业种植业方面,新洲区是一个以粮食、棉花、油料、蔬菜、食用菌为主的农业大区,是湖北省粮棉油菜菌主产区之一。水田以粮食、油料为主,被列为国家主产粮区之一;蔬菜种植规模较大,是武汉市的蔬菜板块基地。双柳的压白菜、雪里蕻,李集的小香葱,徐古的双孢菇在国内国外知名度较高。农业生产主要特点表现在4个方面:一是农村经济快速发展,农民生活水平显著提高;二是农业产业化经营取得新进展;三是广大农民科学种田水平不断提高;四是农产品流通中介服务组织蓬勃发展。

第四节　耕地土壤资源

一、土壤类型

根据第二次全国土壤普查分类原则和命名方法,新洲区土壤共分为黄棕壤、紫色土、潮土和水稻土4个土类,10个亚类,35个土属,222个土种和114个变种。

二、耕地利用与耕作制度

20世纪90年代以前,新洲区耕地的利用主要以种植业为主,种植作物主要为水稻、小麦、棉花、油菜和蔬菜等。水田主要种植模式为油(麦)—中稻(稻—稻),旱地主要种植模式为油(麦)—棉花(花生)及蔬菜。随着工业化、城市化的发展,耕地转向非农业用地。90年代以后,全区开展了城郊型农业建设,农业内部结构由单纯的种植业向农、林、牧、渔转变。一部分耕地转向发展林果业，一部分海拔较低的农田用于开挖精养鱼池，发展水产养殖，少部分用于建养鸡、养猪、养牛场，发展畜牧业。受地形地貌的限制和人为活动的影响，新洲区东北地区土地瘠薄，地形坡度较大，土地资源开发利用程度较低，大部分耕地都退耕还林；西南和中部，土地肥沃，地势平坦，水利设施较齐全，人口密度大，人均耕地面积少，绝大部分后备土地资源已被开垦利用。目前，全区在土地利用上存在的主要问题：一是随着农村城市化和工业的发展，建设用地面积逐年增加，耕地面积不断减少，耕地后备资源严重不足；二是由于农民重用地轻养地，重投入轻产出，重施无机肥轻施有机肥，致使土壤有机质下降，土壤 pH 降低，出现酸化的趋势，耕地质量下降明显；三是由于化肥、农药（特别是除草剂）的使用及工业废弃物的填埋，对土地及地下水产生污染。

三、耕地土壤培肥改良

1984 年以来，新洲区通过兴修水利，改革耕作制度，增施肥料，改土养地，用地培肥等一系列措施，使耕地得到充分利用，地力不断提升。

（一） 增施肥料

20 世纪 50～60 年代主要施用农家肥，化肥和绿肥施用较少，农业生产不发达，地力没有充分发挥出来，农作物产量很低。60 年代后期至 70 年代，由于耕作制度改革，复种指数提高，肥料需要量大大增加，只靠农家肥满足不了要求，绿肥得到较快发展，由蚕豌豆发展到紫云英，70 年代绿肥种植面积增加较大。绿肥的推广，对培肥土壤，提高地力起到了很大作用，增加了土壤有机质和各种营养元素，作物产量也得到提升。80 年代后期，随着复种指数再一次提高，绿肥种植面积逐年下降，化肥的使用量成倍增加。70 年代以前主要使用氮肥，80 年代以后推广使用磷肥，并根据第二次土壤普查结果，推广了氮磷、氮钾等初级配方施肥，90 年代以后，推广了氮、磷、钾优化配方施肥，2006 年以后，通过土壤化验，针对具体作物研制配方，做到有机肥与无机肥配合，氮、磷、钾、微肥相结合，调节土壤的酸碱度，达到肥料的平衡利用，提高了肥料的利用率，从而减少了肥料的浪费和对环境的污染，降低了生产成本，增加了农作物产量，提高了经济效益。

（二） 改土养地

新洲区 20 世纪 70 年代在大搞农田基本建设的同时，还进行了土地平整。全区大平整土地 2 万亩，小平整土地 5 万亩，对作物布局、农田灌溉、机械作业都带来了很大好处。一部分土壤质地黏重的地区，通过掺沙改土，改善了土壤的物理性状，提高了土壤肥力；一部分土壤质地较轻的地区，通过客泥掺沙，改善了土壤的物理性状。1984 年以来，新洲区进行了商品粮基地县建设、中低产田改造、土地整理等一系列建设，进行土地平整，开挖精养鱼池，兴修灌溉沟渠，植造农田林网，修筑乡村公路及配套水利设施等。通过改造，大大提高了农田抗御自然灾害的能力，改善了农田生态环境，使一部分"水袋子""旱包子"低产田，变成了经济效益高、生态效益好的高产稳产农田。

（三） 用地培肥

通过轮作、换茬、间作、套种等手段来用地，改土培肥效果十分突出。如 1972 年以来，新洲区在大力推行秋播小轮作的基础上，逐步实现水旱大轮作，1982 年扩大到 7 万亩，2007 年发展到 10 万亩，这对调节土壤肥力，特别是培肥棉田肥力效果十分明显。另外，通过间作套种豆科作物，大面积推广秸秆机械还田、过腹还田，增加了土壤有机质和氮、磷、钾、微量元素养分含量，培肥了地力。

第五节　耕地质量保护与提升

一、重大项目对耕地质量的影响

新洲区 1957 年和 1980 年分别进行了全国第一、二次土壤普查，摸清了家底，制定和采取了一系列耕地保护措施。如开挖深沟大港建台田、退田还湖、水旱大轮作、退耕还林、改良土壤质地、增施有机肥、种植绿肥、轮作换茬、调整施肥结构、推广配方肥等，使耕地得到有效的保养。

1984 年以来，新洲区进行了商品粮基地县，中、低产田改造，土地整理等一系列建设，极大地改变了农业生产条件，提高了耕地的质量。通过兴修水利，改革耕作制度，增施肥料，改土养地，用地培肥等一系列措施，使耕地得到充分利用，地力不断提高。

近几年来，又通过农机补贴、机械收割使秸秆还田，有机肥补贴增加有机肥施用量，建设退耕还林高产稳产口粮田，通过轻简栽培达到用地养地相结合，通过测土配方施肥技术的应用，在保养土地的基础上发挥了土地的最大潜能。以上各项措施对新洲区耕地地力的提升起到了良好的作用。

二、法律法规对耕地质量的影响

1994 年，国家颁布了《基本农田保护条例》，该条例的实施有效地遏制了耕地面积锐减的趋势，保证了基本农田面积，保护了高产良田，使新洲区耕地地力整体上不受影响。

1999 年，农村土地的二轮延包政策通过调处土地纠纷、规范土地流转、稳定土地承包关系等措施，依法保障了承包方的各项权利，巩固了农村的大好形势，维护了农村社会的稳定，对耕地地力保护和农民自觉培肥土地起到了非常好的效果。

2002 年农村税费改革，大幅度减轻了农民的负担，尤其是 2004 年中央和省出台了"一降三补"等一系列扶农政策，农民种田效益显著提高，农村由以前的"荒田"变成了"田荒"，农民争田抢地，对进一步巩固耕地地力起到了较好的作用。

第二章　评价方法与步骤

第一节　资料收集与准备

一、软硬件准备

1. 硬件准备　主要包括计算机、大幅面扫描仪、大幅面打印机等。计算机主要用于数据和图件的处理分析，大幅面扫描仪用于土壤图等纸质图件的输入，大幅面打印机用于成果图的输出。

2. 软件准备　一是 Windows 操作系统、Excel 表格数据处理等软件，二是 ArcGIS 等 GIS 软件，三是县域耕地资源管理信息系统。

二、资料收集整理

根据评价的目的、任务、范围、方法，收集准备与评价有关的各类自然及社会经济资料，对资料进行分析处理。

1. 野外调查资料　主要包括地貌类型、地形部位、成土母质、有效土层厚度、耕层厚度、耕层质地、灌溉能力、排水能力、障碍因素、常年耕作制度等。

2. 采样点化验分析资料　包括全氮、有效磷、速效钾、缓效钾等大量养分含量，有效锌、有效硼等微量养分含量，以及土壤 pH、有机质含量等。

3. 社会经济统计资料　第二次土壤普查资料以及化验分析资料、土地资源详查资料、测土配方施肥耕地地力评价资料、近年社会经济统计资料、土地利用总体规划及专题规划、有关耕地利用的科研、专题调查研究等文献资料。

4. 基础及专题图件资料　与耕地质量评价相关的各类专题图件，主要包括新洲区 1∶5 万地形图、行政区划图、土地利用现状图、地貌类型图、土壤图、土壤表层质地图、土体构型图、各类养分图、污染分布图等。

三、评价单元的确定

评价单元是由对耕地质量具有关键影响的各土地要素组成的空间实体，是土地评价的最基本单位、对象和基础图斑。同一评价单元内的土地自然基本条件、土地个体属性和经济属性基本一致，不同土地评价单元之间，既有差异性，又有可比性。耕地质量评价就是要通过对每个评价单元的评价，确定其质量等级，把评价结果落实到评价单元上。评价单元划分的合理与否，直接关系到评价的结果以及工作量的大小。

按照《省耕肥总站关于启用"全国耕地质量等级评价指标体系"开展相关工作的通知》（鄂耕肥〔2019〕19 号）要求，本次新洲区耕地质量等级评价评价单元的划分，采用土壤图、土地利用现状图的叠加划分法，即"土地利用现状类型—土壤类型"的格式。其中，土壤类型划分到土属，土地利用现状类型划分到二级利用类型，制图边界以新洲区2017 年度更新土地利用现状图为准。同一评价单元内的土壤类型相同，利用方式相同，交通、水利等基本一致，用这种方法划分评价单元，既可以反映单元之间的空间差异性，既使土地利用类型有了土壤基本性质的均一性，又使土壤类型有了确定的地域边界线，使评价结果更具综合性、客观性，可以较容易地将评价结果落实到实地。

四、采样调查与分析

1. 布点原则　有广泛的代表性和典型性，兼顾均匀性；尽可能在第二次土壤普查的取样点上布点；采样点具有所在评价单元所表现特征最明显、最稳定、最典型的性质，要避免各种非调查因素的影响。

2. 布点方法　根据农业部和省农业厅要求的 5000～10000 亩 1 个土样的采样点密度，以及覆盖到亚类、兼顾水田和旱地等利用类型、考虑各级耕地质量长期监测点的布点原则，结合当地实际，确定采样点总数量。在各评价单元中，根据图斑大小、种植制度、作物种类、产量水平确定布点数量和点位，并在图上标注采样编号。采样点数和点位确定后，根据土种、种植制度、产量水平等因素，统计各因素点位数。当某一因素点位数过少或过多时进行调整，同时考虑点位的均匀性。按上述方法和要求，全区确定采样点 100 个。

3. 采样与野外调查　根据室内预定采样点的位置，按行政区划图的区位，通过 GPS 导航，进行实地选择取土地块。如果图上标明的位置在当地不具典型性时，则在实地另选有典型性的地块，并在图上标明准确位置，利用 GPS 定位仪确定经纬度。

取样点确定后，在所确定的田块进行采样。同时，与采样点户主和当地技术人员交谈，填写调查内容。如野外部分内容把握不准，当天回室内查阅资料，予以完善。

4. 样品分析　按照相关标准和规程，对样品进行各项化验分析。

五、数据审核和处理

1. 数据审核　获取的调查表数据是后阶段耕地质量等级评价的关键数据，数据的质量关系到后期评价工作的开展。正式评价前，必须对调查表的数据进行审核处理。审核主要分为数据完整性审核、数据规范性审核，以及数据逻辑性审核。其要求如下：

（1）完整性　全表应有 47 列以上数据（EXCEL 表格 AU 列）；表格各行数据应该完整，没有空白。

（2）规范性　填写应符合规范要求（字段类型、枚举内容等）；数值在正常范围内（如 $3 < pH < 9.5$）。

（3）逻辑性　注意部分指标间的相关关系和逻辑性。

2. 评价数据处理的处理

（1）评价数据的提取　评价数据的提取是根据数据源的形式采用相应的提取方法，一

是采用叠加分析模型，通过评价单元图与各评价因素图的叠加分析，从各专题图上提取评价数据；二是通过复合模型将采样调查点与评价单元图复合，从各调查点相应的调查、分析数据中提取各评价单元信息。

（2）指标体系的量化处理　系统获取的评价资料可以分为定量和定性资料两大部分，为了采用定量化的评价方法和自动化的评价手段，减少人为因素的影响，需要对其中的定性因素进行定量化处理，根据因素的级别状况赋予其相应的分值或数值。此外，对于各类养分等按调查点获取的数据，则需要进行插值处理。

A. 定性因素的量化处理。根据各因素对耕地质量的影响程度，采用特尔斐法直接打分获得隶属度。

B. 定量化指标的隶属函数。定量指标内的分级则采用数学方法拟合其隶属函数，利用隶属函数计算获得隶属度。

第二节　评价指标体系建立

一、评价指标的选取依据

（1）《耕地质量等级》（GB/T 33469—2016）国家标准

（2）《农业农村部耕地质量监测保护中心关于印发〈全国耕地质量等级评价指标体系〉的通知》（耕地评价函〔2019〕87号）

（3）《省耕肥总站关于启用"全国耕地质量等级评价指标体系"开展相关工作的通知》（鄂耕肥〔2019〕19号）

二、评价指标的选取方法

根据《耕地质量等级》国家标准确定新洲区所属农业区域，根据所属农业区域，对照《全国耕地质量等级评价指标体系》，确定新洲区耕地质量等级评价指标、指标权重及隶属函数。

三、评价指标、指标权重及隶属函数

（一）评价指标

新洲区属长江中下游一级农业区中的长江中游平原农业水产区二级农业分区，根据分区和标准确定评价指标15个。15个指标分别是：排水能力、灌溉能力、地形部位、有机质、耕层质地、土壤容重、质地构型、障碍因素、pH、有效磷、速效钾、有效土层厚、生物多样性、农田林网化和清洁程度。

（二）指标权重及隶属函数

1. 指标权重　参见表 5-2-1。

表 5-2-1　指标权重

指标名称	指标权重
排水能力	0.1319

（续）

指标名称	指标权重
灌溉能力	0.1090
地形部位	0.1078
有机质	0.0924
耕层质地	0.0721
土壤容重	0.0572
质地构型	0.0569
障碍因素	0.0559
pH	0.0555
有效磷	0.0554
速效钾	0.0549
有效土层厚	0.0478
生物多样性	0.0387
农田林网化	0.0353
清洁程度	0.0291

2. 指标隶属函数

（1）概念型指标隶属函数　参见表 5-2-2。

表 5-2-2　概念型指标隶属函数

地形部位	山间盆地	宽谷盆地	平原低阶	平原中阶	平原高阶	丘陵上部	丘陵中部	丘陵下部	山地坡上	山地坡中	山地坡下
隶属度	0.8	0.95	1	0.95	0.9	0.7	0.8	0.3	0.16	0.45	0.68
耕层质地	砂土	砂壤	轻壤	中壤	重壤	黏土					
隶属度	0.6	0.85	0.09	1	0.95	0.7					
质地构型	薄层型	松散型	紧实型	夹层型	上紧下松型	上松下紧型	海绵型				
隶属度	0.55	0.3	0.75	0.85	0.4	1	0.95				
生物多样性	丰富	一般	不丰富								
隶属度	1	0.8	0.6								
清洁程度	清洁	尚清洁									
隶属度	1	0.8									
障碍因素	盐碱	瘠薄	酸化	渍潜	障碍层次	无					
隶属度	0.6	0.65	0.7	0.55	0.6	1					
灌溉能力	充分满足	满足	基本满足	不满足							
隶属度	1	0.8	0.6	0.3							
排水能力	充分满足	满足	基本满足	不满足							
隶属度	1	0.8	0.6	0.3							

（续）

地形部位	山间盆地	宽谷盆地	平原低阶	平原中阶	平原高阶	丘陵上部	丘陵中部	丘陵下部	山地坡上	山地坡中	山地坡下
农田林网化	高	中	低								
隶属度	1	0.85	0.7								

（2）数值型指标隶属函数　参见表 5-2-3。

表 5-2-3　数值型指标隶属函数

指标名称	函数类型	函数公式	a 值	c 值	u 的下限值	u 的上限值
pH	峰型	$y=1/[1+a(u-c)^2]$	0.22129	6.811204	3	10
有机质	戒上型	$y=1/[1+a(u-c)^2]$	0.001842	33.656446	0	33.7
有效磷	戒上型	$y=1/[1+a(u-c)^2]$	0.002025	33.346824	0	33.3
速效钾	戒上型	$y=1/[1+a(u-c)^2]$	0.000081	181.622535	0	182
有效图层厚	戒上型	$y=1/[1+a(u-c)^2]$	0.000205	99.092342	0	99
土壤容量	峰型	$y=1/[1+a(u-c)^2]$	2.236726	1.211674	0.5	3.21

注：y 为隶属度；a 为系数；u 为实测值；c 为标准指标。当函数类型为戒上型，u 小于等于下限值时，y 为 0；u 大于等于上限值时，y 为 1；当函数类型为峰型，u 小于等于下限值或 u 大于等于上限值时，y 为 0。

第三节　数据库的建立

一、空间数据库的建立

1. 基础图件入库　对于土壤图、排灌图等纸质的基础图件，采用大幅面扫描仪扫描成电子版，配准后利用 arcmap 进行矢量化。矢量化前对图件进行精确性、完整性、现势性的分析，在此基础上对图件的有关内容进行分层处理，根据要求选取入库要素。相应的属性数据采用键盘录入。对于土地利用现状图，可直接入库。采样点位图的生成，可基于审核后的采样调查表，加载到 arcmap 中，利用相应方法生成。

2. 坐标变换　GIS 空间分析功能的实现，要求数据库中的地理信息以相同的坐标为基础。原始的各种图件坐标系统不一致，如经扫描产生的坐标是一个随机的平面坐标系，不能满足空间分析操作的要求，应转换为统一的大地 2000 坐标。

3. 空间数据质量检查　数字化的几何图形可能存在各种错误，可利用 ARCMAP 提供的点、线、面编辑修改工具，对图件进行各种编辑修改，利用拓扑检查工具，检查修改图件的各种拓扑错误。

二、属性数据库的建立

对各种基础属性数据内容进行分类，键盘录入各类数据，采用 ACCESS 等软件进行统一管理。

三、空间数据和属性数据的连接

空间数据和属性数据之间用唯一标识码来标识和连接。

第四节　耕地质量等级评价

耕地质量等级评价是从农业生产角度出发，通过综合指数法对耕地地力、土壤健康状况和田间基础设施构成的满足农产品持续产出和质量安全的能力进行评价。

一、评价依据

（1）《耕地质量等级》（GB/T 33469—2016）国家标准

（2）《农业农村部耕地质量监测保护中心关于印发〈全国耕地质量等级评价指标体系〉的通知》（耕地评价函〔2019〕87 号）

（3）《省耕肥总站关于启用"全国耕地质量等级评价指标体系"开展相关工作的通知》（鄂耕肥〔2019〕19 号）

二、评价原理

根据《耕地质量等级》国标确定评价区域所属农业区域，根据所属农业区域确定耕地质量评价指标，根据《全国耕地质量等级评价指标体系》确定各指标权重、各指标隶属度以及等级划分指数，生成评价单元，对评价单元进行赋值，采用县域耕地资源管理信息系统进行耕地质量等级评价，计算耕地质量综合指数，根据等级划分标准，确定耕地质量等级（表 5-2-4）。

表 5-2-4　耕地质量综合指数

耕地质量等级	综合指数范围
一等	≥0.917
二等	0.8924～0.9170
三等	0.8678～0.8924
四等	0.8431～0.8678
五等	0.8185～0.8431
六等	0.7939～0.8185
七等	0.7693～0.7939
八等	0.7446～0.7693
九等	0.7200～0.7446
十等	<0.7200

三、评价流程

整个评价可分为 3 个方面的主要内容，按先后的次序分别为：

1. 资料工具准备及数据库建立　即根据评价的目的、任务、范围、方法，收集准备与评价有关的各类自然及社会经济资料，进行资料的分析处理。选择适宜的硬件平台和

GIS 等软件，建立耕地质量评价基础数据库。

2. 耕地质量评价　　划分评价单元，提取影响质量的关键因素并确定权重，选择相应评价方法，按照评价标准，确定耕地质量等级。

3. 评价结果分析　　依据评价结果，量算各等级耕地面积，编制耕地质量等级分布图。分析耕地质量问题，提出耕地资源可持续利用的措施建议（图 5-2-1）。

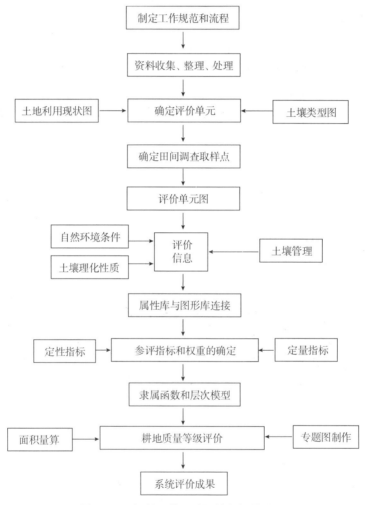

图 5-2-1　新洲区耕地质量等级评价流程

第五节　耕地土壤养分专题图的编制

将审核处理过后的采样点调查表加载到 arcmap 中，生成采样点位图；统一坐标系后，将土壤有机质、氮、磷、钾等养分数据进行插值，通过区域统计和属性连接，将养分值赋给对应评价单元；添加新洲区行政区划图、道路、水系、乡镇名等图层，根据评价单元各养分属性值制作专题图，经图件清绘整饰等步骤后导出。

第三章 耕地综合生产能力分析

本次耕地质量等级调查，根据相关标准，选取 15 个对耕地地力影响比较大、区域内变异明显、在时间序列上具有相对稳定性、与农业生产有密切关系的因素，建立评价指标体系。以 1：5 万耕地土壤图、土地利用现状图两种图件叠加形成的图斑为评价单元。利用县域耕地资源管理信息系统对新洲区耕地进行评价，全区耕地共分为 9 个等级。

第一节 耕地质量等级与空间分布

一、耕地面积统计

根据省耕地肥料总站要求，本次耕地面积统一以 2017 年度国土变更调查面积为准。新洲区耕地总面积为 61404.00 公顷，其中，旱地 2096.50 公顷，占耕地总面积的 3.41%；水浇地 33179.76 公顷，占耕地总面积的 54.04%；水田 26127.74 公顷，占耕地总面积额的 42.55%（表 5-3-1）。

表 5-3-1 新洲区耕地总面积

耕地类型	面积（公顷）	比例（%）
旱地	2096.50	3.41
水浇地	33179.76	54.04
水田	26127.74	42.55
总计	61404.00	100.00

二、耕地质量等级面积统计

按评价单元软件计算面积与新洲区 2017 年度国土变更调查耕地总面积的比例进行平差，计算各耕地质量等级面积。

新洲区耕地总面积为 61404.00 公顷。其中，一等地 202.50 公顷，占耕地总面积的 0.33%；二等地 4157.16 公顷，占耕地总面积的 6.77%；三等地 15225.35 公顷，占耕地总面积的 24.80%；四等地 19781.60 公顷，占耕地总面积的 32.22%；五等地 13832.01 公顷，占耕地总面积的 22.53%；六等地 6498.53 公顷，占耕地总面积的 10.58%；七等地 1283.79 公顷，占耕地总面积的 2.09%；八等地 313.96 公顷，占耕地总面积的

0.51%；九等地 109.09 公顷，占耕地总面积 0.18%（表 5-3-2）。

表 5-3-2　新洲区耕地质量等级分类统计

等级	旱地		水浇地		水田		面积（公顷）	比例（%）
	面积（公顷）	比例（%）	面积（公顷）	比例（%）	面积（公顷）	比例（%）		
一等	0.20	0.01	100.90	0.30	101.41	0.39	202.50	0.33
二等	33.05	1.58	2330.76	7.02	1793.35	6.86	4157.16	6.77
三等	324.25	15.47	8163.28	24.60	6737.82	25.79	15225.35	24.80
四等	721.03	34.39	9553.80	28.79	9506.76	36.39	19781.60	32.22
五等	535.21	25.53	7735.97	23.32	5560.83	21.28	13832.01	22.53
六等	453.90	21.65	3904.56	11.77	2140.07	8.19	6498.53	10.58
七等	27.75	1.32	995.65	3.00	260.40	1.00	1283.79	2.09
八等	1.11	0.05	290.97	0.88	21.88	0.08	313.96	0.51
九等	0.00	0.00	103.87	0.31	5.22	0.02	109.09	0.18
总计	2096.50	100.00	33179.76	100.00	26127.74	100.00	61404.00	100.00

　　旱地总面积为 2096.50 公顷。其中，一等旱地 0.2 公顷，占旱地总面积的 0.01%；二等旱地 33.05 公顷，占旱地总面积的 1.58%；三等旱地 324.25 公顷，占旱地总面积的 15.47%；四等旱地 721.03 公顷，占旱地总面积的 34.39%；五等旱地 535.21 公顷，占旱地总面积的 25.53%；六等旱地 453.90 公顷，占旱地总面积的 21.65%；七等旱地 27.75 公顷，占旱地总面积的 1.32%；八等旱地 1.11 公顷，占旱地总面积的 0.05%；没有九等旱地。

　　水浇地总面积为 33179.76 公顷。其中，一等水浇地 100.90 公顷，占水浇地总面积的 0.30%；二等水浇地 2330.76 公顷，占水浇地总面积的 7.02%；三等水浇地 8163.28 公顷，占水浇地总面积的 24.60%；四等水浇地 9553.80 公顷，占水浇地总面积的 28.79%；五等水浇地 7735.97 公顷，占水浇地总面积的 23.32%；六等水浇地 3904.56 公顷，占水浇地总面积的 11.77%；七等水浇地 995.65 公顷，占水浇地总面积的 3.00%；八等水浇地 290.97 公顷，占水浇地总面积的 0.88%；九等水浇地 103.87 公顷，占水浇地总面积的 0.31%。

　　水田总面积为 26127.74 公顷。其中，一等地水田 101.41 公顷，占水田总面积的 0.39%；二等地水田 1793.35 公顷，占水田总面积的 6.86%；三等地水田 6737.82 公顷，占水田总面积的 25.79%；四等地水田 9506.76 公顷，占水田总面积的 36.39%；五等地水田 5560.83 公顷，占水田总面积的 21.28%；六等地水田 2140.07 公顷，占水田总面积的 8.19%；七等地水田 260.40 公顷，占水田总面积的 1.00%；八等地水田 21.88 公顷，占水田总面积的 0.08%；九等地水田 5.22 公顷，占水田总面积的 0.02%。

三、耕地质量等级空间分布

　　将耕地质量等级分布图与新洲区行政区划图进行叠加分析，统计各级耕地在各乡镇的分布状况，可以看出：新洲区一等地主要分布在凤凰镇、仓埠街、李集街和汪集街；二等地主要分布在三店街、汪集街、辛冲镇、凤凰镇和仓埠街；三等地主要分布在汪集街、三店街、仓埠街、旧街街、邾城街、辛冲镇和潘塘街；四等地主要分布在三店街、仓埠街、潘塘街、徐古街和邾城街；五等地主要分布在仓埠街、三店街、李集街、旧街街、阳逻街和邾城街；六等地主要分布在阳逻街、三店街和仓埠街；七等地主要分布在辛冲镇、李集街、邾城街和阳逻街；八等地主要分布在邾城街、李集街和旧街街；九等地主要分布在李集街和邾城街（表5-3-3）。

表 5-3-3　各级耕地分布状况

乡名称	一等地						面积（公顷）	比例（%）
	旱地		水浇地		水田			
	面积（公顷）	比例（%）	面积（公顷）	比例（%）	面积（公顷）	比例（%）		
仓埠街	0.04	21.24	24.81	24.59	33.28	32.82	58.13	28.71
道观河风景管理区	0.00	0.00	0.00	0.00	0.00	0.00	0.00	0.00
凤凰镇	0.16	78.76	58.62	58.10	54.69	53.93	113.46	56.03
旧街街	0.00	0.00	0.00	0.00	0.00	0.00	0.00	0.00
李集街	0.00	0.00	13.06	12.94	5.70	5.63	18.76	9.27
龙王咀农场	0.00	0.00	0.00	0.00	0.00	0.00	0.00	0.00
潘塘街	0.00	0.00	0.00	0.00	0.00	0.00	0.00	0.00
区林场	0.00	0.00	0.00	0.00	0.00	0.00	0.00	0.00
三店街	0.00	0.00	2.83	2.81	1.11	1.10	3.95	1.95
双柳街	0.00	0.00	0.79	0.78	0.87	0.86	1.66	0.82
汪集街	0.00	0.00	0.79	0.78	5.76	5.68	6.54	3.23
辛冲镇	0.00	0.00	0.00	0.00	0.00	0.00	0.00	0.00
徐古镇	0.00	0.00	0.00	0.00	0.00	0.00	0.00	0.00
阳逻街	0.00	0.00	0.00	0.00	0.00	0.00	0.00	0.00
涨渡湖农场	0.00	0.00	0.00	0.00	0.00	0.00	0.00	0.00
邾城街	0.00	0.00	0.00	0.00	0.00	0.00	0.00	0.00
总计	0.20	100.00	100.90	100.00	101.41	100.00	202.50	100.00
乡名称	二等地						面积（公顷）	比例（%）
	旱地		水浇地		水田			
	面积（公顷）	比例（%）	面积（公顷）	比例（%）	面积（公顷）	比例（%）		
仓埠街	26.64	80.62	286.74	12.30	236.44	13.18	549.82	13.23
道观河风景管理区	0.00	0.00	0.00	0.00	0.00	0.00	0.00	0.00
凤凰镇	1.20	3.62	515.08	22.10	352.66	19.66	868.93	20.90
旧街街	0.00	0.00	3.09	0.13	1.66	0.09	4.75	0.11
李集街	0.00	0.00	89.46	3.84	50.30	2.80	139.75	3.36

（续）

乡名称	二等地							
	旱地		水浇地		水田		面积	比例
	面积（公顷）	比例（%）	面积（公顷）	比例（%）	面积（公顷）	比例（%）	（公顷）	（%）
龙王咀农场	0.00	0.00	108.63	4.66	8.86	0.49	117.49	2.83
潘塘街	0.00	0.00	19.71	0.85	15.73	0.88	35.44	0.85
区林场	0.00	0.00	42.86	1.84	20.51	1.14	63.36	1.52
三店街	0.00	0.00	302.01	12.96	352.83	19.67	654.84	15.75
双柳街	0.00	0.00	153.98	6.61	82.60	4.61	236.58	5.69
汪集街	0.00	0.00	365.29	15.67	282.40	15.75	647.69	15.58
辛冲镇	4.88	14.77	216.62	9.29	279.76	15.60	501.26	12.06
徐古镇	0.00	0.00	0.00	0.00	0.00	0.00	0.00	0.00
阳逻街	0.00	0.00	1.51	0.06	4.47	0.25	5.98	0.14
涨渡湖农场	0.00	0.00	72.66	3.12	1.68	0.09	74.34	1.79
邾城街	0.33	0.99	153.14	6.57	103.47	5.77	256.93	6.18
总计	33.05	100.00	2330.76	100.00	1793.35	100.00	4157.16	100.00

乡名称	三等地							
	旱地		水浇地		水田		面积	比例
	面积（公顷）	比例（%）	面积（公顷）	比例（%）	面积（公顷）	比例（%）	（公顷）	（%）
仓埠街	24.22	7.47	655.71	8.03	703.25	10.44	1383.18	9.08
道观河风景管理区	0.00	0.00	4.81	0.06	7.42	0.11	12.23	0.08
凤凰镇	4.14	1.28	387.03	4.74	358.64	5.32	749.81	4.92
旧街街	160.62	49.54	503.33	6.17	639.82	9.50	1303.77	8.56
李集街	0.19	0.06	373.77	4.58	238.43	3.54	612.39	4.02
龙王咀农场	0.00	0.00	54.45	0.67	2.42	0.04	56.87	0.37
潘塘街	54.83	16.91	401.96	4.92	475.29	7.05	932.08	6.12
区林场	0.00	0.00	30.41	0.37	14.45	0.21	44.86	0.29
三店街	18.22	5.62	760.34	9.31	958.49	14.23	1737.04	11.41
双柳街	0.56	0.17	925.95	11.34	589.98	8.76	1516.49	9.96
汪集街	5.68	1.75	1263.74	15.48	1216.50	18.05	2485.92	16.33
辛冲镇	23.97	7.39	562.02	6.88	576.65	8.56	1162.64	7.64
徐古镇	8.05	2.48	347.27	4.25	224.03	3.32	579.35	3.81
阳逻街	0.00	0.00	147.01	1.80	89.64	1.33	236.65	1.55
涨渡湖农场	0.43	0.13	1223.86	14.99	79.29	1.18	1303.58	8.56
邾城街	23.34	7.20	521.60	6.39	563.54	8.36	1108.48	7.28
总计	324.25	100.00	8163.28	100.00	6737.82	100.00	15225.35	100.00

（续）

乡名称	四等地							
	旱地		水浇地		水田		面积（公顷）	比例（%）
	面积（公顷）	比例（%）	面积（公顷）	比例（%）	面积（公顷）	比例（%）		
仓埠街	18.43	2.56	1475.08	15.44	1426.57	15.01	2920.08	14.76
道观河风景管理区	0.00	0.00	12.01	0.13	9.78	0.10	21.79	0.11
凤凰镇	26.43	3.67	335.17	3.51	191.82	2.02	553.42	2.80
旧街街	270.34	37.49	681.18	7.13	996.07	10.48	1947.58	9.85
李集街	0.37	0.05	1036.07	10.84	630.46	6.63	1666.90	8.43
龙王咀农场	0.00	0.00	2.68	0.03	0.00	0.00	2.68	0.01
潘塘街	165.79	22.99	927.92	9.71	1177.48	12.39	2271.20	11.48
区林场	0.00	0.00	25.22	0.26	0.43	0.00	25.65	0.13
三店街	82.73	11.47	890.60	9.32	1466.15	15.42	2439.48	12.33
双柳街	0.00	0.00	435.32	4.56	185.59	1.95	620.91	3.14
汪集街	0.11	0.02	776.95	8.13	824.19	8.67	1601.25	8.09
辛冲镇	39.28	5.45	634.79	6.64	299.97	3.16	974.04	4.92
徐古镇	60.21	8.35	1045.25	10.94	1015.48	10.68	2120.95	10.72
阳逻街	0.00	0.00	340.45	3.56	348.00	3.66	688.45	3.48
涨渡湖农场	0.00	0.00	265.04	2.77	6.02	0.06	271.06	1.37
邾城街	57.34	7.95	670.07	7.01	928.76	9.77	1656.17	8.37
总计	721.03	100.00	9553.80	100.00	9506.76	100.00	19781.60	100.00

乡名称	五等地							
	旱地		水浇地		水田		面积（公顷）	比例（%）
	面积（公顷）	比例（%）	面积（公顷）	比例（%）	面积（公顷）	比例（%）		
仓埠街	1.22	0.23	1445.79	18.69	1059.35	19.05	2506.36	18.12
道观河风景管理区	5.06	0.95	23.57	0.30	21.89	0.39	50.52	0.37
凤凰镇	82.67	15.45	360.05	4.65	233.22	4.19	675.94	4.89
旧街街	164.56	30.75	596.77	7.71	613.38	11.03	1374.71	9.94
李集街	0.17	0.03	1041.75	13.47	640.34	11.52	1682.26	12.16
龙王咀农场	0.00	0.00	14.63	0.19	12.22	0.22	26.85	0.19
潘塘街	66.72	12.47	350.68	4.53	364.51	6.55	781.91	5.65
区林场	0.00	0.00	0.00	0.00	0.00	0.00	0.00	0.00
三店街	84.50	15.79	699.10	9.04	652.17	11.73	1435.77	10.38
双柳街	0.00	0.00	509.41	6.58	17.42	0.31	526.83	3.81
汪集街	0.13	0.02	280.92	3.63	249.43	4.49	530.47	3.84

（续）

乡名称	五等地							
	旱地		水浇地		水田		面积 （公顷）	比例 （%）
	面积（公顷）	比例（%）	面积（公顷）	比例（%）	面积（公顷）	比例（%）		
辛冲镇	29.80	5.57	425.16	5.50	215.26	3.87	670.22	4.85
徐古镇	7.38	1.38	419.32	5.42	262.04	4.71	688.73	4.98
阳逻街	61.45	11.48	931.08	12.04	696.87	12.53	1689.39	12.21
涨渡湖农场	0.00	0.00	38.71	0.50	6.95	0.12	45.66	0.33
郑城街	31.56	5.90	599.04	7.74	515.79	9.28	1146.39	8.29
总计	535.21	100.00	7735.97	100.00	5560.83	100.00	13832.01	100.00

乡名称	六等地							
	旱地		水浇地		水田		面积 （公顷）	比例 （%）
	面积（公顷）	比例（%）	面积（公顷）	比例（%）	面积（公顷）	比例（%）		
仓埠街	2.68	0.59	424.33	10.87	275.79	12.89	702.81	10.81
道观河风景管理区	13.83	3.05	112.92	2.89	51.01	2.38	177.76	2.74
凤凰镇	1.58	0.35	33.63	0.86	21.56	1.01	56.77	0.87
旧街街	62.28	13.72	360.52	9.23	213.64	9.98	636.44	9.79
李集街	0.34	0.07	286.71	7.34	112.23	5.24	399.28	6.14
龙王咀农场	0.00	0.00	20.47	0.52	1.98	0.09	22.46	0.35
潘塘街	0.00	0.00	5.05	0.13	1.69	0.08	6.73	0.10
区林场	0.00	0.00	0.00	0.00	0.00	0.00	0.00	0.00
三店街	18.09	3.99	447.88	11.47	352.65	16.48	818.61	12.60
双柳街	0.00	0.00	849.86	21.77	14.55	0.68	864.42	13.30
汪集街	0.00	0.00	86.96	2.23	129.56	6.05	216.52	3.33
辛冲镇	35.72	7.87	102.12	2.62	43.45	2.03	181.29	2.79
徐古镇	33.04	7.28	448.71	11.49	117.22	5.48	598.98	9.22
阳逻街	285.76	62.96	489.35	12.53	713.82	33.35	1488.93	22.91
涨渡湖农场	0.00	0.00	0.00	0.00	0.00	0.00	0.00	0.00
郑城街	0.57	0.13	236.04	6.05	90.93	4.25	327.53	5.04
总计	453.90	100.00	3904.56	100.00	2140.07	100.00	6498.53	100.00

乡名称	七等地							
	旱地		水浇地		水田		面积 （公顷）	比例 （%）
	面积（公顷）	比例（%）	面积（公顷）	比例（%）	面积（公顷）	比例（%）		
仓埠街	0.00	0.00	13.37	1.34	2.59	0.99	15.95	1.24
道观河风景管理区	1.87	6.74	23.33	2.34	0.00	0.00	25.20	1.96
凤凰镇	0.00	0.00	0.00	0.00	0.00	0.00	0.00	0.00

（续）

乡名称	七等地							
	旱地		水浇地		水田		面积（公顷）	比例（%）
	面积（公顷）	比例（%）	面积（公顷）	比例（%）	面积（公顷）	比例（%）		
旧街街	0.35	1.28	53.17	5.34	24.63	9.46	78.16	6.09
李集街	0.00	0.00	107.93	10.84	43.93	16.87	151.86	11.83
龙王咀农场	0.00	0.00	0.00	0.00	0.00	0.00	0.00	0.00
潘塘街	0.00	0.00	0.00	0.00	0.00	0.00	0.00	0.00
区林场	0.00	0.00	0.00	0.00	0.00	0.00	0.00	0.00
三店街	0.92	3.32	14.72	1.48	13.57	5.21	29.21	2.28
双柳街	0.00	0.00	0.12	0.01	0.16	0.06	0.29	0.02
汪集街	0.00	0.00	2.42	0.24	0.00	0.00	2.42	0.19
辛冲镇	8.27	29.80	294.57	29.59	94.56	36.31	397.40	30.95
徐古镇	1.11	3.99	51.17	5.14	8.95	3.44	61.22	4.77
阳逻街	11.30	40.72	6.42	0.64	30.10	11.56	47.82	3.73
涨渡湖农场	0.00	0.00	0.00	0.00	0.00	0.00	0.00	0.00
邾城街	3.93	14.15	428.43	43.03	41.91	16.09	474.27	36.94
总计	27.75	100.00	995.65	100.00	260.40	100.00	1283.79	100.00

乡名称	八等地							
	旱地		水浇地		水田		面积（公顷）	比例（%）
	面积（公顷）	比例（%）	面积（公顷）	比例（%）	面积（公顷）	比例（%）		
仓埠街	0.00	0.00	0.00	0.00	0.00	0.00	0.00	0.00
道观河风景管理区	0.00	0.00	0.00	0.00	0.00	0.00	0.00	0.00
凤凰镇	0.00	0.00	0.00	0.00	0.00	0.00	0.00	0.00
旧街街	0.00	0.00	0.00	0.00	4.68	21.38	4.68	1.49
李集街	0.00	0.00	31.89	10.96	5.09	23.26	36.98	11.78
龙王咀农场	0.00	0.00	0.00	0.00	0.00	0.00	0.00	0.00
潘塘街	0.00	0.00	0.00	0.00	0.00	0.00	0.00	0.00
区林场	0.00	0.00	0.00	0.00	0.00	0.00	0.00	0.00
三店街	0.00	0.00	0.00	0.00	0.00	0.00	0.00	0.00
双柳街	0.00	0.00	0.00	0.00	0.00	0.00	0.00	0.00
汪集街	0.00	0.00	0.00	0.00	0.00	0.00	0.00	0.00
辛冲镇	0.00	0.00	25.73	8.84	1.42	6.49	27.14	8.65
徐古镇	0.68	61.27	3.63	1.25	0.00	0.00	4.31	1.37
阳逻街	0.00	0.00	0.00	0.00	0.00	0.00	0.00	0.00

（续）

乡名称	八等地						面积（公顷）	比例（%）
	旱地		水浇地		水田			
	面积（公顷）	比例（%）	面积（公顷）	比例（%）	面积（公顷）	比例（%）		
涨渡湖农场	0.00	0.00	0.00	0.00	0.00	0.00	0.00	0.00
邾城街	0.43	38.73	229.72	78.95	10.69	48.87	240.85	76.71
总计	1.11	100.00	290.97	100.00	21.88	100.00	313.96	100.00

乡名称	九等地						面积（公顷）	比例（%）
	旱地		水浇地		水田			
	面积（公顷）	比例（%）	面积（公顷）	比例（%）	面积（公顷）	比例（%）		
仓埠街	0.00	0.00	0.00	0.00	0.00	0.00	0.00	0.00
道观河风景管理区	0.00	0.00	0.00	0.00	0.00	0.00	0.00	0.00
凤凰镇	0.00	0.00	0.00	0.00	0.00	0.00	0.00	0.00
旧街街	0.00	0.00	0.00	0.00	0.00	0.00	0.00	0.00
李集街	0.00	0.00	0.00	0.00	3.00	57.40	3.00	2.75
龙王咀农场	0.00	0.00	0.00	0.00	0.00	0.00	0.00	0.00
潘塘街	0.00	0.00	0.00	0.00	0.00	0.00	0.00	0.00
区林场	0.00	0.00	0.00	0.00	0.00	0.00	0.00	0.00
三店街	0.00	0.00	0.00	0.00	0.00	0.00	0.00	0.00
双柳街	0.00	0.00	0.00	0.00	0.00	0.00	0.00	0.00
汪集街	0.00	0.00	0.00	0.00	0.00	0.00	0.00	0.00
辛冲镇	0.00	0.00	11.46	11.03	0.00	0.00	11.46	10.50
徐古镇	0.00	0.00	0.00	0.00	0.00	0.00	0.00	0.00
阳逻街	0.00	0.00	0.00	0.00	0.00	0.00	0.00	0.00
涨渡湖农场	0.00	0.00	0.00	0.00	0.00	0.00	0.00	0.00
邾城街	0.00	0.00	92.42	88.97	2.22	42.60	94.64	86.75
总计	0.00	0.00	103.87	100.00	5.22	100.00	109.09	100.00

第二节　耕地质量等级分述

一、一等地分析

1. 分布特征与面积统计　新洲区一等地面积为 202.50 公顷，主要分布在西北部，占耕地总面积的 0.33%。其中旱地面积 0.20 公顷，占旱地总面积的 0.01%；水浇地面积 100.90 公顷，占水浇地总面积的 0.30%；水田面积 101.41 公顷，占水田总面积的 0.39%（图 5-3-1）。

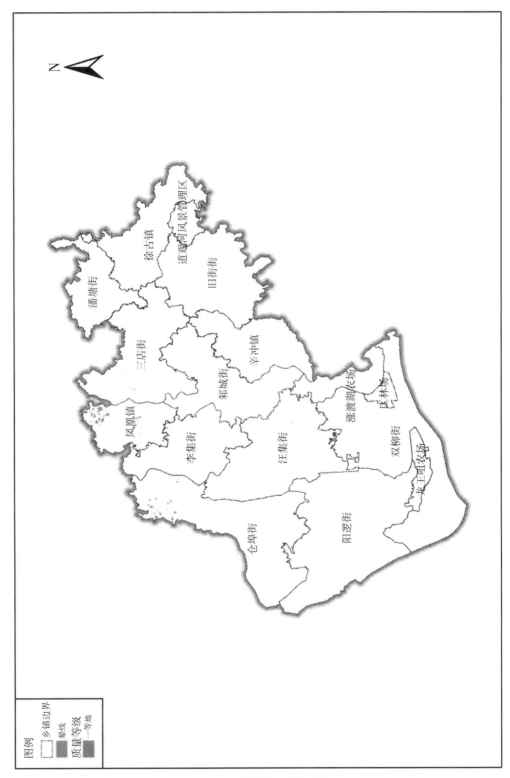

图 5-3-1　新洲区一等地分布

2. 养分状况分析 参见表 5-3-4。

表 5-3-4 一等地养分分析

指标	平均值	最小值	最大值	标准差	CV（%）
有机质（克/千克）	21.71	18.30	23.90	1.37	6.29
全氮（克/千克）	1.34	1.11	1.48	0.10	7.58
有效磷（毫克/千克）	26.46	17.50	35.00	5.44	20.57
速效钾（毫克/千克）	121.56	91.00	158.00	16.32	13.43
缓效钾（毫克/千克）	359.25	287.00	454.00	45.93	12.78
pH	5.46	5.00	6.10	0.26	4.69

二、二等地分析

1. 分布特征与面积统计 新洲区二等地面积为 4157.16 公顷，主要分布在北部和中部的举水和倒水两岸，占耕地总面积的 6.77%。其中旱地面积 33.05 公顷，占旱地总面积的 1.58%；水浇地面积 2330.76 公顷，占水浇地总面积的 7.02%；水田面积 1793.35 公顷，占水田总面积的 6.86%（图 5-3-2）。

2. 养分状况分析 参见表 5-3-5。

表 5-3-5 二等地养分分析

指标	平均值	最小值	最大值	标准差	CV（%）
有机质（克/千克）	21.23	15.20	25.70	2.13	10.05
全氮（克/千克）	1.31	0.95	1.56	0.13	9.67
有效磷（毫克/千克）	25.86	15.10	52.20	6.71	25.94
速效钾（毫克/千克）	116.56	62.00	177.00	19.39	16.64
缓效钾（毫克/千克）	414.31	250.00	674.00	98.24	23.71
pH	5.65	5.00	7.50	0.35	6.14

三、三等地分析

1. 分布特征与面积统计 新洲区三等地面积为 15225.35 公顷，除西南部外，大量分布在全区各乡镇，占耕地总面积的 24.80%。其中旱地面积 324.25 公顷，占旱地总面积的 15.47%；水浇地面积 8163.28 公顷，占水浇地总面积的 24.60%；水田面积 6737.82 公顷，占水田总面积的 25.79%（图 5-3-3）。

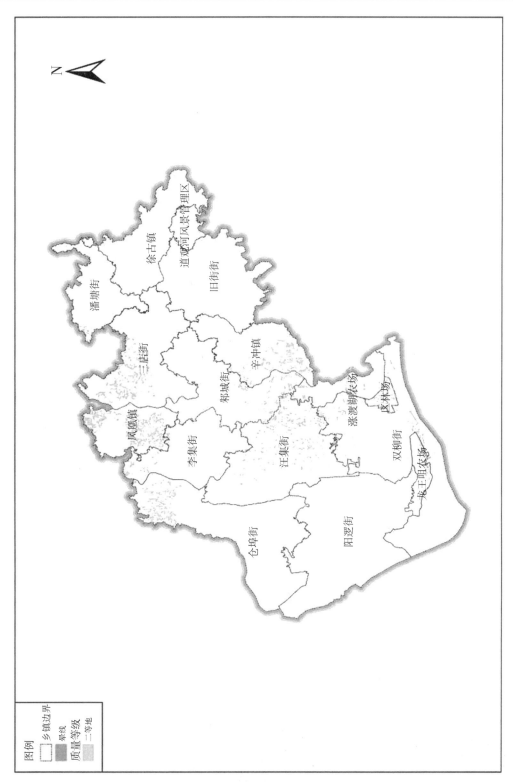

图 5-3-2　新洲区二等地分布

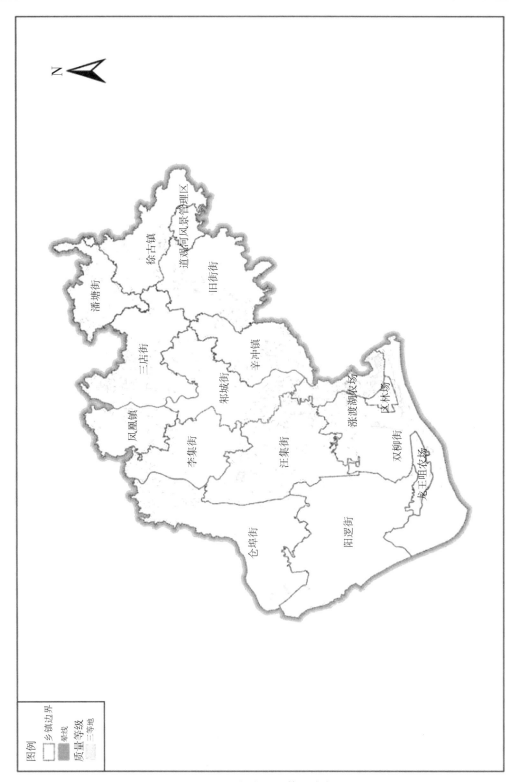

图 5-3-3　新洲区三等地分布

2. 养分状况分析　参见表5-3-6。

表 5-3-6　三等地养分分析

指标	平均值	最小值	最大值	标准差	CV（%）
有机质（克/千克）	21.03	15.20	25.90	2.43	11.54
全氮（克/千克）	1.29	0.93	1.57	0.15	11.36
有效磷（毫克/千克）	25.36	11.40	55.70	9.09	35.87
速效钾（毫克/千克）	107.94	43.00	166.00	23.61	21.88
缓效钾（毫克/千克）	415.46	229.00	676.00	90.94	21.89
pH	5.57	4.80	7.50	0.40	7.23

四、四等地分析

1. 分布特征与面积统计　新洲区四等地面积为19781.60公顷，全区大部都有分布，占耕地总面积的32.22%。其中旱地面积721.03公顷，占旱地总面积的34.39%；水浇地面积9553.80公顷，占水浇地总面积的28.79%；水田面积9506.76公顷，占水田总面积的36.39%（图5-3-4）。

2. 养分状况分析　参见表5-3-7。

表 5-3-7　四等地养分分析

指标	平均值	最小值	最大值	标准差	CV（%）
有机质（克/千克）	20.97	14.60	26.00	2.91	13.88
全氮（克/千克）	1.27	0.93	1.57	0.17	13.53
有效磷（毫克/千克）	25.05	11.40	55.70	11.40	45.53
速效钾（毫克/千克）	96.29	43.00	154.00	20.61	21.41
缓效钾（毫克/千克）	404.86	226.00	676.00	85.60	21.14
pH	5.40	4.60	7.50	0.30	5.53

五、五等地分析

1. 分布特征与面积统计　新洲区五等地面积为13832.01公顷，全区大部都有分布，占耕地总面积的22.53%。其中旱地面积535.21公顷，占旱地总面积的25.53%；水浇地面积7735.97公顷，占水浇地总面积的23.32%；水田面积5560.83公顷，占水田总面积的21.28%（图5-3-5）。

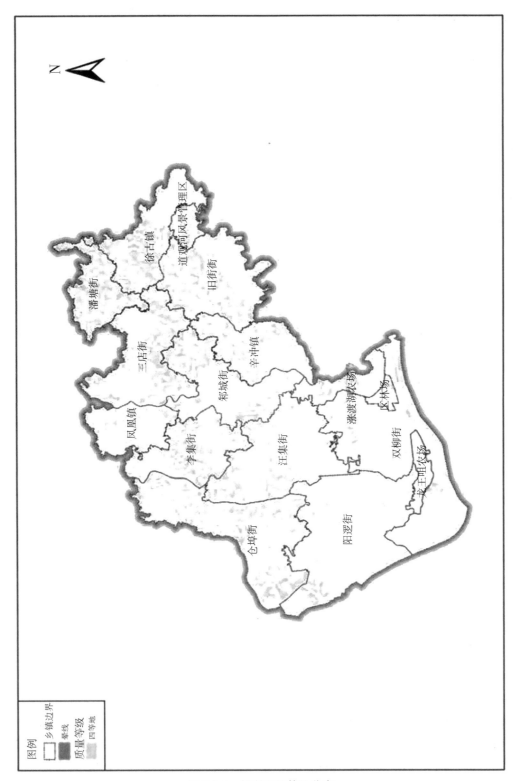

图 5-3-4　新洲区四等地分布

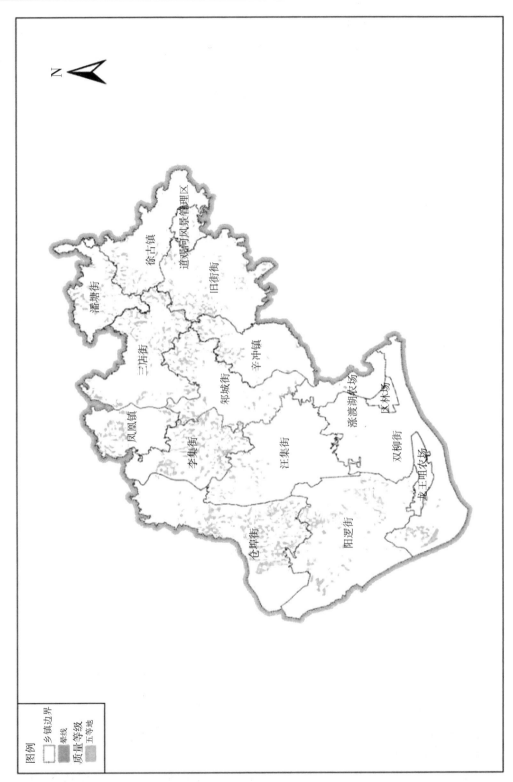

图 5-3-5　新洲区五等地分布

2. 养分状况分析　参见表 5-3-8。

表 5-3-8　五等地养分分析

指标	平均值	最小值	最大值	标准差	CV（%）
有机质（克/千克）	19.87	15.00	25.60	2.77	13.95
全氮（克/千克）	1.21	0.94	1.57	0.16	13.01
有效磷（毫克/千克）	27.46	11.30	55.70	11.10	40.41
速效钾（毫克/千克）	94.89	48.00	150.00	19.10	20.13
缓效钾（毫克/千克）	402.41	220.00	642.00	76.67	19.05
pH	5.38	4.70	6.90	0.28	5.16

六、六等地分析

1. 分布特征与面积统计　新洲区六等地面积为 6498.53 公顷，西南部、东部、北部分布较为集中，占耕地总面积的 10.58%。其中旱地面积 453.90 公顷，占旱地总面积的 21.65%；水浇地面积 3904.56 公顷，占水浇地总面积的 11.77%；水田面积 2140.07 公顷，占水田总面积的 8.19%（图 5-3-6）。

2. 养分状况分析　参见表 5-3-9。

表 5-3-9　六等地养分分析

指标	平均值	最小值	最大值	标准差	CV（%）
有机质（克/千克）	19.53	15.30	25.40	2.70	13.80
全氮（克/千克）	1.20	0.94	1.55	0.14	11.78
有效磷（毫克/千克）	25.18	11.40	52.20	10.34	41.05
速效钾（毫克/千克）	93.20	48.00	150.00	16.96	18.20
缓效钾（毫克/千克）	412.48	220.00	629.00	80.59	19.54
pH	5.40	4.60	6.40	0.31	5.74

七、七等地分析

1. 分布特征与面积统计　新洲区七等地面积为 1283.79 公顷，主要分布在中部和东南部，占耕地总面积的 2.09%。其中旱地面积 27.75 公顷，占旱地总面积的 1.32%；水浇地面积 995.65 公顷，占水浇地总面积的 3.00%；水田面积 260.40 公顷，占水田总面积的 1.00%（图 5-3-7）。

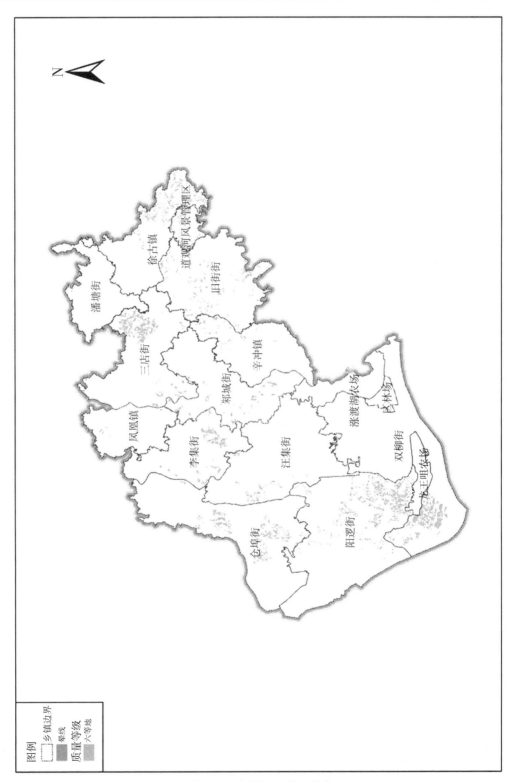

图 5-3-6　新洲区六等地分布

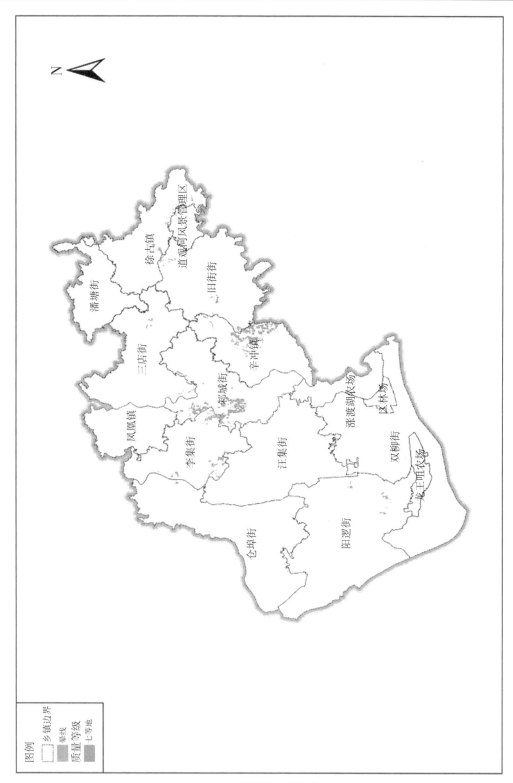

图 5-3-7 新洲区七等地分布

2. 养分状况分析　参见表5-3-10。

表 5-3-10　七等地养分分析

指标	平均值	最小值	最大值	标准差	CV（%）
有机质（克/千克）	20.49	15.90	24.30	2.37	11.54
全氮（克/千克）	1.20	0.99	1.47	0.11	9.61
有效磷（毫克/千克）	26.94	11.80	50.10	12.34	45.78
速效钾（毫克/千克）	84.09	60.00	112.00	12.84	15.27
缓效钾（毫克/千克）	494.43	231.00	634.00	84.77	17.15
pH	5.16	4.60	6.20	0.25	4.92

八、八等地分析

1. 分布特征与面积统计　新洲区八等地面积为313.96公顷，主要分布在中部，举水两岸，占耕地总面积的0.51%。其中旱地面积1.11公顷，占旱地总面积的0.05%；水浇地面积290.97公顷，占水浇地总面积的0.88%；水田面积21.88公顷，占水田总面积的0.08%（图5-3-8）。

2. 养分状况分析　参见表5-3-11。

表 5-3-11　八等地养分分析

指标	平均值	最小值	最大值	标准差	CV（%）
有机质（克/千克）	18.93	17.10	23.20	1.69	8.91
全氮（克/千克）	1.12	1.03	1.34	0.08	7.08
有效磷（毫克/千克）	34.85	11.80	48.30	10.69	30.68
速效钾（毫克/千克）	79.66	64.00	98.00	9.17	11.51
缓效钾（毫克/千克）	528.59	430.00	618.00	31.68	5.99
pH	4.92	4.70	5.30	0.20	4.00

九、九等地分析

1. 分布特征与面积统计　新洲区九等地面积为109.09公顷，主要分布在中部，举水两岸，占耕地总面积的0.18%。其中水浇地面积103.87公顷，占水浇地总面积的0.31%；水田面积5.22公顷，占水田总面积的0.02%，无九等旱地（图5-3-9）。

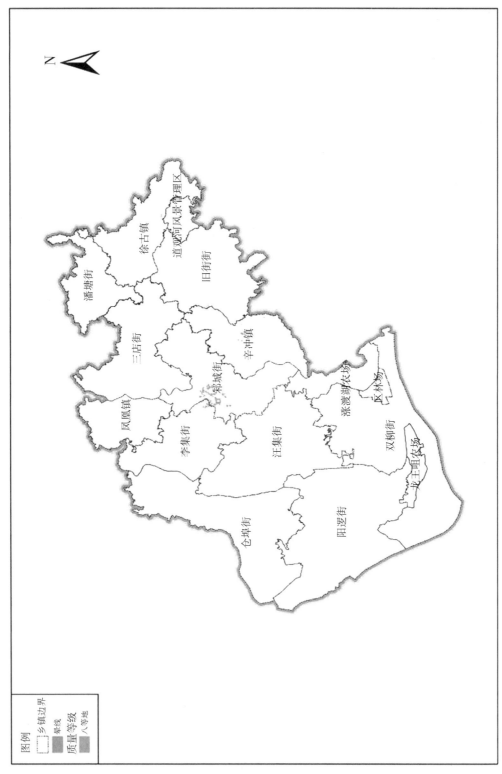

图 5-3-8　新洲区八等地分布

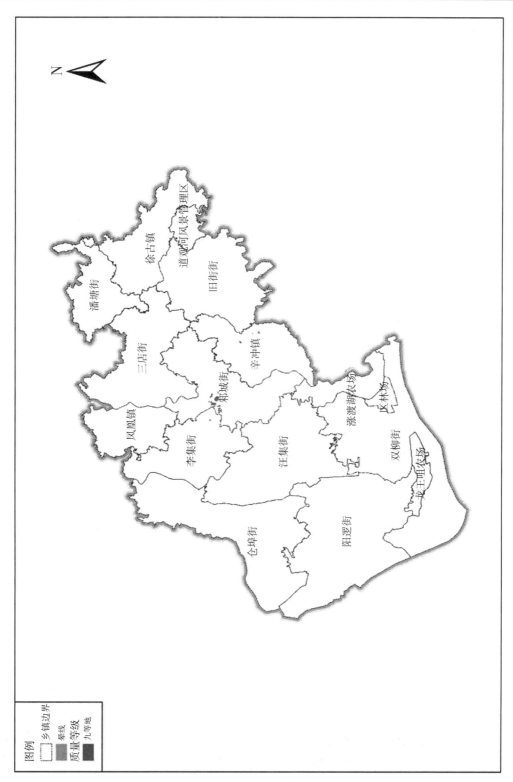

图 5-3-9　新洲区九等地分布

2. 养分状况分析　参见表 5-3-12。

表 5-3-12　九等地养分分析

指标	平均值	最小值	最大值	标准差	CV（%）
有机质（克/千克）	19.22	17.40	23.40	2.16	11.26
全氮（克/千克）	1.12	1.05	1.29	0.08	7.01
有效磷（毫克/千克）	32.75	17.00	45.60	10.27	31.35
速效钾（毫克/千克）	79.17	71.00	93.00	6.73	8.50
缓效钾（毫克/千克）	529.33	468.00	572.00	34.17	6.46
pH	4.89	4.70	5.20	0.19	3.94

第三节　耕地质量改良与提升

根据新洲区耕地质量调查评价结果和耕地资源利用现状，对耕地质量及障碍因素进行综合分析，提出提高新洲区耕地质量等级与土壤改良的利用措施。

全区中低产田主要类型有：渍涝潜育型、障碍层次型、质地不良型、缺素失调型、偏酸过碱型。

一、渍涝潜育型

1. 分布　渍涝潜育型土壤在新洲区主要分布在沿江滨湖平原区的低洼地带以及丘陵、山区的低冲。

2. 特点　地下水位高，排水不良，土壤水分过多，易受涝渍危害。剖面全层或表层均有青泥层，水温、土温低，土烂泥深，还原性有毒物质多，土壤中的微生物活动受到抑制，有机质分解缓慢，释放出的有效养分少，特别是有效磷、锌含量低，但土壤潜在养分含量高。主要土壤类型有冷泉田、烂泥田和青泥田。

3. 改良措施　针对渍涝潜育型土壤长期渍水，水温、土温低，土壤结构性差，潜在养分难以发挥等问题，必须首先根除水害，改善土壤水热状况，同时结合其他措施熟化土壤，使低产土壤变高产。

（1）完善排灌体系　新建和完善各种排灌站，搞好主渠、支渠、干渠网络配套，确保农田进水及时，排水迅速，能灌能排。

（2）开四沟，排五水，深沟抬田　按地形特点，在大范围内统筹规划，开围沟排除地表水和地下水，开暗水沟排除冷水，开排水沟排除多余水，使土壤由冷变暖，由烂变爽。

（3）冬耕晒垡，实行水旱轮作　采取翻耕晒垡，冬凌、炕土和熏土等办法，改善土壤结构，增加土壤通透性，活化土壤养分，在改善排水条件以后，除冬耕晒垡外，还应尽可能实行轮作换茬。在水稻生长期注意晒田和湿润管理，这都有利于土壤通气和理化性质的改善，促进还原物质的氧化而消除毒害，增强土壤微生物的活性，加速有机质的分解。短期晒田冬作，要注意充分脱水，适墒起板，以免僵垡。

（4）推广应用测土配方施肥技术　做到因土施肥、因作物施肥，节本增效，改善生态环境。

（5）多途径增施有机肥　推广秸秆还田和旱作秸秆覆盖技术，扩大绿肥种植面积。

二、障碍层次型

1. 分布　这种类型的土壤在新洲区主要分布在沿江滨湖区以及丘陵、山区的低冲、沿河两岸、丘岗上部墢地。

2. 特点　该类型中低产耕地其剖面构型有缺陷，土层较浅，距地表 50 厘米土体内有夹砂、夹黏、夹砾石、白隔、白底等土壤障碍层次，从而妨碍水肥运行、农作物的根系伸展和对养分的吸收，易漏水漏肥，使作物吊气伤苗或滞水隔气，对作物生长不利，导致作物低产。

3. 改良措施

（1）深耕、深翻、逐步打破障碍层　根据夹层所在土壤剖面的部位和厚度，选用适宜的农机具逐步深耕和深翻，搅匀改良土壤结构，结合深施有机肥，增强土壤的保肥保水功能。

（2）轮作换茬，用养结合　调整种植结构，将豆科作物同其他作物进行轮作换茬，以培肥地力。

（3）完善配套水利设施，保障灌溉用水。

（4）科学施肥　按照平衡施肥原则，稳施氮肥，重施钾肥，增施微肥，提高肥料利用率，实现节本增效。

三、质地不良型

1. 分布　分布在全区各街镇的山丘岗坡、塝田和部分畈田及河流两岸的砂质土壤。

2. 特点　质地不良型土壤是由山地和丘陵岗地的各种母岩及第四纪黏土沉积物母质风化的残积物或坡积物因雨水冲刷流失而形成的，或是平畈上浅耕的水田和新垦的旱地，也有一部分是因缺乏水源的高榜田。该类型耕地的主要障碍因素是耕层太浅和土壤质地过黏或过砂。土壤质地黏重，通气差，宜耕期短，作物迟发，不耐旱，又不耐涝，土壤容易板结，作物出苗和扎根困难，抗逆能力差，缺水怕旱，下雨怕涝，作物生长差。土壤质地过砂，漏水跑肥，温差变幅大，作物易早衰。耕层浅薄，土壤严重缺素贫瘠。

3. 改良措施

（1）增施有机肥，改良土壤结构，改善土壤理化性状　增施有机肥是一个有效措施，特别是在目前施肥基本以施化肥为主的情况下，对质地不良的耕地增加有机质的施用量更为重要。

（2）合理配方施肥，改善作物营养状况　质地不良的耕地速效养分低，表现严重的少氮，缺磷、钾，因此，更要注意因地因作物进行合理配方施肥，改善作物营养条件。

（3）注意种养结合，培肥地力　质地不良的耕地要多种植油菜、绿肥等养地作物，以养为主，培肥地力。

四、缺素失调型

1. 分布　全区各地农田都有分布。新洲区农田土壤大部分是由花岗片麻岩、河流冲积物、第四纪黏土等母质发育而成的。本身土壤营养元素缺乏，加之作物摄取的多，补偿的少以及人们长期的不平衡施肥，造成部分土壤养分失调或亏缺。以能供给作物吸收的氮、磷、钾三要素及微量元素在土壤中的含量来衡量其丰缺指标，其中缺乏一种或二种以上营养元素的土壤田块均属缺素田，以上所述的中低产田均属此种类型。

2. 改良措施

（1）减轻或消除中低产田造成缺素的根源　由于存在着影响土壤营养元素的有效性及其平衡的因素，往往引起土壤缺素以及营养元素间的平衡，从而影响作物对养分的需要，使作物生长发育受到严重影响，最终导致产量降低。因此，在改良利用的同时，还要注意以下 3 点：一是要控制和改造自然力对土壤的破坏作用，创造良好的生态环境；二是要改造土壤的不良性质和土体构型，消除土壤肥力的限制因素；三是要确定合理的使用和管理制度。

（2）用地与养地相结合　现在，对农田土壤管理和使用不当（尤其是只用不养），是造成土壤肥力下降、作物产量不高的重要原因之一。因此，必须统筹兼顾，重视既用地又养地，在用养结合的基础上才能使作物持续高产。用养结合的办法很多，如增施有机肥料、轮作换茬、水旱轮作、水改旱、旱改水，麦—稻与肥—稻轮作换茬，豆科作物与其他作物连作和轮作，浅根作物与深根作物轮作等。

（3）实行测土配方施肥　根据土壤普查化验的结果和土壤的供肥能力，缺什么补什么，缺多少补多少，缺多施，缺少少施，不缺不施。同时要根据作物的需肥量和需肥时期、需肥规律，以及土壤和肥料的性质合理施肥。

五、偏酸过碱型

1. 土壤 pH 的分布与面积　大多数农作物适合在中性土壤上生长。新洲区耕层土壤 pH 平均值 5.31，耕地土壤 pH 主要集中在 5.0~6.0。因此，酸性土改良是新洲区土壤改良需要注意的一个重要问题。

2. 改良措施

①增施有机肥料。

②施用生理酸性肥料（碱性土壤）或生理碱性肥料（酸性土壤）。

③对碱性土壤施石膏、硅酸钙，以钙交换钠。

第四章 有机质、主要营养元素及其他指标分析

第一节 有机质

一、耕地土壤有机质分布

参见图 5-4-1。

二、耕地土壤有机质分布曲线

参见图 5-4-2。

三、耕地土壤有机质分布统计

参见表 5-4-1。

表 5-4-1 新洲区耕地土壤有机质分布

有机质含量区间（克/千克）	评价单元数	百分比（%）	面积（公顷）	百分比（%）
10～15	6	0.01	6.74	0.01
15～20	16691	38.47	24070.00	38.92
20～25	24995	57.62	35536.92	57.45
25～30	1690	3.90	2238.82	3.62
总计	43382	100.00	61852.48	100.00

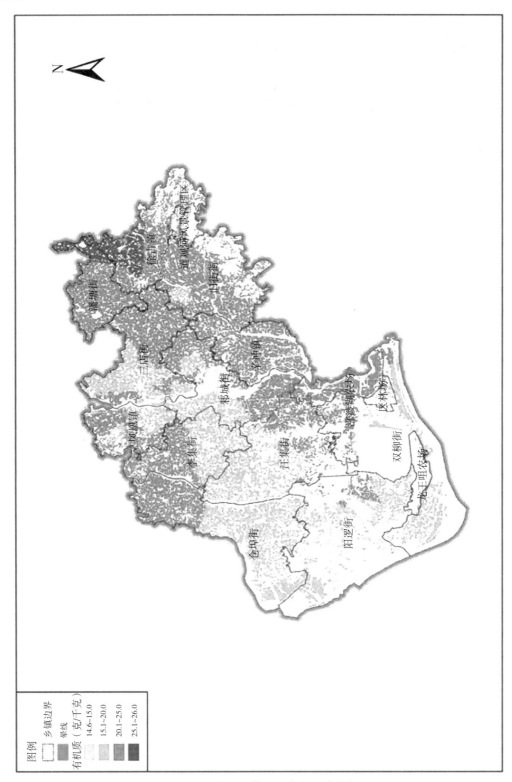

图 5-4-1　新洲区耕地土壤有机质分布

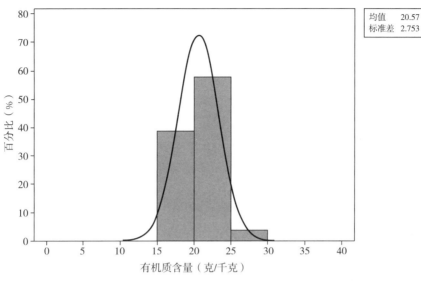

图 5-4-2　新洲区耕地土壤有机质分布曲线

第二节　全氮

一、耕地土壤全氮分布

参见图 5-4-3。

二、耕地土壤全氮分布曲线

参见图 5-4-4。

三、耕地土壤全氮分布统计

参见表 5-4-2。

表 5-4-2　新洲区耕地土壤全氮分布统计

全氮含量区间（克/千克）	评价单元数	百分比（%）	面积（公顷）	百分比（%）
0.8～1	2795	6.44	3137.24	5.07
1～1.2	13709	31.60	20337.77	32.88
1.2～1.4	16265	37.49	23649.69	38.24
1.4～1.6	10613	24.46	14727.77	23.81
总计	43382	100.00	61852.48	100.00

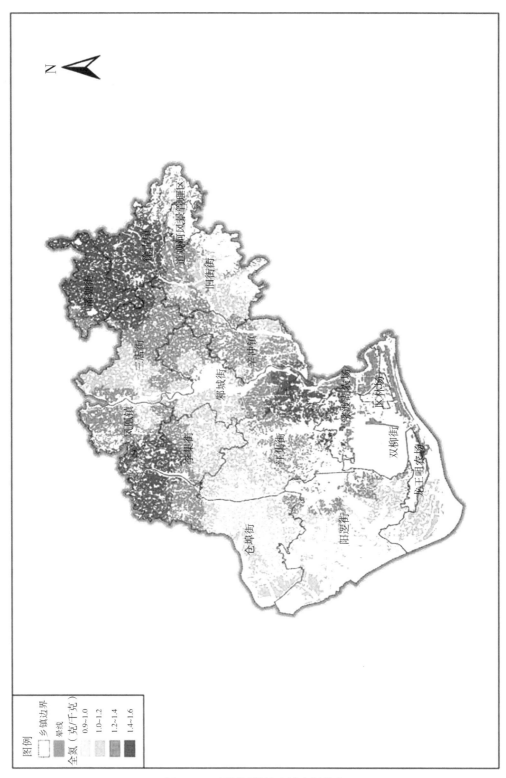

图 5-4-3　新洲区耕地土壤全氮分布

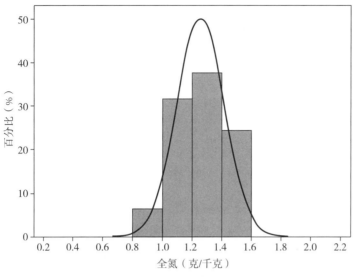

| 均值 | 1.257 |
| 标准差 | 0.1603 |

图 5-4-4　新洲区耕地土壤全氮分布曲线

第三节　有效磷

一、耕地土壤有效磷分布

参见图 5-4-5。

二、耕地土壤有效磷分布曲线

参见图 5-4-6。

三、耕地土壤有效磷分布统计

参见表 5-4-3。

表 5-4-3　新洲区耕地土壤有效磷分布

有效磷含量区间（毫克/千克）	评价单元数	百分比（%）	面积（公顷）	百分比（%）
10～15	6579	15.17	8706.14	14.08
15～20	10632	24.51	17363.46	28.07
20～25	6227	14.35	8380.44	13.55
25～30	5483	12.64	7388.22	11.94
30～35	5814	13.40	8851.32	14.31
35～40	3158	7.28	4269.48	6.90
40～45	2649	6.11	3280.58	5.30
45～50	2487	5.73	3120.44	5.04
50～55	320	0.74	435.53	0.70
55～60	33	0.08	56.88	0.09
总计	43382	100.00	61852.48	100.00

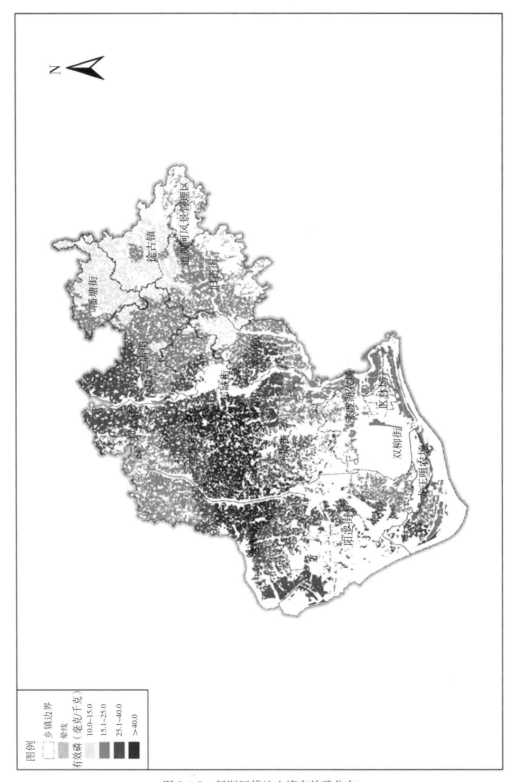

图 5-4-5 新洲区耕地土壤有效磷分布

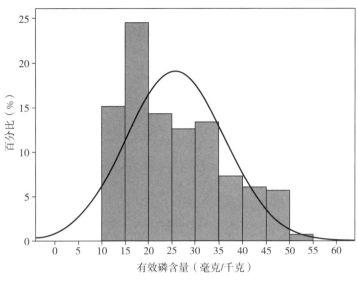

图 5-4-6　新洲区耕地土壤有效磷分布曲线

第四节　速效钾

一、耕地土壤速效钾分布

参见图 5-4-7。

二、耕地土壤速效钾分布曲线

见图 5-4-8。

三、耕地土壤速效钾分布统计

参见表 5-4-4。

表 5-4-4　新洲区耕地土壤速效钾分布统计

速效钾含量区间（毫克/千克）	评价单元数	百分比（%）	面积（公顷）	百分比（%）
40～59	884	2.04	1072.52	1.73
60～79	7572	17.45	9976.13	16.13
80～99	13919	32.08	19992.47	32.32
100～119	12495	28.80	16806.78	27.17
120～139	7030	16.20	11388.06	18.41
140～159	1480	3.41	2615.10	4.23
160～180	2	0.00	1.42	0.00
总计	43382	100.00	61852.48	100.00

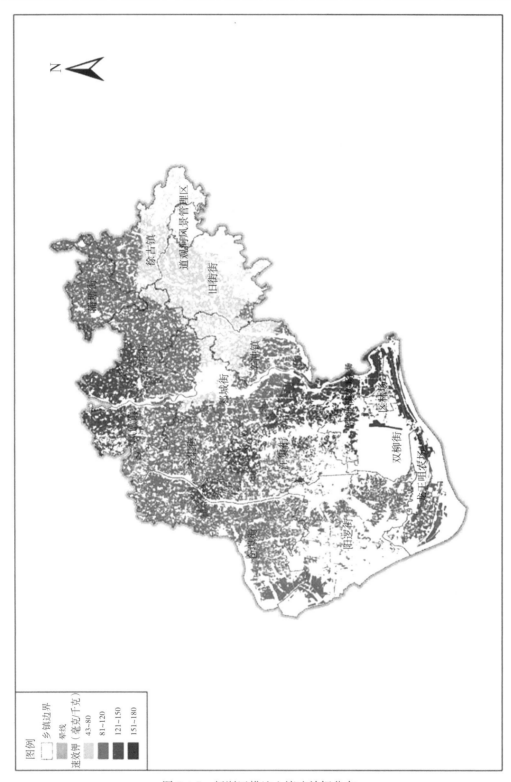

图 5-4-7　新洲区耕地土壤速效钾分布

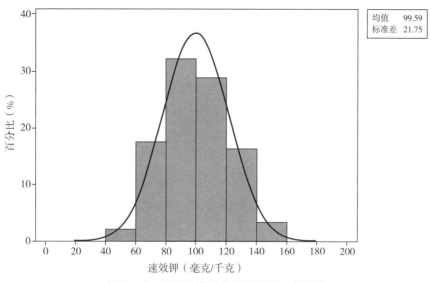

图 5-4-8　新洲区耕地土壤速效钾分布曲线

第五节　缓效钾

一、耕地土壤缓效钾分布

参见图 5-4-9。

二、耕地土壤缓效钾分布曲线

参见图 5-4-10。

三、耕地土壤缓效钾分布统计

参见表 5-4-5。

表 5-4-5　新洲区耕地土壤缓效钾分布统计

速效钾含量区间（毫克/千克）	评价单元数	百分比（%）	面积（公顷）	百分比（%）
200～299	5504	12.69	7354.61	11.89
300～399	13198	30.42	18758.60	30.33
400～499	18575	42.82	26665.69	43.11
500～599	4823	11.12	7229.47	11.69
600～699	1282	2.96	1844.11	2.98
总计	43382	100.00	61852.48	100.00

图 5-4-9　新洲区耕地土壤缓效钾分布

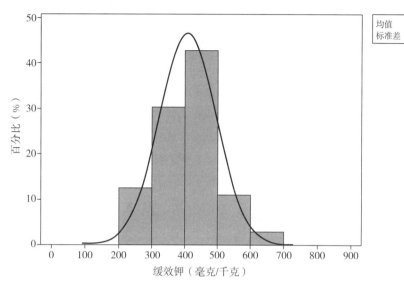

	均值	409.6
	标准差	86.02

图 5-4-10 新洲区耕地土壤缓效钾分布曲线

第六节 pH

一、耕地土壤 pH 分布

参见图 5-4-11。

二、耕地土壤 pH 分布曲线

参见图 5-4-12。

三、耕地土壤 pH 分布统计

参见表 5-4-6。

表 5-4-6 新洲区耕地土壤 pH 分布统计

pH 区间	评价单元数	百分比（%）	面积（公顷）	百分比（%）
4.5～5.0	1083	2.50	2160.28	3.49
5.0～5.5	24582	56.66	33161.01	53.61
5.5～6.0	15095	34.80	18843.97	30.47
6.0～6.5	1805	4.16	3960.69	6.40
6.5～7.0	456	1.05	1774.31	2.87
7.0～7.5	302	0.70	1601.16	2.59
7.5～8.0	59	0.14	351.08	0.57
总计	43382	100.00	61852.48	100.00

图 5-4-11　新洲区耕地土壤 pH 分布

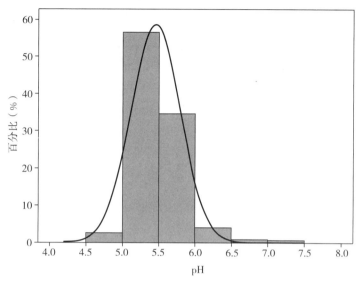

均值　　5.447
标准差　0.3398

图 5-4-12　新洲区耕地土壤 pH 分布曲线

第五章 成果图

新洲区耕地质量等级分布图
新洲区耕地质量调查评价采样点位图
新洲区耕地土壤有机质分布图
新洲区耕地土壤全氮分布图
新洲区耕地土壤有效磷分布图
新洲区耕地土壤速效钾分布图
新洲区耕地土壤缓效钾分布图
新洲区耕地土壤 pH 分布图
成果图参见书后彩图。

蔡甸区耕地质量调查与评价

第一章 评价区域概况

第一节 地理位置与行政区划

蔡甸区隶属于湖北省武汉市，位于武汉市西郊，地处汉江与长江汇流的三角地带，江汉平原东部，北傍汉江，与东西湖区唇齿相依；南临通顺河，与汉南区山水相连；东濒长江，与江夏区隔水相望；西与汉川市交错接壤；东北邻汉阳区；西南邻仙桃市。介于东经113°41′～114°13′、北纬30°15′～30°41′之间，总面积1093.57千米²。截至2018年末，蔡甸区下辖12个街道、1个乡，另设有4个管委会，蔡甸区常住人口46.66万人、户籍人口46.67万人，其中，非农业人口14.20万人。蔡甸区主要农产品中粮食产量12.04万吨，下降1.2%；蔬菜产量84.46万吨，增长4.0%；蔡甸区水产品总产量6.27万吨，增长1.9%；蔡甸区完成建筑业增加值32.1亿元，比2016年增长18.1%。实现地区生产总值（GDP）476.07亿元，其中，第一产业增加值42.98亿元，第二产业增加值247.39亿元，第三产业增加值185.70亿元，一、二、三产业比重9.0∶52.0∶39.0。

第二节 自然环境概况

蔡甸区气候属北亚热带季风性气候，显著特点是气温略偏高，降水略偏少，日照偏少。年平均气温为17.1℃，年降水量为1302.4毫米，日照为1639.3小时，冬季平均气温为4.8℃，极端最低气温为－4.1℃，春季平均气温为17.2℃，极端最低气温为1.2℃；极端最高气温为31.7℃。夏季平均气温28.6℃，极端最高气温为37.8℃。境内地势由中部向南北逐渐降低，中部均为丘陵岗地，坡度较缓，最高处九真山海拔2634米，为全区群山之首。北部为平原，地面高程多在20～24米之间，土层深厚，土肥沃。南部为洼地，属于汉水；于长江两河漫滩之间的湖洼低地，高程在19～22米之间。北有汉水逶迤西来，南有长江浩瀚东去，东荆河自西向东横切全境，构成三面环水之势，全区地貌是以垄岗为主体的丘陵性湖沼平原。

蔡甸区境内长江过境流程19.5千米，多年平均流量30913米³/秒；汉江过境流程37.5千米，多年平均流量1784米³/秒；通顺河由仙桃市入境，过境流程77.3千米，多年平均年径流量7.82亿米³。境内降雨以蔡甸站数据为标准，水资源总量多年平均10402.9万米³，汉江多年平均过境客水量536亿米³，雨水丰沛，地表水资源较丰富且地下水贫乏，地表径流总量（即全区水资源总量）多年平均为 47321 万米^3。区内大小湖泊 57 个，承接了区内绝大部分地表径流产水，蓄水面积 93.4 千米^2。其中东湖、西湖、小奓湖、桐湖、官莲湖、沉湖等主要湖泊正常蓄水位在 19.5～2.8 米之间，正常蓄水量约 1.3 亿米^3。在汛期时为洪水调蓄区，其中东湖与长江相通，西湖与汉江相通，小奓湖、官莲湖、桐湖与通顺河相连，沉湖与杜家台工程分洪道为一体，汛期洪水可排，枯水期江水可引，调度运行十分方便。有塘堰 3725 口，蓄水容积 2605 万米^3。

蔡甸区平原湖区总面积 54.01 千公顷，占版图面积 49.1%，主要分布在蔡甸、张湾，以及洪北、消泗、侏儒南半部，新农三官片等沿江滨湖平原地带及洪南湖荒地带。成土母质主要是近代（Q_4）石灰性江河冲积物和无石灰性河湖相沉积物。在蔡甸区北、东、南三面，分别由汉江、长江和由东荆河、通顺河、黄丝河等支流汇集的长河（洪道）包围，河流沿岸，为宽窄不一的近代 Q_4 石灰性冲积平原，海拔高度一般为 20～26 米，其土壤为灰潮土。近代（Q_4）石灰性沉积物中的泥沙比例和分布规律，因离河床远近而不同，并形成沙黏相间的多样层次，如夹砂层、垫黏层。淤积平原则零星分布在沿湖地带，发育的土壤肥力一般都较高，主要土壤类型有油沙土、正土、潮沙泥土和湖泥土等。垄岗总面积 49.61 千公顷，占版图面积的 45.1%。主要分而在新农、柏林、索河、李集、大集、永安、奓山、黄陵、沌口、军山、桐湖以及侏儒的北半部，海拔高度 50～80 米。成土母质大部分为第四纪黏土，主要土壤类型有白散土、黄泥田、潮泥田、猪肝田、青隔白散田、青泥田等。其间尚有黄土、面黄土零星分布。低丘集中分布在蔡甸区境中部的李集、索河、永安、大集、奓山、黄陵、军山、沌口等脉状、残蚀丘陵地带。海拔高度在 50 米以上，总面积 6.38 千公顷，占版图面积 5.8%。北列残蚀丘陵由城头山起，沿南湖边经老鼠山、黄狮山、苏家山、彭家山头至马鞍山。中列脉状丘陵由西北至东南延续至全境。从九真山分为二列，一列东起龙霓山西止伏牛山；一列从西北至东南，由高子山至奓山，构成一脉。其中以九真山为制高点，海拔 276 米，一般在 100～180 米之间。

第三节　农业生产状况

蔡甸区处于长江、汉江交汇的三角地带，毗邻武汉经济技术开发区，是武汉新区的联动发展区域，京珠、沪蓉及 318 国道交会于此，形成国内的"金十字"，具有承东启西，联北通南，畅达全国的能力。

撤县建区以来，蔡甸区借助武汉经济技术开发区强劲的经济辐射作用，坚持调整、改革、引进、创新，坚定不移地抓发展，坚定不移地实施"依托大区、壮大小区、带动全区"战略，保持了国民经济快速健康稳步发展的好势头，经济运行质量和效益进一步提高。全区向纵深发展，区域特色更加突出，农业保持平稳发展。特色农业呈集中发展趋势，近几年，蔡甸积极推进农业内部结构调整，主导产业形成蔡甸特色，一是生产规模化。莲藕、优质西甜瓜、蒌蒿、鲜食毛豆和鲜食玉米等规模达到 16.74 千公顷，其中莲藕、优质西甜瓜和蒌蒿三大特色产业种植面积分别达到 9.67、2.87 和 2.00 千公顷。特色林业形成以九真山彩色树种苗产业园、张湾西湖苗木板块为主形成 2.13 千公顷的特色苗林花卉产业，在区中西部丘陵地区发展以翠寇梨、油桃为主的精品水果基地 1.33 千公顷。

二是布局区域化。莲藕以蔡甸、玉贤、索河、张湾等街镇为主体，瓜蒿以永安、侏儒、洪北为主体，鲜食毛豆以张湾为主体，鲜食玉米以洪北、消泗为主体，形成集中连片种植板块。三是基地正规化。建成 4 千公顷莲藕正规化基地、1 千公顷瓜蒿模式生产基地、150 公顷快生菜基地、30 公顷莲藕科技示范园。四是产出高效化。莲藕、优质瓜、藜蒿三大产业创产值 6.3 亿元。

2018 年，蔡甸区实现地区生产总值（GDP）476.07 亿元，比 2017 年增长 7.3%。其中，第一产业增加值 42.98 亿元，增长 3.1%；第二产业增加值 247.39 亿元，增长 6.5%；第三产业增加值 185.70 亿元，增长 10.2%。一、二、三产业比重 9.0：52.0：39.0。全年新登记市场主体 10172 户，其中企业 2272 户，个体工商户 7900 户。

第四节　耕地土壤资源

一、耕地主要土壤类型

成土母质是土壤形成的物质基础，地形地貌、气象特点和人为耕作加剧了土壤性质的变化，同时对土壤的理化性状和地力产生影响。根据第二次土壤普查结果，全区共分 5 个土类，10 个亚类，14 个土属，52 个土种。

1. 水稻土　水稻土是蔡甸区的主要耕地土壤，占全区耕地面积的 59.7%。由于水稻土所处的水位条件不同，水耕熟化程度不一，在土壤分类时按土壤受地表水和地下水影响的大小，划分为淹育型、潴育型、侧渗型、潜育型、沼泽型水稻土 5 个亚类。

（1）淹育型水稻土　淹育型水稻土发育于各种母质。在全区零星分布于丘陵、岗地的顶部、低山的坡脚、平原旱改水的田块。水源比较缺乏，灌溉条件差，属地表水型，面积占水稻土面积的 6.8%。这一亚类的土壤，由于地形部位较高，地下水影响小，加之水耕熟化时间短，犁底层（P）发育较差，以下层次的发育不甚明显，基本上还有母质或旱地土壤痕迹特征。土壤剖面构型为 A-C 或 A-P-C。

（2）潴育型水稻土　潴育型水稻土占水稻土面积的 90.17%，发育于各种母质，广泛分布于低山、丘陵、平原的冲田、平坂、湖、垸。地下水位在 50cm 以下，灌溉水源丰富，排灌设备健全，属良水型。犁底层（P）下有渗渍层（W）和铁锰淀积层（B），有较明显的棱柱状结构。土壤结构面有灰色胶膜。发育程度越深，W、B 越明显。由于较长时间受地表水的影响，有的 W 层淹育化，也归于此类。为此，土壤剖面构型为 A-P-W-B（C）A-P-G-W 或 A-P-W-B-G 等。

（3）侧渗型水稻土　侧渗型水稻土面积占水稻土面积的 0.067%，仅分布于红壤丘陵地区的冲地，由于地表水的下渗侧渗作用，土体中有漂洗层。漂洗层土色灰白色，质地明显轻于上下层，黏粒有侧渗向下移的趋势，层段极不整齐。漂洗层在生产中表现出漏水漏肥现象，剖面构型为 A-P-E-W-B。

（4）潜育型水稻土　潜育型水稻土占水稻土面积的 1.9%，广泛分布于各种母质，山地、丘陵、平原都有零星分布。地下水位在 50 厘米以上，土壤长期渍水，属地下水型。土体中有明显的青泥层，土体构型为 A-P-G，主要分布在水网平原地区和排水不良的山区及丘陵的冷浸谷地。

（5）沼泽型水稻土　沼泽型水稻土占水稻土面积的 0.96％，发育于各种母质，分布在冲积平原和丘陵地区。该亚类土壤的主要特征：地下水位接近地表，终年不干，土体糊烂，有的耕层即是潜育的青泥层，属地下水型，剖面构型为 A-G。

2. 潮土　潮土主要分布在河流冲积平原和丘陵，母质为河流冲积物、湖积物，是蔡甸区主要的旱作土，主要种植棉花、玉米、蔬菜瓜果等。该土壤土层深厚，在同一剖面中常有不同的质地层次，不同质地层次对土壤的通气透水性能和土壤养分转化有很大影响。由于地下水位的影响和耕作熟化程度的不同，土体构型为 A-C 或 A-B-C。潮土土类根据有无石灰反应划为潮土（50 厘米内无石灰反应），灰潮土（50 厘米内有石灰反应）2 个亚类。

（1）潮土　潮土主要分布在水网平原湖区和小河两岸。土壤 50 厘米内无石灰反应或 50 厘米下有石灰反应，母质主要是无石灰反应的湖相沉积物及小河两岸的河流冲积物。由于耕作熟化程度不同，土层中铁锰淀积情况有异，土体构型为 A-C 或 A-B-C。潮土亚类根据耕层质地，划分为潮泥土 1 个土属、6 个土种。

（2）灰潮土　灰潮土成片分布在长江河流冲积平原，成土母质来源主要是河流冲积物。土层较厚，土壤熟化程度高。灰潮土亚类根据耕层质地划分为灰河潮土 1 个土属，17 个土种。

3. 黄棕壤　黄棕壤仅 1 个亚类，1 个土属，6 个土种，主要分而在新农、柏林、索河、李集、大集、永安、多山、黄陵、沌口、军山、桐湖以及侏儒的北半部，海拔高度 50~80 米。成土母质大部分为第四纪黏土。

4. 红壤　红壤是蔡甸区的主要地带性土壤，广泛分布在全区高坻岗的岗顶、岗面、岗坡及低丘上，它是本地特定生物气候条件的产物。受其形成过程的影响，土壤中脱硅富铝化作用明显，以颜色红化为其形成的外部特征，一般为红色或棕红色，水化度较高的亦成黄棕色，土壤黏性大，pH 值的变幅在 4.5~6.0 之间。该土类划分为 1 个亚类，1 个土属，3 个土种。

5. 草甸土　草甸土有两个亚类，分布于洪南湖荒地带，发育于江河近代（Q_4）冲击物。伴有常年性积水，如沉湖湿地等就属于此类。

二、耕地土壤培肥改良情况

有机质的提升与保持是蔡甸区耕地地力保持的主要做法。通过对全区高产水稻田（稻谷产量 650 千克以上定为高产田）土壤养分含量状况的调查，高产稻田土壤有机质含量范围为 24.45~34.51 克/千克，碱解氮含量范围为 120~150 毫克/千克，有效磷含量范围为 15.5~40.0 毫克/千克，速效钾含量在 120 毫克/千克以上。在土壤养分因子中有机质含量与水稻产量关系最为密切，土壤质地也是影响产量的一个重要因素。

1. 实施测土配方施肥技术　在作物收获后，下茬作物施肥播种前，要实施测土配方施肥技术。一般按照 6.67~13.33 公顷的密度采样，然后到有资质的化验室进行养分化验，结合田间试验结果及作物品种、目标产量，确定科学合理的施肥量、施肥比例、施肥时期、施肥方法。提倡使用专用肥、配方肥。通过测土配方施肥技术，可实现作物营养配比平衡，减少土壤养分的消耗，提高肥料利用率，最大限度地发挥作物的生产潜能，提高作物的产量和品质。注意根据不同的土壤养分状况，补充中量元素肥料、微量元素肥料。

2. 增施有机肥料，作物秸秆部分或全部还田　充分利用当地动物粪便、土杂肥等有机肥料资源增加有机肥料用量，争取亩施有机肥 2000 千克以上。水稻、小麦两季秸秆全部还田，小麦和水稻秸秆还田方式为机械收割粉碎还田，油菜和玉米秸秆通过机械粉碎还田，秸秆粉碎长度要求小于 5 厘米，结合深耕翻压还田。有条件的地方，可以引进消泗、洪北乡秸秆还田的经验，实施秸秆还田。秸秆采用粉碎翻压还田，播种后要进行播后镇压，适宜多施氮肥。

3. 深耕细作　高产土壤一般具有土层深厚、质地适中的土壤特性，但普遍存在耕作层浅薄的问题，一般小于 15 厘米，严重影响了根系下扎，水分下渗，作物对水肥的吸收能力，影响了产量的提高。试验证明，打破犁底层是水稻、小麦、玉米高产的重要措施之一。一般在小麦播种前，利用大型农业机械，深耕 20 厘米，打破犁底层，做到不漏耕，耕透耙透，耕耙配套，无明显坷垃，无架空暗垡，达到上松下实的效果。提倡用深松机隔年深耕，以破坏犁底层，防止土壤板结，增强土壤蓄水保水能力，增加土壤养分供给能力，促进作物根系发育，生长健壮，实行深耕深翻，一般每亩可增产 8%～10%。

4. 选择合理的种植制度　常年一年两作或一年三作地力消耗较大，在条件允许的情况下，结合种植业调整规划，可考虑调整种植制度，尽量避免片面安排耗地作物，可适当增加大豆、蚕豆、绿豆等养地作物。提高复种指数要考虑到土壤肥力、肥料投入、人力和机械等条件，以达到地越种越肥，产量越种越高的目的。

第二章 评价方法与步骤

第一节 评价流程

一、耕地质量等级调查评价流程

参见图 6-2-1。

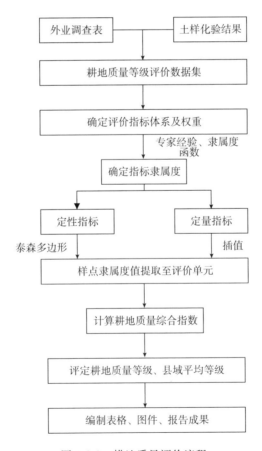

图 6-2-1 耕地质量评价流程

二、资料收集

1. 统计资料　全县第二次土壤普查资料（土壤志、土种志等）、农业生产统计资料。

2. 地图资料　土地利用现状图、土壤图、行政区划图等。

3. 数据库　1∶25万全国基础地理数据库；地理空间云数据（遥感影像、DEM高程数据）。

第二节　数据准备

一、土样采集

1. 采样准备

①采集土样前，充分考虑土壤变异产生的原因，包括地形、母质、前季作物的产量水平、耕作、施肥、灌溉等管理措施，由此将整个田块划分为若干个采样单位，预先在采样单元图上布设好采样点，制作采样点分布图。

②采集土样时，如地面存在明显枯枝落叶、秸秆和杂草覆盖层时，应将落叶、秸秆和杂草移除后再采集土壤样品。

③实际采样点数量应大于所要求的布点数量，以免在采样过程中因各种原因需舍弃采样点而造成的采样点数量不够。

④布点应考虑地形地貌、土壤类型与分布、肥力高低、作物种类和管理水平等，并兼顾空间分布的均匀性；同时，对于蔬菜地还要考虑设施类型、蔬菜种类、种植年限等。耕地地力调查布点应与耕地环境质量调查布点相结合。

⑤布点应具有广泛代表性，兼顾均匀性、时效一致性和数据完整性，同时兼顾土壤类型、行政区划、地貌类型、地力水平等。

2. 采样单元

①布点前应该进行路线勘察调查，根据地形地貌、土壤类型、作物种类等因素，应用评价单元图进行综合分析，根据调查精度确定调查与采样点数量及位置。同时，将统一编号的采样点标绘在评价单元图上，形成调查点位图。在县域调查时，原则上要求大田每1000亩、蔬菜地每500～1000亩布设1个样点。

②采样可集中在每个采样单元相对中心位置的典型农户，以面积为1～10亩的典型地块为主。

③首先应考虑以下几点：a. 样点分布均匀，保证采样点空间位置均匀分布，以及采样点在不同耕地类型（旱地、水田、水浇地）间的均匀分布，采样点选取代表面积大的图斑；b. 样点应远离人类生活区（建制镇、村庄、道路等）；c. 道路通达。

④对于耕地地力调查土样，在土壤类型及地形条件复杂的区域，在优势作物或经济作物种植区适当加大采样点密度；对于环境质量调查土样，在工矿企业及城镇周边等土壤易受污染的区域，应适当加大耕地环境质量调查取样点密度；对于环境质量调查水样、水果等直接使用的农产品生产区也要加大采样密度。

3. 采样方法

①为了减少采样点数，同时控制采样误差，通常采用S形采样方式，采样点数在15～

20点（条件相对均一的同一田块）；对于田间定位实验小区（一般在 20 米² 左右），要求做到每个小区 5 点取样。

②采样时应避开路边、田埂、沟边、肥堆点等特殊部位。

4. 采样时间

①为了表征土壤供肥能力，一般在前季作物收获后一周或下季作物种植前一周完成土壤样品的采集；果园一般在果实采摘后第一次施肥前采集。

②土壤中有效养分含量随季节变化波动较大，以有效磷、速效钾为例，最大差异可达 1～2 倍，因此采集土样时应注意时间因素，同一时间内采集的土样分析结果才能相互比较。为了保证连贯性，建议每年的取样时间要相对固定。

5. 采样工具

①土钻和取土铲均可用于土样样品的采集。测定土壤中微量元素时，不能使用普通铁铲和土钻进行采样，而应采用木质或竹质取土工具。

②取样深度一般为耕作层（20 厘米）。每个采样点的取土深度及采样量应均匀一致，土样上层与下层的比例要相同，取样器应垂直于地面入土，深度相同。

6. 采样量

①每个混合样品一般在 1.0～2.0 千克为宜。如果采样点较多使得混合样太多时，可首先将全部土壤样品捏碎混匀，去除其中明显的石头、根系残茬等，采用四分法保留 1 千克左右的样品即可。

②样品分装可采用干净的塑料袋或自封袋，对于湿度较大的样品，比如稻田土样，不宜采用布袋子封装。

③除了采样袋内装入的样品信息卡外，采样袋外部标签也需标明样品编号、地点、采样时间以及采样人等基础信息。

二、田间调查

1. 调查表

《农业部办公厅关于做好耕地质量等级调查评价工作的通知》（农办农〔2017〕18 号）附件 1 中耕地质量等级调查内容，如表 6-2-1 所示。

表 6-2-1　耕地质量等级调查

项目		项目		项目	
统一编号		成土母质		障碍层类型	
市州名		地貌类型		障碍层深度（厘米）	
县名		地形部位		障碍层厚度（厘米）	
乡镇名		海拔高度		灌溉能力	
村名		有效土层厚度（厘米）		灌溉方式	
采样年月		耕层厚度（厘米）		水源类型	
经度（°）		耕层质地		排水能力	

（续）

项目		项目		项目	
纬度（°）		耕层土壤容重（克/厘米^3）		熟制	
土类		质地构型		常年耕作制度	
亚类		生物多样性		主栽作物名称 1 及常年产量	
土属		农田林网化程度		主栽作物名称 2 及常年产量	
土种		障碍因素		主栽作物名称 3 及常年产量	

2. 调查前准备

（1）模拟填写　组织调查人员填写要求，统一填写规范，进行模拟填写。

（2）室内预填写　表格中的部分内容需要在室内完成，如土类、亚类、土属、土种、有效土层厚度、障碍层等信息，可以从土壤图、土壤志等资料中获取，凡能在室内填写的都应填写，节省野外调查时间。

3. 调查表填写要求

①对室内填写的项目进行野外校验。

②按规范要求准确填写。

③找不到户主不得调查采样。

④在野外采样、调查工作结束后，参与调查的技术人员，集中对野外调查表进行审核，保证准确，不缺项。

三、化验分析

1. 样品检测

①提供数据的县域土壤分析化验室应具备计量认证基本条件。工作环境、温度、湿度，满足检测工作要求。检测人员持有上岗证，熟悉仪器操作和土壤化验基本技能。

②每批土壤测定时，都必须坚持做两个空白样，通过空白样来控制检测环境和检测试剂是否满足测定基本要求。

③单个土壤平行测定 2 次，要求小于误差控制标准，合格率应达到 100%，不合格的重新称样测试。

2. 数据审核　用 Excel 的排序功能对每个测试项目的数据进行排序，同时把对应的种植类型与产量水平、土壤类型等进行关联，对前后 5%～10% 的数据重点审查。可疑数据应核对原始记录，或返回化验室重新分析或剔除。

3. 数据快速审核

（1）完整性

①全表应有 47 列以上数据（EXCEL 表格 AU 列）。

②表格各行数据应该完整，没有空白。

（2）规范性

①填写应符合规范要求（字段类型、枚举内容）。

②数值在正常范围内（如 $3 < pH < 9.5$）。

（3）逻辑性　要注意部分指标间的相关关系和逻辑性。如土壤类型与 pH 的关系（灰潮土）；有效土层厚度与障碍层深度的关系。

第三节　耕地质量等级评价

一、评价单元建立

1. 数据来源

（1）行政区划图　国土（自然资源）部门提供的最新数据（2017 年度）。

（2）土地利用现状图　国土（自然资源）部门提供的最新数据（2017 年度）；提供出耕地图斑、地类编码：水田 011/水浇地 012/旱地 013。

（3）土壤图

2. 处理步骤

（1）以土地利用现状图为底图

（2）以土壤图与土地利用现状图叠加

（3）将行政区划图与步骤 1 的结果进行叠加

（4）合并面积过小的图斑（最小上图图斑面积 400 米²）

（5）以县为单位，对 TBDLMJ 字段进行平差（图 6-2-2）

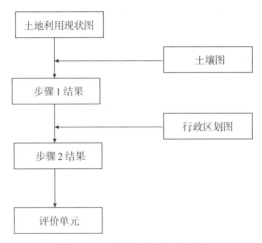

图 6-2-2　评价单元建立流程

二、评价单元赋值

评价主要内容，为整理项目区采样点的外业调查数据表以及土样化验数据，形成耕地质量指标初始数据库，确定指标权重，运用 ArcGIS 分别对定性和定量指标进行隶属度核算，然后计算每个评价单元的耕地质量综合指数，进而评定耕地质量等级和县域耕地质量平均等级。

将采样点数据综合表和样点土壤化验结果表一一对应起来，整合成一个 Excel 表。将整理完成的表格导入 ArcGIS 中，转换为 shp 文件，打开其属性表，根据《省农业厅办公室关于印发耕地质地质量等级评价技术规程（试行）通知（鄂农办函〔2017〕27 号）》的规范要求对属性表进行编辑，在修改如下 11 个定性指标的用语规范性的同时，给每个定性指标添加隶属度字段。

1. 确定农业区分布 参见表 6-2-2。

表 6-2-2 农业区分布

农业区名称	县（市、区）
长江中游平原农业水产区	蔡甸、东西湖、汉南、黄陂、新洲、武汉市近郊区（洪山区等）、黄州、团风、浠水、蕲春、武穴、黄梅、龙感湖、安陆、云梦、应城、孝南、孝昌、汉川、嘉鱼、掇刀、东宝、漳河新区、屈家岭、沙洋、钟祥、京山、宜城、天门、仙桃、潜江、洪湖、监利、石首、公安、松滋、荆州、沙市、江陵、当阳、枝江
鄂豫皖平原山地农林区	襄州、襄城、樊城、襄阳市高新区、枣阳、老河口、曾都、随县、广水、大悟、红安、麻城、罗田、英山
江南丘陵山地农林区	黄石市郊区、阳新、大冶、蔡甸、华容、梁子湖、鄂城、咸安、赤壁、崇阳、通山、通城
秦岭大巴山林农区	十堰市郊区（张湾区、茅箭区、武当山特区）、郧阳、郧西、竹溪、竹山、房县、丹江口、谷城、保康、南漳、神农架
川鄂湘黔边境山地林农牧区	远安、兴山、秭归、宜都、长阳、五峰、夷陵、宜昌市郊区（点军区、猇亭区）、恩施、巴东、建始、利川宜恩、鹤峰、咸丰、来凤

2. 指标权重 参见表 6-2-3。

表 6-2-3 各农业区所对应的指标权重

名称 权重	长江中游平原农业水产区	鄂豫皖平原山地农林区	江南丘陵山地农林区
排水能力	0.1319	0.0918	0.0646
灌溉能力	0.1090	0.1266	0.1376
地形部位	0.1078	0.1375	0.1404
有机质	0.0924	0.0930	0.1082
耕层质地	0.0721	0.0703	0.0754
土壤容重	0.0572	0.0561	0.0437
质地构型	0.0569	0.0589	0.0539
障碍因素	0.0559	0.0542	0.0428
pH	0.0555	0.0451	0.0660
有效磷	0.0554	0.0520	0.0573
速效钾	0.0549	0.0520	0.0568
有效土层厚度	0.0478	0.0554	0.0523
生物多样性	0.0387	0.0372	0.0407
农田林网化	0.0353	0.0384	0.0324
清洁程度	0.0291	0.0315	0.0279

3. 定性指标隶属度 参见表 6-2-4 至表 6-2-14。

表 6-2-4　地形部位隶属度

地形部位	山间盆地	宽谷盆地	平原低阶	平原中阶	平原高阶	丘陵上部	丘陵中部	丘陵下部	山地坡上	山地坡中	山地坡下
隶属度	0.8	0.95	1	0.95	0.9	0.6	0.7	0.8	0.3	0.45	0.68

表 6-2-5　耕层质地隶属度

耕层质地	砂土	砂壤	轻壤	中壤	重壤	黏土
隶属度	0.6	0.85	0.9	1	0.95	0.7

表 6-2-6　质地构型隶属度

质地构型	薄层型	松散型	紧实型	夹层型	上紧下松型	上松下紧型	海绵型
隶属度	0.55	0.3	0.75	0.85	0.4	1	0.95

表 6-2-7　生物多样性隶属度

生物多样性	丰富	一般	不丰富
隶属度	1	0.8	0.6

表 6-2-8　清洁程度隶属度

清洁程度	清洁	尚清洁
隶属度	1	0.8

表 6-2-9　障碍因素隶属度

障碍因素	盐碱	瘠薄	酸化	渍潜	障碍层次	无
隶属度	0.5	0.65	0.7	0.55	0.6	1

表 6-2-10　灌溉能力隶属度

灌溉能力	充分满足	满足	基本满足	不满足
隶属度	1	0.8	0.6	0.3

表 6-2-11　排水能力隶属度

排水能力	充分满足	满足	基本满足	不满足
隶属度	1	0.8	0.6	0.3

表 6-2-12　农田林网化隶属度

农田林网化	高	中	低
隶属度	1	0.85	0.7

表 6-2-13　有效土层厚度隶属度

指标名称	函数公式	a 值	c 值	u 的下限值	u 的上限值
有效土层厚度	$y=1/[1+a(u-c)^2]$	0.000205	99.09234	10	99

注：y 为隶属度；u 为实测值；u 小于等于下限值时，y 为 0；u 大于等于上限值时，y 为 1。

表 6-2-14　土壤容重隶属度

指标名称	函数公式	a 值	c 值	u 的下限值	u 的上限值
土壤容重	$y=1/[1+a(u-c)^2]$	2.236726	1.211674	0.5	3.21

注：y 为隶属度；u 为实测值；u 小于等于下限值或 u 大于等于上限值时，y 为 0。

4. 定量指标隶属度　参见表 6-2-15 至表 6-2-18。

表 6-2-15　pH 隶属度

指标名称	函数公式	a 值	c 值	u 的下限值	u 的上限值
pH	$y=1/[1+a(u-c)^2]$	0.221129	6.811204	3.0	10.0

注：y 为隶属度；u 为实测值；u 小于等于下限值或 u 大于等于上限值时，y 为 0。

表 6-2-16　有机质隶属度

指标名称	函数公式	a 值	c 值	u 的下限值	u 的上限值
有机质	$y=1/[1+a(u-c)^2]$	0.001842	33.656446	0	33.7

注：y 为隶属度；u 为实测值；u 小于等于下限值时，y 为 0；u 大于等于上限值时，y 为 1。

表 6-2-17　有效磷隶属度

指标名称	函数公式	a 值	c 值	u 的下限值	u 的上限值
有效磷	$y=1/[1+a(u-c)^2]$	0.002025	33.346824	0	33.3

注：y 为隶属度；u 为实测值；u 小于等于下限值时，y 为 0；u 大于等于上限值时，y 为 1。

表 6-2-18　速效钾隶属度

指标名称	函数公式	a 值	c 值	u 的下限值	u 的上限值
速效钾	$y=1/[1+a(u-c)^2]$	0.000081	181.622535	0	182

注：y 为隶属度；u 为实测值；u 小于等于下限值时，y 为 0；u 大于等于上限值时，y 为 1。

5. 等级划分指数　参见表 6-2-19。

表 6-2-19　耕地质量等级划分指数

耕地质量等级	综合指数范围
一等	≥0.9170
二等	0.8924～0.9170
三等	0.8678～0.8924

（续）

耕地质量等级	综合指数范围
四等	0.8431～0.8678
五等	0.8185～0.8431
六等	0.7939～0.8185
七等	0.7693～0.7939
八等	0.7446～0.7693
九等	0.7200～0.7446
十等	＜0.7200

第四节　耕地质量评价系统

①运行"县域耕地资源管理信息系统"，参见图 6-2-3。

图 6-2-3　登入界面

②选择"文件"→"工作空间维护"，右键点击"收藏夹"，新建工作站（注：可先设置与图层一致的坐标系统，若导入图层时有提示不一致，则重新新建工作空间，默认坐标系统，根据下面提示，将图层坐标设为工作间坐标系统。），参见图 6-2-4。

③在"图库"目录栏，右键点击"矢量图"，导入矢量图层，依次导入土地利用规划图、土壤图、行政区划图、耕地质量调查点点位图、耕地资源管理单元图。注意图层和属性命名规范及属性字段是否完整。

④选择"文件"→"外部数据管理"，导入土地利用规划图、土壤图、行政区划图、耕地质量调查点点位图、耕地资源管理单元图图层属性表导出的数据表（.xls）（ArcGIS

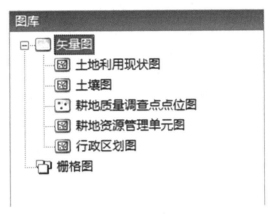

图 6-2-4　矢量图导入完成

中导出并另存），并导出为 .mdb，存放在工作空间目录下。注意命名规范，需命名为"＊＊＊＊属性表"。导入县级行政区划代码表，土壤类型代码表。

⑤在图库目录矢量图下，右键点击"耕地资源管理单元图"，添加到图集。右键图层"连接数据"，连接导出的"耕地资源管理单元图属性表（.mdb）"。

⑥选择"评价"→"等级划分标准管理"，导入建好的"耕地质量等级划分标准"。选择"评价"→"耕地质量评价（国标法）"，导入层次分析模型和隶属函数模型，如图 6-2-5 所示。评价结果表"自定义耕地质量评价结果数据表 0001"，生成后自动存放在外部数据管理中的结果数据中，但需对其进行重新命名为：耕地质量评价结果数据表（图 6-2-6）。

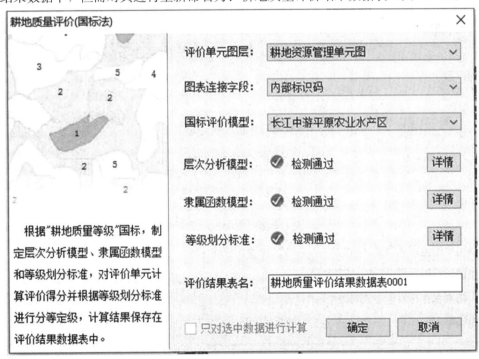

图 6-2-5　国标法耕地质量评价

⑦选择"汇总"→"耕地质量等级汇总"（图 6-2-7）。

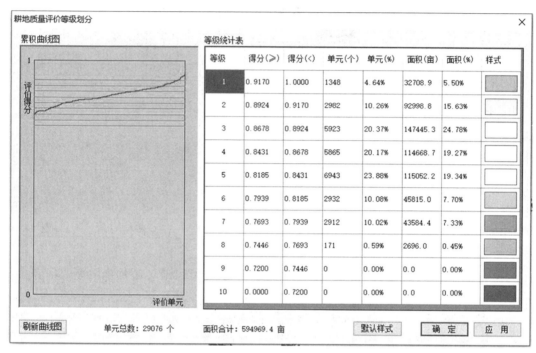

图 6-2-6　读取耕地质量分等标准

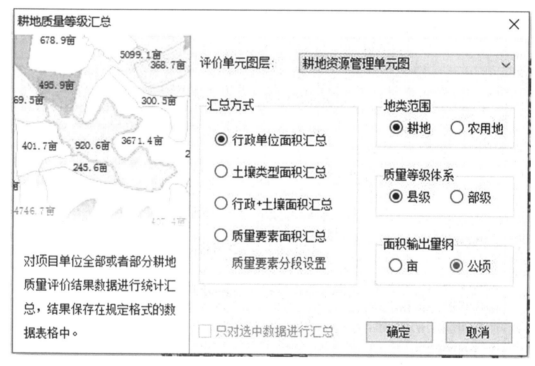

图 6-2-7　耕地质量等级汇总

⑧分别对耕地质量调查点点位图、土壤类型图、行政区划图和耕地质量评价制作专题图，并存为 .mxd，存放在"洪湖市市工作空间 .cws"下的 MapFile 文件夹中。

⑨打开工作空间维护，对工作空间进行检测，必须保证"严控项目"全部合格，有错误的根据检测结果提示进行相应修改。

⑩数据上报。

ⓐ上报内容：县级空间文件（.cws 格式）。

ⓑ上报方式：光盘形式。

第三章 耕地地力结果分析

第一节 耕地质量等级面积总体分布

蔡甸区耕地地力等级统计见表6-3-1。蔡甸区耕地等级一共分为八等，平均加权等级为3.86。

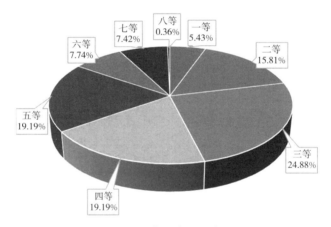

图 6-3-1 各地类面积占比

表 6-3-1 耕地地力等级统计

等级	面积（公顷）	所占百分比（%）
一等	2152.93	5.43
二等	6269.18	15.81
三等	9867.33	24.88
四等	7609.82	19.19
五等	7611.30	19.19
六等	3068.53	7.74
七等	2942.41	7.42
八等	142.97	0.36
总面积	39664.47	100.00

蔡甸区各地类面积占比见图 6-3-2，各地类面积分布见表 6-3-2。

表 6-3-2　地类面积分布

地类名称	对应面积（公顷）	所占百分比（%）
旱地	360.91	0.91
水浇地	24552.37	61.90
水田	14751.19	37.19
总和	39664.47	100.00

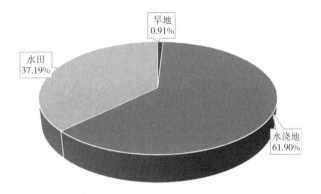

图 6-3-2　地类面积分布

第二节　耕地地力一等地分布

耕地质量评价一等地分布如图 6-3-3 所示。

蔡甸区一等地各地类面积分布见表 6-3-3 及图 6-3-4。

表 6-3-3　各地类面积分布

地类名称	面积（公顷）	所占百分比（%）
旱地	4.72	0.22
水浇地	1915.57	88.98
水田	232.64	10.81
总和	2152.93	100.00

图 6-3-3 蔡甸区一等地分布

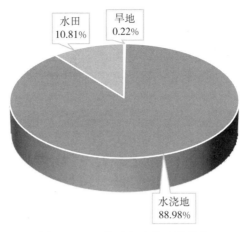

图 6-3-4 一等地各地类面积分布

第三节 耕地地力二等地分布

耕地质量评价二等地分布如图 6-3-5 所示。

蔡甸区二等地各地类面积分布见表 6-3-4 及图 6-3-6。

表 6-3-4 各地类面积分布

地类名称	面积（公顷）	所占百分比（％）
旱地	10.15	0.16
水浇地	5138.95	81.97
水田	1120.08	17.87
总和	6269.18	100.00

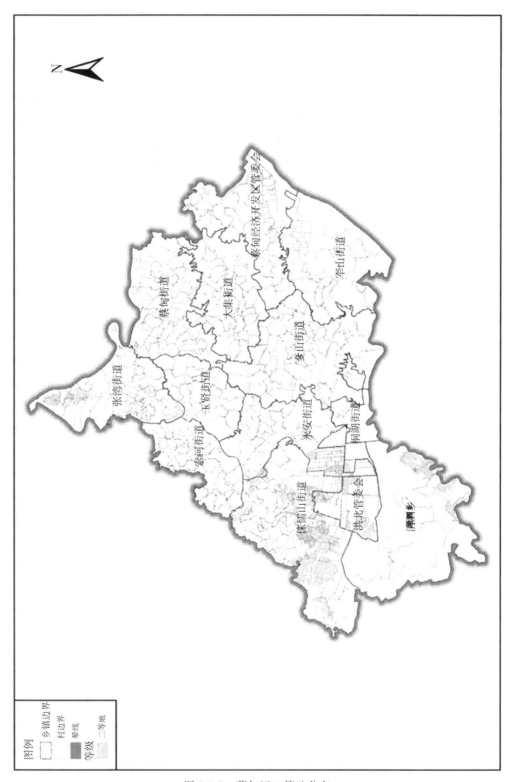

图 6-3-5 蔡甸区二等地分布

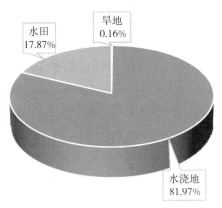

图 6-3-6　二等地各地类面积分布

第四节　耕地地力三等地分布

耕地质量评价三等地分布如图 6-3-7 所示。

蔡甸区三等地各地类面积分布见表 6-3-5 及图 6-3-8。

表 6-3-5　各地类面积分布

地类名称	面积（公顷）	所占百分比（%）
旱地	34.20	0.35
水浇地	7447.88	75.48
水田	2385.25	24.17
总和	9867.33	100.00

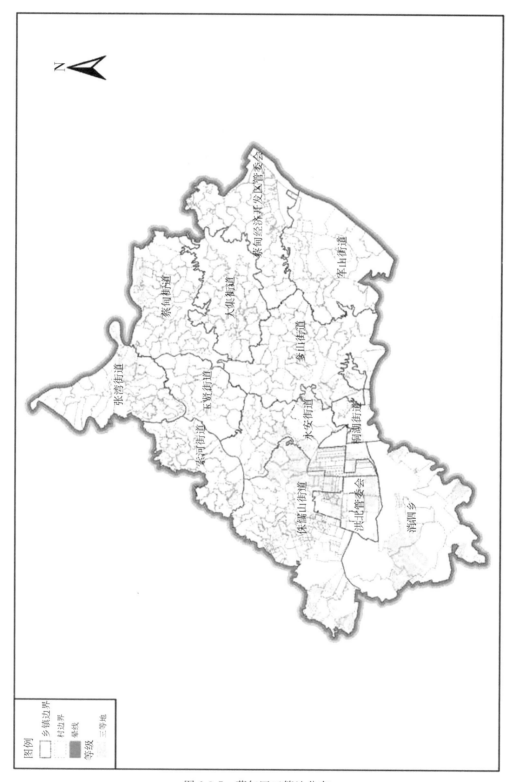

图 6-3-7　蔡甸区三等地分布

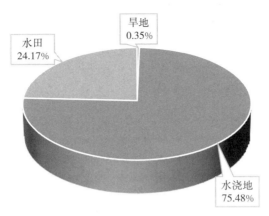

图 6-3-8　三等地各地类面积分布

第五节　耕地地力四等地分布

耕地质量评价四等地分布如图 6-3-9 所示。

蔡甸区四等各地类面积分布见表 6-3-6 及图 6-3-10。

表 6-3-6　各地类面积分布

地类名称	面积（公顷）	所占百分比（%）
旱地	47.03	0.62
水浇地	4408.52	57.93
水田	3154.27	41.45
总和	7609.82	100.00

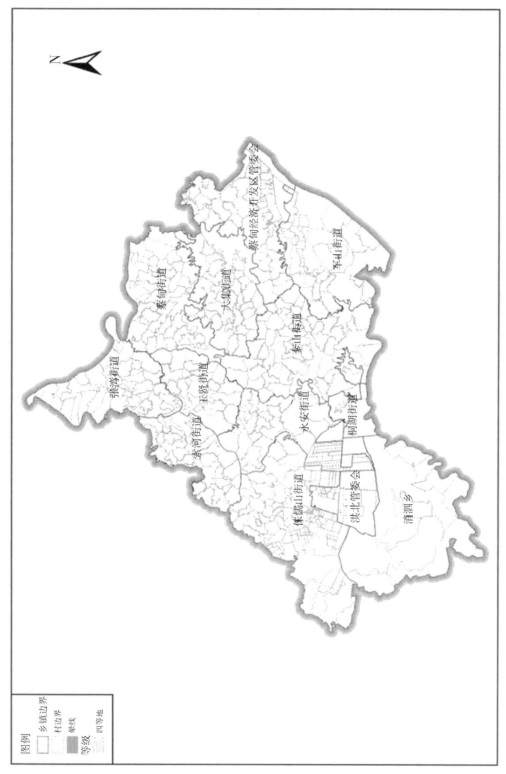

图 6-3-9 蔡甸区四等地分布

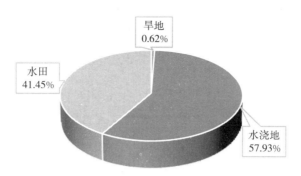

图 6-3-10　四等地各地类面积分布

第六节　耕地地力五等地分布

耕地质量评价五等地分布如图 6-3-11 所示。

蔡甸区五等地各地类面积分布见表 6-3-7 及图 6-3-12。

表 6-3-7　各地类面积分布

地类名称	面积（公顷）	所占百分比（%）
旱地	244.53	3.21
水浇地	2879.68	37.83
水田	4487.09	58.95
总和	7611.30	100.00

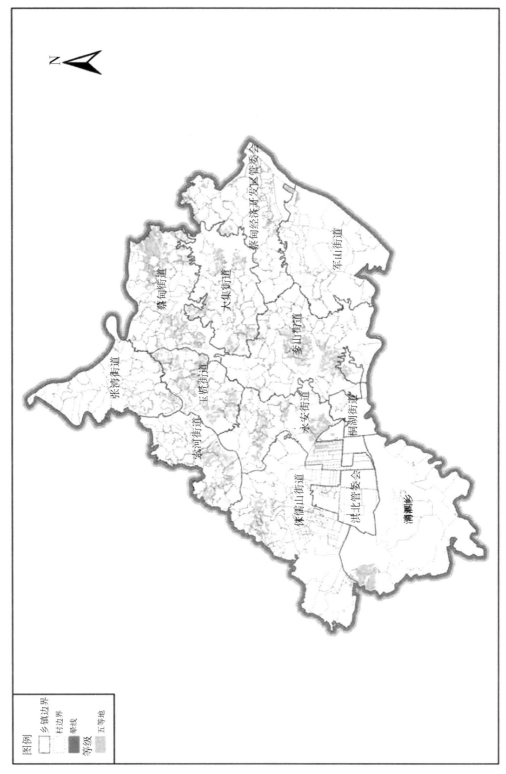

图 6-3-11 蔡甸区五等地分布

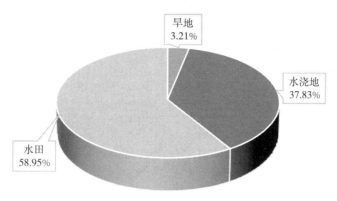

图 6-3-12 五等地各地类面积分布

第七节 耕地地力六等地分布

耕地质量评价六等地分布如图 6-3-13 所示。

蔡甸区六等地各地类面积分布见表 6-3-8 及图 6-3-14。

表 6-3-8 各地类面积分布

地类名称	面积（公顷）	所占百分比（%）
旱地	5.51	0.18
水浇地	1497.25	48.79
水田	1565.77	51.03
总和	3068.53	100.00

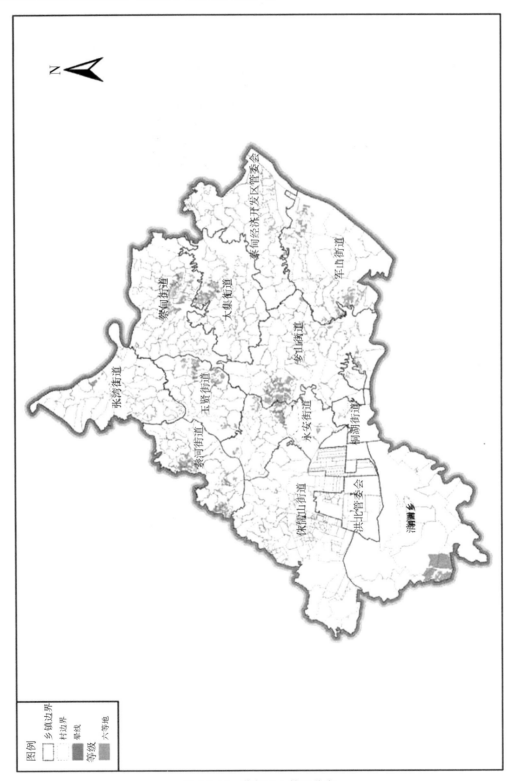

图 6-3-13　蔡甸区六等地分布

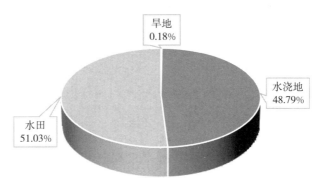

图 6-3-14　六等地各地类面积分布

第八节　耕地地力七等地分布

耕地质量评价七等地分布如图 6-3-15 所示。

蔡甸区七等地各地类面积分布见表 6-3-9 及图 6-3-16。

表 6-3-9　各地类面积分布

地类名称	面积（公顷）	所占百分比（%）
旱地	14.77	0.50
水浇地	1161.24	39.47
水田	1766.40	60.03
总和	2942.41	100.00

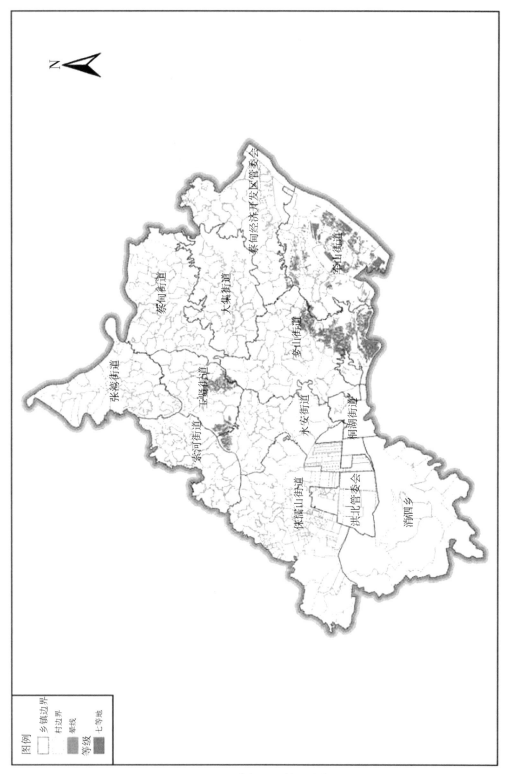

图 6-3-15　蔡甸区七等地分布

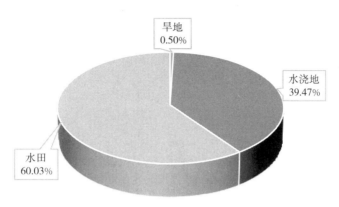

图 6-3-16 七等地各地类面积分布

第九节 耕地地力八等地分布

耕地质量评价八等地分布如图 6-3-17 所示。

蔡甸区八等地各地类面积分布见表 6-3-10 及图 6-3-18。

表 6-3-10 各地类面积分布

地类名称	面积（公顷）	所占百分比（%）
水浇地	103.28	72.24
水田	39.69	27.76
总和	142.97	100.00

图 6-3-17 蔡甸区八等地分布

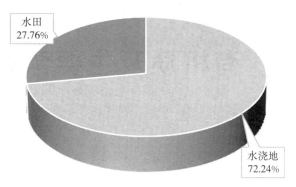

图 6-3-18 八等地各地类面积分布

第四章　有机质及主要营养元素

对于土壤有机质、氮、磷、钾、锌、硼、硅等养分数据，我们首先按照野外实际调查点进行整理，建立了以各养分为字段，以调查点为记录的数据库。之后，进行了土壤采样样点图与分析数据库的连接，在此基础上对各养分数据进行插值处理，经编辑处理，生成各土壤养分专题图层。

第一节　耕地土壤有机质

图6-4-1为土壤有机质分布图，从图中可以看出土壤中有机质含量高的主要分布在蔡甸区的北部和西南部，中部地区土壤有机质含量相对较低。图6-4-2为土壤有机质相关统计信息，从图中可以看出土壤有机质含量最高为31克/千克，最低为18.9克/千克，平均值在23.5克/千克左右。

第二节　主要营养元素分述

一、全氮

图6-4-3为土壤全氮分布图，从图中可以看出土壤中全氮含量高的主要分布在蔡甸区的西南部地区，中部地区土壤全氮含量相对较低。图6-4-4为土壤全氮相关统计信息，从图中可以看出土壤全氮含量最高为2.61克/千克，最低为0.21克/千克，平均值在1.35克/千克左右。

二、有效磷

图6-4-5为土壤有效磷分布图，从图中可以看出蔡甸区的北部和西南部土壤中有效磷含量相对其他区域较高。图6-4-6为土壤有效磷相关统计信息，从图中可以看出土壤有效磷含量最高为42.5毫克/千克，最低为14.9毫克/千克，平均值在24.52毫克/千克左右。

三、速效钾

图6-4-7为土壤速效钾分布图，从图中可以看出蔡甸区的北部和西南部土壤中速效钾含量相对其他区域较高，中间区域速效钾含量较高。图6-4-8为土壤速效钾相关统计信息，从图中可以看出土壤速效钾含量最高为223毫克/千克，最低为136毫克/千克，平均值在172.98毫克/千克左右。

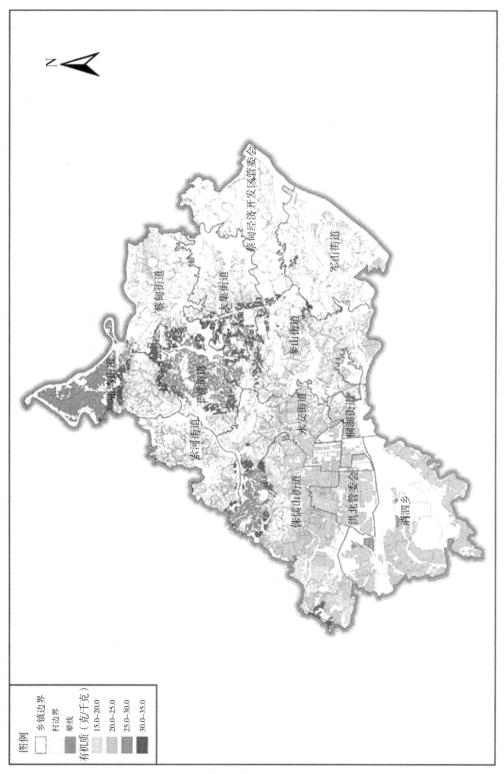

图 6-4-1　蔡甸区耕地土壤有机质分布

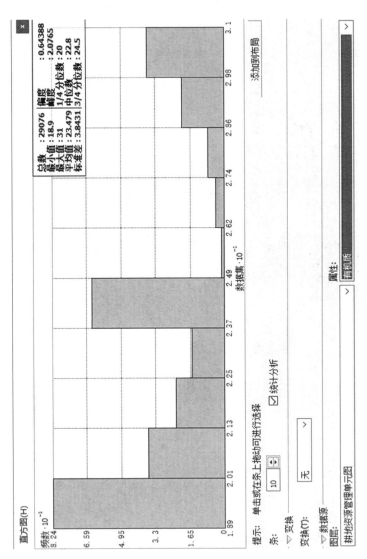

图 6-4-2 土壤有机质相关统计

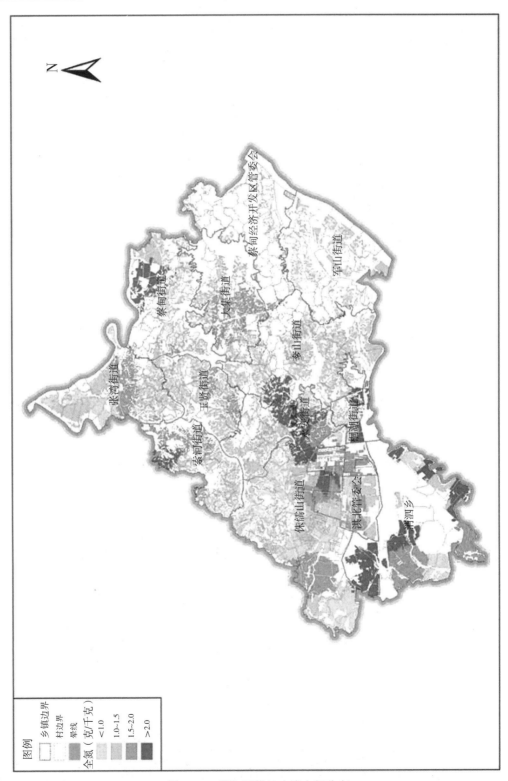

图 6-4-3　蔡甸区耕地土壤全氮分布

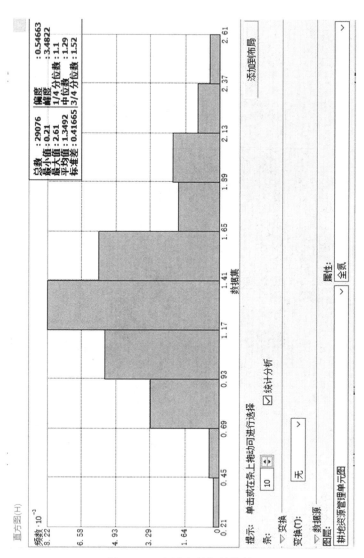

图 6-4-4　土壤全氮相关统计

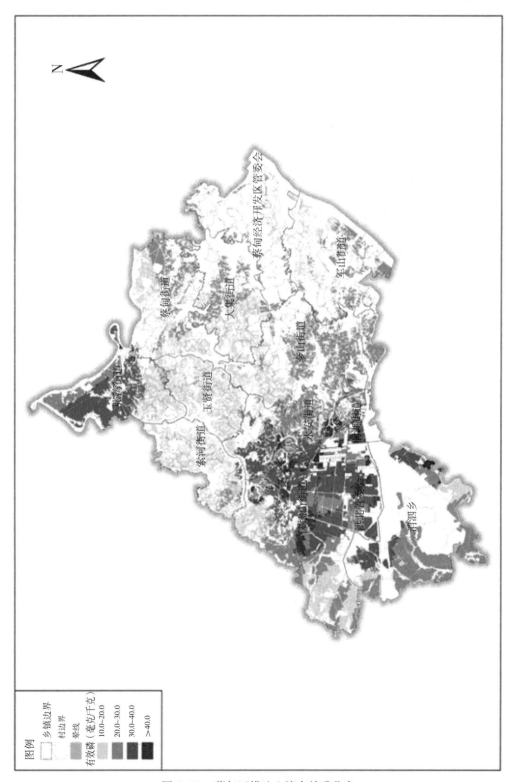

图 6-4-5 蔡甸区耕地土壤有效磷分布

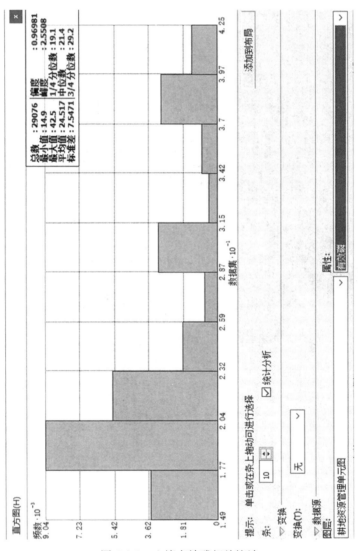

图 6-4-6　土壤有效磷相关统计

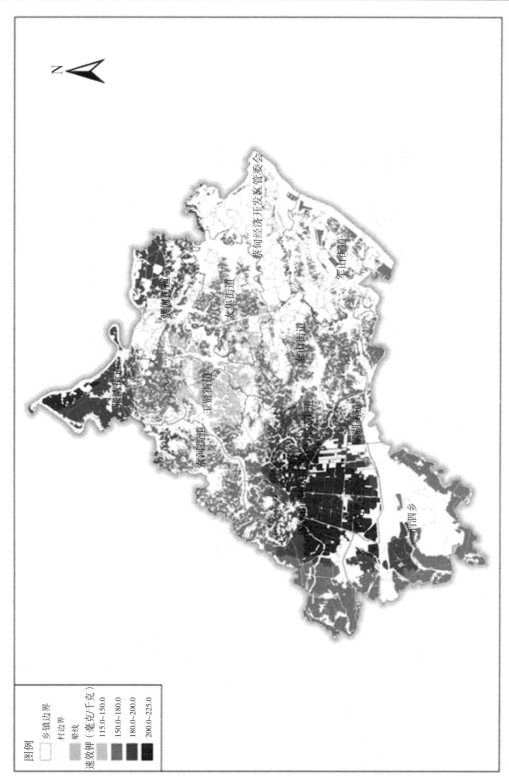

图 6-4-7　蔡甸区耕地土壤速效钾分布

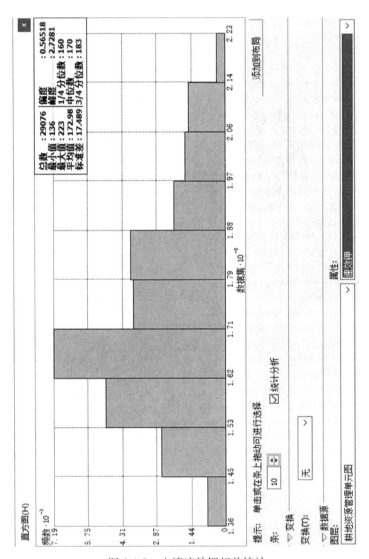

图 6-4-8 土壤速效钾相关统计

第五章　其他指标

　　主要分析地形部位、耕层质地、灌溉能力、排水能力和清洁程度五类定性指标，结果如下。

　　1. 地形部位　参见表 6-5-1 及图 6-5-1。

表 6-5-1　地形部位占比

地形部位	面积（公顷）	所占面积比（％）
平原低阶	8568.07	21.70
平原高阶	360.08	0.91
平原中阶	17006.53	42.98
丘陵下部	10550.49	26.80
丘陵中部	3179.30	8.22
总计	39664.47	100.00

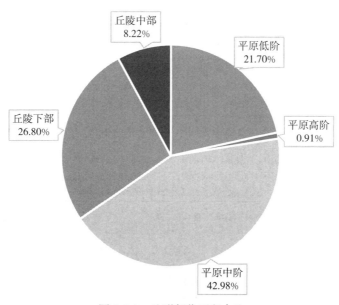

图 6-5-1　地形部位面积占比

2. 耕层质地 参见表 6-5-2 及图 6-5-2。

表 6-5-2 耕层质地占比

耕层质地	面积（公顷）	所占面积比（%）
黏土	421.02	1.06
轻壤	387.45	0.98
砂壤	9431.66	23.78
中壤	20661.52	52.09
重壤	8762.82	22.09
总计	39664.47	100.00

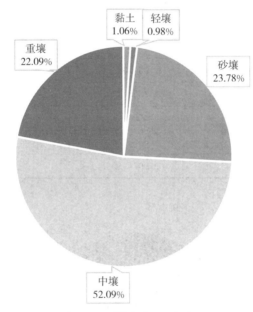

图 6-5-2 耕层质地面积占比

3. 灌溉能力 参见表 6-5-3 及图 6-5-3。

表 6-5-3 灌溉能力占比

灌溉能力	面积（公顷）	所占面积比（%）
基本满足	15265.09	38.49
满足	24399.38	61.51
总计	39664.47	100.00

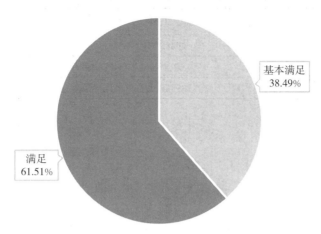

图 6-5-3　灌溉能力面积占比

4. 排水能力　参见表 6-5-4 及图 6-5-4。

表 6-5-4　排水能力占比

排水能力	面积（公顷）	所占面积比（%）
基本满足	17729.65	44.70
满足	21934.82	55.30
总计	39664.47	100.00

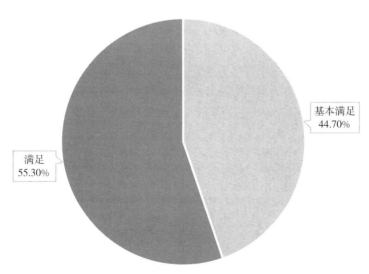

图 6-5-4　排水能力面积占比

5. 清洁程度　参见表 6-5-5 及图 6-5-5。

表 6-5-5　清洁程度占比

清洁程度	面积（公顷）	所占面积比（%）
清洁	36383.09	91.73
尚清洁	3281.38	8.27
总和	39664.47	100.00

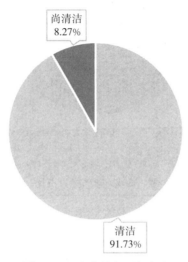

图 6-5-5　清洁程度面积占比

第六章　成果图

蔡甸区耕地质量等级分布图
蔡甸区耕地土壤有机质分布图
蔡甸区耕地土壤全氮分布图
蔡甸区耕地土壤有效磷分布图
蔡甸区耕地土壤速效钾分布图
成果图参见书后彩图。

江夏区耕地质量调查与评价

第一章 评价区域概况

第一节 地理位置与行政区划

江夏区隶属于湖北省武汉市，北与洪山区相连，南与咸宁市咸安区、嘉鱼县接壤，东临鄂州市、大冶市，西与江夏区、汉南区隔江相望。介于东经114°01′~114°35′、北纬29°58′~30°32′之间，区境东西最大横距54.2千米，南北最大纵距63.2千米。全区总面积2018.3千米²。截至2017年末，江夏区常住人口91.37万人，比2016年末增加1.91万人。年底户籍人口61.14万人，其中城镇人口22.65万人，农村人口38.50万人；男性31.42万人，女性29.72万人。2017年出生人口12695人，死亡人口6009人，区域人口自然增长率7.3‰。实现地区生产总值（GDP）770.98亿元，其中，第一产业实现增加值103.86亿元，第二产业实现增加值478.07亿元，第三产业实现增加值189.04亿元，三次产业之比为13.5∶62.0∶24.5。截至2018年，江夏区下辖15个街道、4个产业园、1个风景区。

第二节 自然环境概况

江夏区属江汉平原向鄂南丘陵过渡地段。区境地形特征是中部高，西靠长江，东向湖区缓斜。丘陵地形主要分布在区境北部，呈东西向带状，横刻在网状平原和冲积平原之中。东部和西部为滨湖平源，地面高程约20~40米，中部和北部有成片海拔150米左右的岗丘。境内有大小山体118座，其中海拔在100米以上的有52座，八分山海拔272.3米，是区境内最高点。区境内有大小湖泊136处，主要湖泊有梁子湖、斧头湖、汤逊湖等。主要河流有流经区域西部的长江和金水河。江夏区属中亚热带过渡的湿润季风气候，其年平均气温介于15.9~17.9℃之间，历年平均值为16.8℃；年总降水量为889.2~1862.6毫米，历年平均值为1347.7毫米；日照时数为1450~2050小时，温暖湿润、四季鲜明、热量丰富、降水充沛、光照充足、雨热同季。

第三节 农业生产状况

江夏区襟江带湖，水资源十分丰富，外靠万里长江，境内有汤狲湖、梁子湖、斧头湖等众多湖泊，决定了江夏农业属城郊特色型农业。依托区场，深度开发，着力发展城郊特色农业和现代农业、区场农业，按照布局区域化、生产规模化、产品专业化的目标，突出无公害蔬菜、瓜果、水稻和优质水产、畜禽及花卉林等特色基地建设，形成特种养殖、畜禽养殖、优质蔬果种植、平原林业四大农业板块。江夏区有着丰富的植物资源、动物资源和矿产资源。2017 年，江夏区农林牧渔业完成增加值 108.82 亿元，同比增长 4.2%。其中，农业完成增加值 72.48 亿元，同比增长 4.3%；林业完成增加值 1.47 亿元，同比下降 13.1%；牧业完成增加值 17.27 亿元，同比增长 4.5%；渔业完成增加值 12.65 亿元，同比下降 2.3%；农林牧渔服务业完成增加值 4.95 亿元，同比增长 32.6%。种植业方面，2017 年，江夏区农作物总播种面积 100618 公顷，其中粮食作物播种面积 42120 公顷，比 2016 年减少 680 公顷。全年粮食产量 24.35 万吨，比 2016 年减少 0.56 吨；棉花产量 161 吨，比 2016 年减少 131 吨；油料产量 4.18 万吨，比 2016 年增加 866 吨。畜牧业方面，2017 年，江夏区生猪出栏 109.10 万头，比 2016 年增加 5.17 万头；年末生猪存栏 79.79 万头，比 2016 年增加 0.25 万头。渔业方面，2017 年江夏区水产品产量达到 8.41 万吨，比 2016 年增加 0.076 万吨。

第四节　耕地土壤资源

成土母质是土壤形成的物质基础，地形地貌、气象特点和人为耕作加剧了土壤性质的变化，同时对土壤的理化性状和地力产生影响。

根据第二次土壤普查结果，全区共分 6 个土类，12 个亚类，38 个土属，190 多个土种。

（一）水稻土

水稻土是江夏区的主要耕地土壤，占全区耕地面积的 59.7%。由于水稻土所处的水位条件不同，水耕熟化程度不一，在土壤分类时按土壤受地表水和地下水影响的大小，划分为淹育型、潴育型、侧渗型、潜育型、沼泽型 5 个亚类。

1. 淹育型水稻土　淹育型水稻土发育于各种母质，在全区呈零星分布于丘陵、岗地的顶部、低山的坡脚、平原旱改水的田块。水源比较缺乏，灌溉条件差，属地表水型，面积占水稻土面积的 6.8%。这一亚类的土壤，由于地形部位较高，地下水影响小，加之水耕熟化时间短，犁底层（P）发育较差，以下层次的发育不甚明显，基本上还有母质或旱地土壤痕迹特征。土壤剖面构型为 A-C 或 A-P-C。

2. 潴育型水稻土　潴育型水稻土占水稻土面积的 90.17%，发育于各种母质，广泛分布在低山、丘陵、平原的冲田、平坂、湖、垸。地下水位在 50 厘米以下，灌溉水源丰富，排灌设备健全，属良水型。犁底层（P）下有渗渍层（W）和铁锰淀积层（B），有较明显的棱柱状结构。土壤结构面有灰色胶膜。发育程度越深，W、B 越明显。由于较长时间受地表水的影响，有的 W 层淹育化，也归于此类。土壤剖面构型为 A-P-W-B（C）A-P-G-W 或 A-P-W-B-G 等。

3. 侧渗型水稻土　侧渗型水稻土面积占水稻土面积的 0.067%，仅分布于红壤丘陵地区的冲地，由于地表水的下渗侧渗作用，土体中有漂洗层。漂洗层土色灰白色，质地明显轻于上下层，黏粒有侧渗向下移的趋势，层段极不整齐。漂洗层在生产中表现出漏水漏肥现象，剖面构型为 A-P-E-W-B。

4. 潜育型水稻土　潜育型水稻土占水稻土面积的 1.9%，广泛分布于各种母质，山地、丘陵、平原都有零星分布。地下水位在 50 厘米以上，土壤长期渍水，属地下水型。土体中有明显的青泥层，土体构型为 A-P-G，主要分布在水网平原地区和排水不良的山区及丘陵的冷浸谷地。

5. 沼泽型水稻土　沼泽型水稻土占水稻土面积的 0.96%，发育于各种母质，分布在冲积平原和丘陵地区。该亚类土壤的主要特征：地下水位接近地表，终年不干，土体糊烂，有的耕层即是潜育的青泥层，属地下水型，剖面构型为 A-G。

（二）潮土

潮土主要分布在河流冲积平原和丘陵，母质为河流冲积物、湖积物，是江夏区主要的旱作土，主要种植棉花、蔬菜等。该土壤土层深厚，在同一剖面中常有不同的质地层次，不同质地层次对土壤的通气透水性能和土壤养分转化有很大影响。由于地下水位的影响和耕作熟化程度的不同，土体构型为 A-C 或 A-B-C。

潮土土类根据有无石灰反应划为潮土（50 厘米以内无石灰反应）、灰潮土（50 厘米以内有石灰反应）2 个亚类。

1. 潮土　潮土主要分布在水网平原湖区和小河两岸。土壤 50 厘米以内无石灰反应，母质主要是无石灰反应的湖相沉积物及小河两岸的河流冲积物。由于耕作熟化程度不同，土层中铁锰淀积情况有异，土体构型为 A-C 或 A-B-C。

根据耕层质地，划分为沙土型潮土、壤土型潮土和黏土型潮土 3 个土属。

2. 灰潮土　灰潮土成片分布在长江河流冲积平原，成土母质来源主要是河流冲积物。土层较厚，土壤熟化程度高。

根据耕层质地，划分为沙土型灰潮土、壤土型灰潮土和黏土型灰潮土 3 个土属。

（三）黄棕壤

黄棕壤是江夏区的两大地带性土类之一，是红黄壤向棕壤、褐土过渡的土类，在发生学和分布上表现出明显的南北过渡性，发育于第四纪黏土母质上的黄棕壤，在表层下有一紧实而黏重的呈棱柱状结构的黄棕色淀积层。该土属仅 1 个亚类 1 个土属，主要分布在区境北部，以豹榭、流芳、大桥居多，总面积 6516.8 公顷，占耕地面积的 5.24%；林地 216.1 公顷，占荒地面积的 0.98%。

（四）红壤

红壤是江夏区的主要地带性土壤，共有面积 56045.1 公顷，其中耕地 34228.4 公顷，林地 20483.3 公顷，广泛分布在全区包括区直场所在内的 31 个农业单位高垅岗的岗顶、岗面、岗坡及低丘上，它是本地特定生物气候条件的产物。受其形成过程的影响，土壤中脱硅富铝化作用明显，以颜色红化为其形成的外部特征，一般为红色或棕红色，水化度较高的亦成黄棕色，土壤黏性大，土壤 pH 变幅在 4.5～6.0 之间。该土类划分为 2 个亚类 6 个土属 23 个土种。

1. 棕红壤　棕红壤是红壤向黄棕壤过度的土壤类型。它具有明显过渡型生物气候特征，占有较大的面积。该亚类共分 4 个土属，20 个土种，总面积为 54988.8 公顷，占红壤土类的 98.08%，其中旱地 34228.4 公顷，林地 20740.4 公顷，分布在全区各乡镇。

2. 红壤性土 红壤性土是江夏区红壤幼年化的标志，它发育于各种岩石，分布在强度侵蚀的高丘地带，由于长期山洪径流和雨水的淋溶冲刷，因而剖面发育不完整，土层浅薄，砾石含量高，母质外露，无明显发生层次。该亚类仅 1 个土属，分 3 个土种，共有面积 1076.3 公顷，占土壤总面积的 0.76%，占林荒地的 4.87%。

（五）石灰土

石灰土土类在江夏区共有面积 273.0 公顷，多为侵蚀孤丘，零星分布在宁巷、金口街、法泗等乡镇，无明显分布规律，成土母质为石灰岩，该土类仅棕色石灰土 1 个亚类。

（六）紫色土

该土类发育于紫色砂页岩，共有面积 76.9 公顷，其中耕地 14.8 公顷，林地 62.1 公顷，按其土壤 pH，可分为酸性紫色土和灰紫色土 2 个亚类，这类土壤的发育度较低，具有明显的母质特性。

1. 酸性紫色土 该亚类共有面积 66.0 公顷，分布在山坡、湖泗镇和区林场，按土壤质地差异，将其分成 3 个土属。

2. 灰紫色土 该亚类仅 1 个土属 1 个土种，即灰紫砂土，面积 10.9 公顷，发育于基性紫色砂页岩，土壤 pH 值 8.0，分布在河恼镇双洲村的湖坡上。

第五节　耕地质量保护与提升

土壤利用因自然环境、社会经济条件、生产发展速度等因素的不同而表现出一定的区域性，鉴此，我们按照"因地制宜，适当集中，分区划片，以发挥土地的整体产出功能和社会、环境效益为方针"，采取如下措施：

1. 加大水旱轮作力度 水田中有机质、碱解氮含量虽然高于旱地，但有效磷与速效钾含量低于旱地，做好水旱轮作能使它们相互互补，实现土壤中养分的均衡供给。在水旱轮作条件下，水田的土壤结构性、土壤透水性会向旱地方向发展，使稻田渍水闭气、僵土、冷烂、易毒、速效养分少、农业环境差以及与之有关的土壤理化生物性状得以改善；而旱地的土壤持水性、土壤供水性等方面都会向水田方向发展，使旱地透水、漏肥、肥效短等性状得以改善。所以大力发展水旱轮作十分必要。

2. 扩大油菜的种植面积 该区由于大量年轻劳动力外出打工，油菜的种植面积很少，而种植油菜能很好地改善土壤的理化性状，促进土壤优良结构形成、养分有效化和减少氮素损失，特别是长期种植水稻的田块土壤板结严重，种植油菜的田块改善效果非常明显，同时种植油菜还能增加农民收入。所以要大力发展油菜种植。

3. 加大旱地上小麦与花生或芝麻轮作、油菜与棉花轮作的种植力度 小麦与花生或芝麻轮作能合理地利用土壤中的养分，不会造成某单一养分的过度消耗，浅根与深根的轮作也能合理利用土壤各耕层的养分，使养分能合理供给。喜水作物棉花的种植会加大农民对田间水分的灌入量，水分的增加会促进土壤有机质的积累，加大土壤有机质含量，油菜与其轮作加大了田间复种指数，也有利于改善田间理化性状。

4. 增施有机肥料　该区为江南，大部分土壤本来就偏酸性，由于长期大量的施用化学肥料和酸雨，使土壤出现酸化的趋势。增加有机肥的施用量能大大增加土壤的缓冲性，减小土壤酸性，为作物生长提供良好的酸碱环境。同时有机肥的施用还能增加土壤的有机质，改善土壤理化性状，提高土壤肥力，增加土壤供给和调节水、肥、气、热的能力。

第二章 评价方法与步骤

第一节 评价流程

一、耕地质量等级调查评价流程图

参见图 7-2-1。

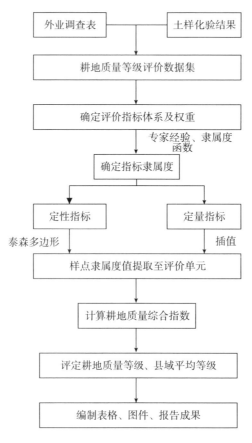

图 7-2-1 耕地质量评价流程

二、资料收集

1. 统计资料　全县第二次土壤普查资料（土壤志、土种志等）、农业生产统计资料。

2. 地图资料　土地利用现状图、土壤图、行政区划图等。

3. 数据库　1∶25 万全国基础地理数据库；地理空间云数据（遥感影像、DEM 高程数据）。

第二节　数据准备

一、土样采集

1. 采样准备

①采集土样前应充分考虑土壤变异产生的原因，包括地形、母质、前季作物的产量水平、耕作、施肥、灌溉等管理措施，由此将整个田块划分为若干个采样单位，预先在采样单元图上布设好采样点，制作采样点分布图。

②采集土样时如地面存在明显枯枝落叶、秸秆和杂草覆盖层时，应将落叶、秸秆和杂草移除后再采集土壤样品。

③实际采样点数量应大于所要求的布点数量，以免在采样过程中因各种原因需舍弃采样点而造成的采样点数量不够。

④布点应考虑地形地貌、土壤类型与分布、肥力高低、作物种类和管理水平等，并兼顾空间分布的均匀性；同时，对于蔬菜地还要考虑设施类型、蔬菜种类、种植年限等。耕地地力调查布点应与耕地环境质量调查布点相结合。

⑤布点应具有广泛的代表性，兼顾均匀性、时效一致性和数据完整性，同时兼顾土壤类型、行政区划、地貌类型、地力水平等。

2. 采样单元

①布点前应该进行路线勘察调查，根据地形地貌、土壤类型、作物种类等因素，应用评价单元图，进行综合分析，根据调查精度确定调查与采样点数量及位置，同时，将统一编号的采样点标绘在评价单元图上，形成调查点位图。在县域调查时，原则上要求大田每1000 亩、蔬菜地每 500～1000 亩布设 1 个样点。

②采样可集中在每个采样单元相对中心位置的典型农户，以面积为 1～10 亩的典型地块为主。

③首先应考虑以下几点：a. 样点分布均匀，保证采样点空间位置均匀分布，以及采样点在不同耕地类型（旱地、水田、水浇地）间的均匀分布，采样点选取代表面积大的图斑；b. 样点应远离人类生活区（建制镇、村庄、道路等）；c. 道路通达。

④对于耕地地力调查土样，在土壤类型及地形条件复杂的区域，在优势作物或经济作物种植区适当加大采样点密度；对于环境质量调查土样，在工矿企业及城镇周边等土壤易受污染的区域，应适当加大耕地环境质量调查取样点密度；对于环境质量调查水样、水果等直接使用的农产品生产区，也要加大采样密度。

3. 采样方法

①为了减少采样点数，同时控制采样误差，通常采用 S 形采样方式，采样点数在15～20 点（条件相对均一的同一田块）；对于田间定位实验小区（一般在 20 米² 左右），要求做到每个小区取样数为 5 点。

②采样时应避开路边、田埂、沟边、肥堆点等特殊部位。

4. 采样时间

①为了表征土壤供肥能力，一般在前季作物收获后一周或下季作物种植前一周完成土壤样品的采集。果园一般在果实采摘后第一次施肥前采集。

②土壤中有效养分含量随季节变化波动较大，以有效磷、速效钾为例，最大差异可达 1～2 倍，因此采集土样时应注意时间因素，同一时间内采集的土样分析结果才能相互比较。为了保证连贯性，建议每年的取样时间要相对固定。

5. 采样工具

①土钻和取土铲均可用于土样样品的采集。测定土壤中微量元素时，不能使用普通铁铲和土钻进行采样，而应采用木质或竹质取土工具。

②取样深度一般为耕作层（20 厘米）。每个采样点的取土深度及采样量应均匀一致，土样上层与下层的比例要相同，取样器应垂直于地面入土，深度相同。

6. 采样量

①每个混合样品一般在 1.0～2.0 千克左右为宜。如果采样点较多而使混合样太多时，可首先将全部土壤样品捏碎混匀，去除其中明显的石头、根系残茬等，采用四分法保留 1 千克左右的样品即可。

②样品分装可采用干净的塑料袋或自封袋，对于湿度较大的样品，比如稻田土样，不宜采用布袋子封装。

③除了采样袋内装入的样品信息卡外，采样袋外部标签也需标明样品编号、地点、采样时间以及采样人等基础信息

二、田间调查

1. 调查表 《农业部办公厅关于做好耕地质量等级调查评价工作的通知》（农办农〔2017〕18 号）中附件 1 耕地质量等级调查内容，如表 7-2-1 所示。

表 7-2-1　耕地质量等级调查内容

项目		项目		项目	
统一编号		成土母质		障碍层类型	
市州名		地貌类型		障碍层深度（厘米）	
县名		地形部位		障碍层厚度（厘米）	
乡镇名		海拔高度		灌溉能力	
村名		有效土层厚度（厘米）		灌溉方式	
采样年月		耕层厚度（厘米）		水源类型	

（续）

项目		项目		项目	
经度（°）		耕层质地		排水能力	
纬度（°）		耕层土壤容重（克/厘米^3）		熟制	
土类		质地构型		常年耕作制度	
亚类		生物多样性		主栽作物名称 1 及常年产量	
土属		农田林网化程度		主栽作物名称 2 及常年产量	
土种		障碍因素		主栽作物名称 3 及常年产量	

2. 调查前准备

（1）模拟填写　组织调查人员进行模拟填写，统一填写规范及要求。

（2）室内预填写　表 7-2-1 的部分内容需要在室内完成，如土类、亚类、土属、土种、有效土层厚度、障碍层等信息，可以从土壤图、土壤志等资料中获取。凡能在室内填写的都应填写，可节省野外调查时间。

3. 调查表填写要求

①对室内填写的项目进行野外校验。

②按规范要求准确填写。

③找不到户主不得调查采样。

④在野外采样、调查工作结束后，参与调查的技术人员，集中对野外调查表进行审核，保证准确，不缺项。

三、化验分析

1. 样品检测

①提供数据的县域土壤分析化验室应具备计量认证基本条件。工作环境、温度、湿度应满足检测工作要求。检测人员持有上岗证，熟悉仪器操作和土壤化验基本技能。

②每批土壤测定时，都必须坚持做两个空白样，通过空白样来控制检测环境和检测试剂是否满足测定基本要求。

③单个土壤平行测定 2 次，要求小于误差控制标准，合格率应达到 100%，不合格的重新称样测试。

2. 数据审核

用 Excel 的排序功能对每个测试项目的数据进行排序，同时把对应的种植类型与产量水平、土壤类型等进行关联，对前后 5%～10% 的数据重点审查。可疑数据应核对原始记录，或返回化验室重新分析或剔除。

3. 数据快速审核

（1）完整性

①全表应有 47 列以上数据（EXCEL 表格 AU 列）。

②表格各行数据应该完整，没有空白。

（2）规范性

①填写应符合规范要求（字段类型、枚举内容）。

②数值在正常范围内（如 3＜pH＜9.5）。

（3）逻辑性　要注意部分指标间的相关关系和逻辑性。如土壤类型与土壤 pH 的关系（灰潮土）；有效土层厚度与障碍层深度。

第三节　耕地质量等级评价

一、评价单元建立

1. 数据来源

①行政区划图：国土（自然资源）部门提供的最新数据（2017 年度）。

②土地利用现状图：国土（自然资源）部门提供的最新数据（2017 年度）；提供出耕地图斑、地类编码：水田 011/水浇地 012/旱地 013。

③土壤图。

2. 处理步骤

①以土地利用现状图为底图。

②以土壤图与土地利用现状图叠加。

③将行政区划图与步骤 1 的结果进行叠加。

④合并面积过小的图斑（最小上图图斑面积 400 米²）。

⑤以县委单位，对 TBDLMJ 字段进行平差，参见图 7-2-2。

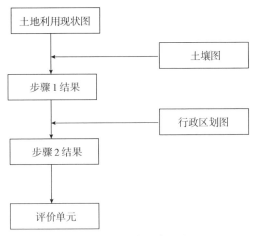

图 7-2-2　评价单元建立流程

二、评价单元赋值

评价主要内容为整理项目区采样点的外业调查数据表以及土样化验数据，形成耕地质量指标初始数据库，确定指标权重，运用 ArcGIS 分别对定性和定量指标进行隶属度核算。然后计算每个评价单元的耕地质量综合指数，进而评定耕地质量等级和县域耕地质量平均等级。

将采样点数据综合表和样点土壤化验结果表一一对应起来，整合成一个 Excel 表。将整理完成的表格导入 ArcGIS 中，转换为 Shp 文件，打开其属性表，根据《省农业厅办公室关于印发耕地质地质量等级评价技术规程（试行）的通知（鄂农办函〔2017〕27号）》的规范要求对属性表进行编辑，在修改11个定性指标的用语规范性的同时，给每个定性指标添加隶属度字段。

1. 确定农业区分布　参见表7-2-2。

表7-2-2　农业区分布

农业区名称	县（市、区）
长江中游平原农业水产区	江夏、东西湖、汉南、黄陂、新洲、武汉市近郊区（洪山区等）、黄州、团风、浠水、蕲春、武穴、黄梅、龙感湖、安陆、云梦、应城、孝南、孝昌、汉川、嘉鱼、掇刀、东宝、漳河新区、屈家岭、沙洋、钟祥、京山、宜城、天门、仙桃、潜江、洪湖、监利、石首、公安、松滋、荆州、沙市、江陵、当阳、枝江
鄂豫皖平原山地农林区	襄州、襄城、樊城、襄阳市高新区、枣阳、老河口、曾都、随县、广水、大悟、红安、麻城、罗田、英山
江南丘陵山地农林区	黄石市郊区、阳新、大冶、江夏、华容、梁子湖、鄂城、咸安、赤壁、崇阳、通山、通城
秦岭大巴山林农区	十堰市郊区（张湾区、茅箭区、武当山特区）、郧阳、郧西、竹溪、竹山、房县、丹江口、谷城、保康、南漳、神农架
川鄂湘黔边境山地林农牧区	远安、兴山、秭归、宜都、长阳、五峰、夷陵、宜昌市郊区（点军区、猇亭区）、恩施、巴东、建始、利川宜恩、鹤峰、咸丰、来凤

2. 指标权重　参见表7-2-3。

表7-2-3　各农业区所对应的指标权重

名称 ＼ 权重	长江中游平原农业水产区	鄂豫皖平原山地农林区	江南丘陵山地农林区
排水能力	0.1319	0.0918	0.0646
灌溉能力	0.1090	0.1266	0.1376
地形部位	0.1078	0.1375	0.1404
有机质	0.0924	0.0930	0.1082
耕层质地	0.0721	0.0703	0.0754
土壤容重	0.0572	0.0561	0.0437
质地构型	0.0569	0.0589	0.0539
障碍因素	0.0559	0.0542	0.0428
pH	0.0555	0.0451	0.0660
有效磷	0.0554	0.0520	0.0573
速效钾	0.0549	0.0520	0.0568
有效土层厚度	0.0478	0.0554	0.0523
生物多样性	0.0387	0.0372	0.0407
农田林网化	0.0353	0.0384	0.0324
清洁程度	0.0291	0.0315	0.0279

3. 定性指标隶属度　参见表7-2-4至表7-2-14。

表7-2-4　地形部位隶属度

地形部位	山间盆地	宽谷盆地	平原低阶	平原中阶	平原高阶	丘陵上部	丘陵中部	丘陵下部	山地坡上	山地坡中	山地坡下
隶属度	0.8	0.95	1	0.95	0.9	0.6	0.7	0.8	0.3	0.45	0.68

表7-2-5　耕层质地隶属度

耕层质地	砂土	砂壤	轻壤	中壤	重壤	黏土
隶属度	0.6	0.85	0.9	1	0.95	0.7

表7-2-6　质地构型隶属度

质地构型	薄层型	松散型	紧实型	夹层型	上紧下松型	上松下紧型	海绵型
隶属度	0.55	0.3	0.75	0.85	0.4	1	0.95

表7-2-7　生物多样性隶属度

生物多样性	丰富	一般	不丰富
隶属度	1	0.8	0.6

表7-2-8　清洁程度隶属度

清洁程度	清洁	尚清洁
隶属度	1	0.8

表7-2-9　障碍因素隶属度

障碍因素	盐碱	瘠薄	酸化	渍潜	障碍层次	无
隶属度	0.5	0.65	0.7	0.55	0.6	1

表7-2-10　灌溉能力隶属度

灌溉能力	充分满足	满足	基本满足	不满足
隶属度	1	0.8	0.6	0.3

表7-2-11　排水能力隶属度

排水能力	充分满足	满足	基本满足	不满足
隶属度	1	0.8	0.6	0.3

表7-2-12　农田林网化隶属度

农田林网化	高	中	低
隶属度	1	0.85	0.7

表 7-2-13　有效土层厚度隶属度

指标名称	函数公式	a 值	c 值	u 的下限值	u 的上限值
有效土层厚度	$y=1/[1+a(u-c)^2]$	0.000205	99.09234	10	99

注：y 为隶属度；u 为实测值；u 小于等于下限值时，y 为 0；u 大于等于上限值时，y 为 1。

表 7-2-14　土壤容重隶属度

指标名称	函数公式	a 值	c 值	u 的下限值	u 的上限值
土壤容重	$y=1/[1+a(u-c)^2]$	2.236726	1.211674	0.5	3.21

注：y 为隶属度；u 为实测值；u 小于等于下限值或 u 大于等于上限值时，y 为 0。

4. 定量指标隶属度　参见表 7-2-15 至表 7-2-18。

表 7-2-15　pH 隶属度

指标名称	函数公式	a 值	c 值	u 的下限值	u 的上限值
pH	$y=1/[1+a(u-c)^2]$	0.221129	6.811204	3.0	10.0

注：y 为隶属度；u 为实测值；u 小于等于下限值或 u 大于等于上限值时，y 为 0。

表 7-2-16　有机质隶属度

指标名称	函数公式	a 值	c 值	u 的下限值	u 的上限值
有机质	$y=1/[1+a(u-c)^2]$	0.001842	33.656446	0	33.7

注：y 为隶属度；u 为实测值；u 小于等于下限值时，y 为 0；u 大于等于上限值时，y 为 1。

表 7-2-17　有效磷隶属度

指标名称	函数公式	a 值	c 值	u 的下限值	u 的上限值
有效磷	$y=1/[1+a(u-c)^2]$	0.002025	33.346824	0	33.3

注：y 为隶属度；u 为实测值；u 小于等于下限值时，y 为 0；u 大于等于上限值时，y 为 1。

表 7-2-18　速效钾隶属度

指标名称	函数公式	a 值	c 值	u 的下限值	u 的上限值
速效钾	$y=1/[1+a(u-c)^2]$	0.000081	181.622535	0	182

注：y 为隶属度；u 为实测值；u 小于等于下限值时，y 为 0；u 大于等于上限值时，y 为 1。

5. 等级划分指数　参见表 7-2-19。

表 7-2-19　耕地质量等级划分指数

耕地质量等级	综合指数范围
一等	≥0.9170
二等	0.8924～0.9170
三等	0.8678～0.8924

（续）

耕地质量等级	综合指数范围
四等	0.8431～0.8678
五等	0.8185～0.8431
六等	0.7939～0.8185
七等	0.7693～0.7939
八等	0.7446～0.7693
九等	0.7200～0.7446
十等	<0.7200

第四节　耕地质量评价系统

①运行县域耕地资源管理信息系统，参见图7-2-3。

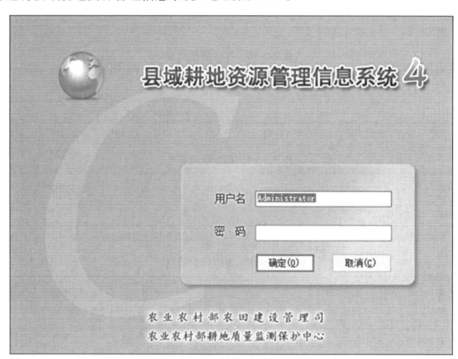

图 7-2-3　登入界面

②选择"文件"→"工作空间维护"，右键点击"收藏夹"，新建工作站（注：可先设置与图层一致的坐标系统，若导入图层时有提示不一致，则重建工作空间，默认坐标系统，根据下面提示，将图层坐标系设为工作间坐标系统。），参见图7-2-4。

③在"图库"目录栏，右键点击"矢量图"，导入矢量图层，依次导入土地利用规划图、土壤图、行政区划图、耕地质量调查点点位图、耕地资源管理单元图。注意图层和属性命名规范及属性字段是否完整。

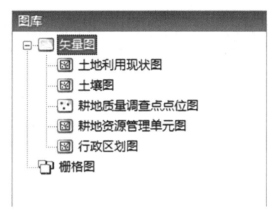

图 7-2-4　矢量图导入完成

④选择"文件"→"外部数据管理"，导入土地利用规划图、土壤图、行政区划图、耕地质量调查点点位图、耕地资源管理单元图图层属性表导出的数据表（.xls）（ArcGIS中导出并另存），并导出为.mdb，存放在工作空间目录下。注意命名规范，需命名为"****属性表"。导入县级行政区划代码表，土壤类型代码表。

⑤在图库目录矢量图下，右键点击"耕地资源管理单元图"，添加到图集。右键图层"连接数据"，连接导出的"耕地资源管理单元图属性表（.mdb）"。

⑥选择"评价"→"等级划分标准管理"，导入建好的"耕地质量等级划分标准"。选择"评价"→"耕地质量评价（国标法）"，导入层次分析模型和隶属函数模型，如图 7-2-5 所示。评价结果表"自定义耕地质量评价结果数据表 0001"，生成后自动存放在外部数据管理中的结果数据中，但需对其进行重新命名为：耕地质量评价结果数据表。

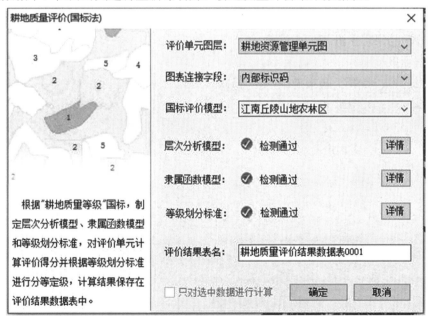

图 7-2-5　国标法耕地质量评价

⑦选择"汇总"→"耕地质量等级汇总"。

⑧分别对"耕地质量调查点点位图"、"土壤类型图"、"行政区划图"和"耕地质量评价"制作专题图，并存为.mxd，存放在"洪湖市市工作空间.cws"下的 MapFile 文件夹中（图7-2-6）。

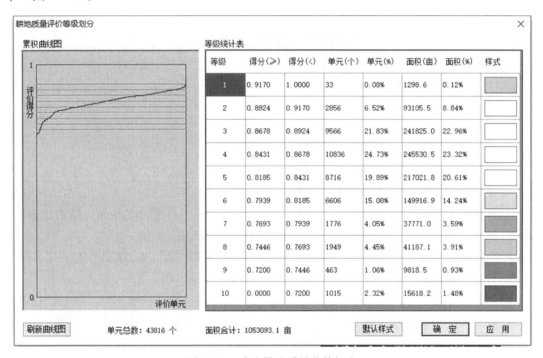

图 7-2-6　读取耕地质量分等标准

⑨打开工作空间维护，对工作空间进行检测，必须保证"严控项目"全部合格，有错误的根据检测结果提示进行相应修改。

⑩数据上报。

ⓐ上报内容：县级空间文件（.cws 格式）。

ⓑ上报方式：光盘形式。

第三章 耕地地力结果分析

第一节 耕地质量等级面积总体分布

江夏区耕地各地力等级分布见表 7-3-1 及图 7-3-1。

表 7-3-1 耕地地力等级分布

等级	面积（公顷）	占总面积百分比（%）
一等	86.60	0.12
二等	6207.17	8.84
三等	16121.41	22.96
四等	16368.64	23.32
五等	14468.15	20.61
六等	9994.55	14.24
七等	2518.04	3.59
八等	2745.76	3.91
九等	654.58	0.93
十等	1041.30	1.48
总计	70206.20	100.00

江夏区各地类面积分布见表 7-3-2 及图 7-3-2。

表 7-3-2 地类面积分布

地类名称	面积（公顷）	占总面积百分比（%）
旱地	37337.03	53.18
水浇地	106.37	0.15
水田	32762.80	46.67
总计	70206.20	100.00

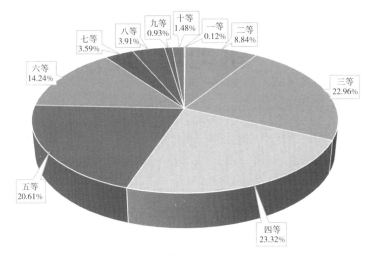

图 7-3-1　耕地地力等级分布

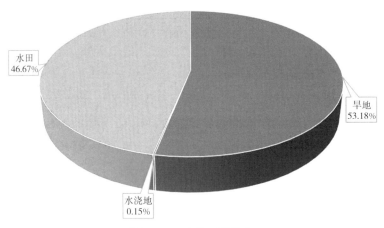

图 7-3-2　地类面积分布

第二节　耕地地力一等地分布

耕地质量评价一等地分布如图 7-3-3 所示。

江夏区一等地各地类面积分布见表 7-3-3 及图 7-3-4。

表 7-3-3　各地类面积分布

地类名称	面积（公顷）	所占百分比（%）
旱地	80.42	92.86
水田	6.18	7.14
总计	86.60	100.00

图 7-3-3　江夏区一等地分布

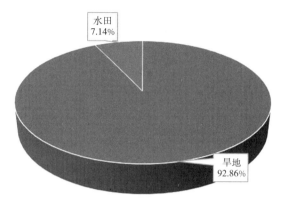

图 7-3-4　一等地各地类面积分布

第三节　耕地地力二等地分布

耕地质量评价二等地分布如图 7-3-5 所示。

江夏区二等地各地类面积分布见表 7-3-4 及图 7-3-6。

表 7-3-4　各地类面积分布

地类名称	面积（公顷）	所占百分比（%）
旱地	2877.24	46.35
水浇地	9.17	0.15
水田	3320.76	53.50
总计	6207.17	100.00

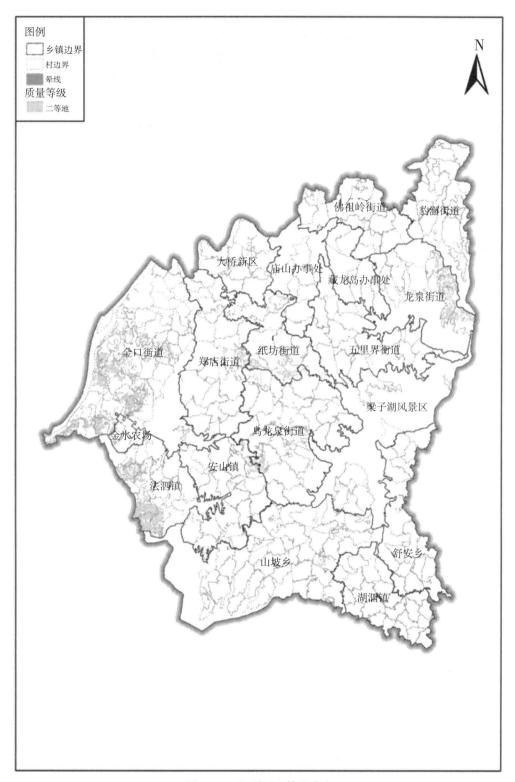

图 7-3-5　江夏区二等地分布

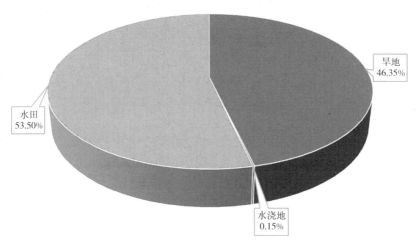

图 7-3-6　二等地各地类面积分布

第四节　耕地地力三等地分布

耕地质量评价三等地分布如图 7-3-7 所示。

江夏区三等地各地类面积分布见表 7-3-5 及图 7-3-8。

表 7-3-5　各地类面积分布

地类名称	面积（公顷）	所占百分比（％）
旱地	7472.47	46.35
水浇地	60.89	0.38
水田	8588.05	53.27
总计	16121.41	100.00

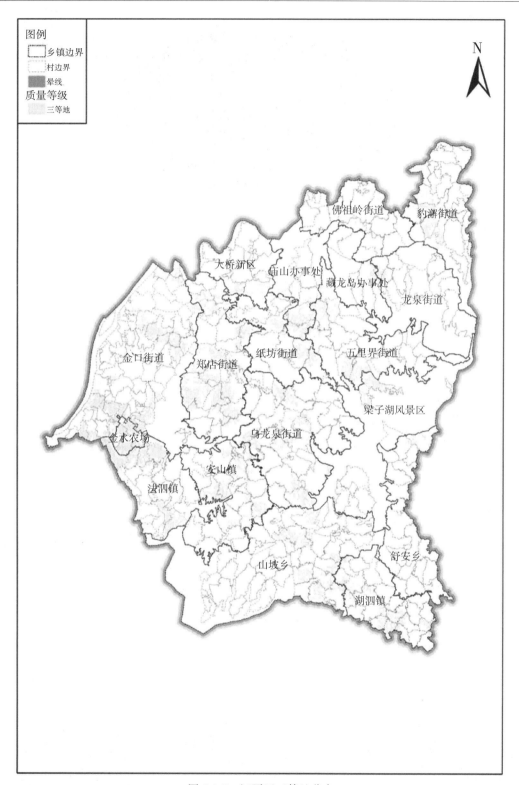

图 7-3-7 江夏区三等地分布

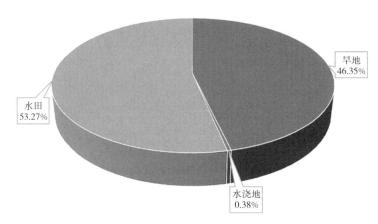

图 7-3-8　三等地各地类面积分布

第五节　耕地地力四等地分布

耕地质量评价四等地分布如图 7-3-9 所示。

江夏区四等地各地类面积分布见表 7-3-6 及图 7-3-10。

表 7-3-6　各地类面积分布

地类名称	面积（公顷）	所占百分比（％）
旱地	8539.98	52.17
水浇地	18.04	0.11
水田	7810.62	47.72
总计	16368.64	100.00

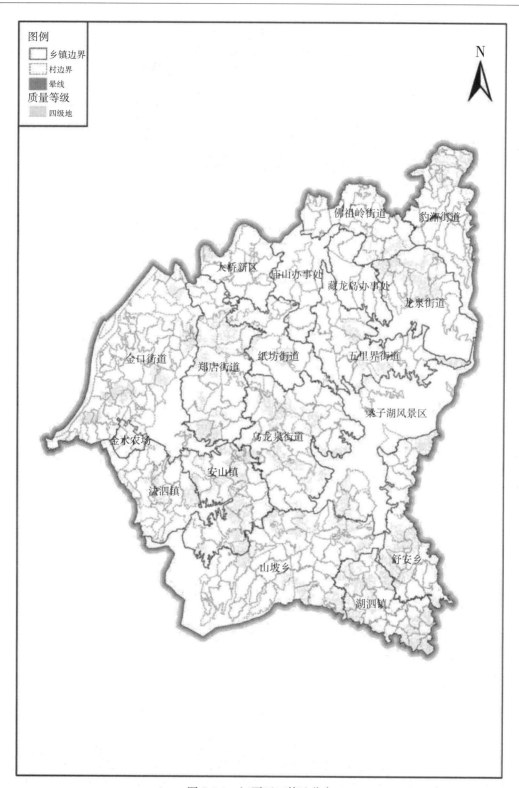

图 7-3-9　江夏区四等地分布

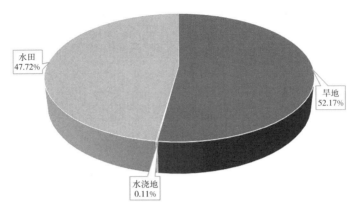

图 7-3-10　四等地各地类面积分布

第六节　耕地地力五等地分布

耕地质量评价五等地分布如图 7-3-11 所示。

江夏区五等地各地类面积分布见表 7-3-7 及图 7-3-12。

表 7-3-7　各地类面积分布

地类名称	面积（公顷）	所占百分比（%）
旱地	8806.31	60.87
水浇地	7.48	0.05
水田	5654.36	39.08
总计	14468.15	100.00

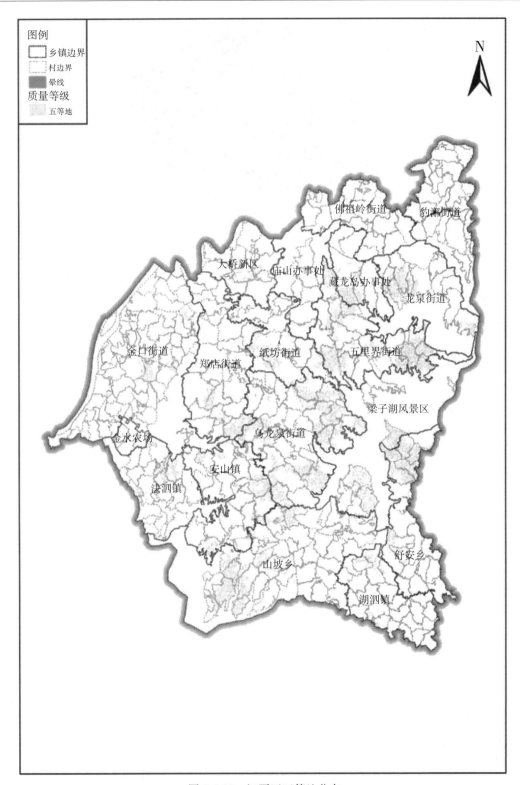

图 7-3-11　江夏区五等地分布

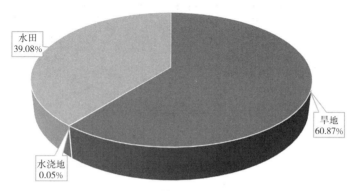

图 7-3-12　五等地各地类面积分布

第七节　耕地地力六等地分布

耕地质量评价六等地分布如图 7-3-13 所示。

江夏区六等地各地类面积分布见表 7-3-8 及图 7-3-14。

表 7-3-8　各地类面积分布

地类名称	面积（公顷）	所占百分比（%）
旱地	5913.88	59.17
水浇地	7.02	0.07
水田	4073.65	40.76
总计	9994.55	100.00

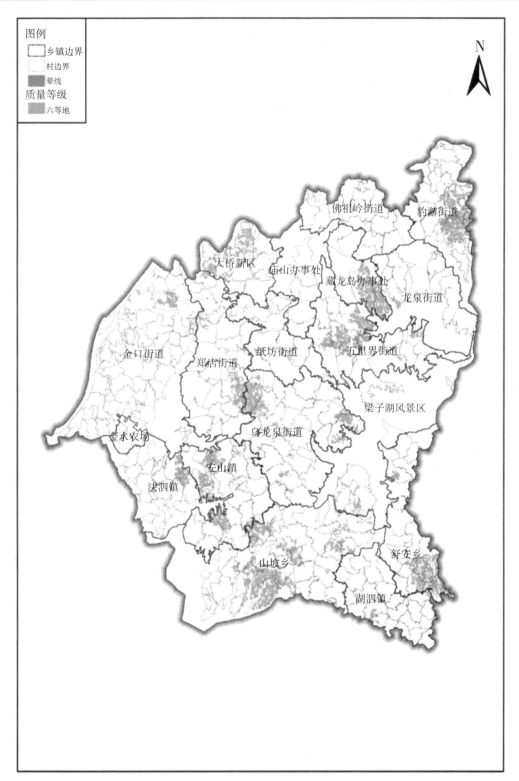

图 7-3-13　江夏区六等地分布

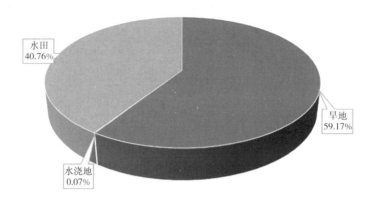

图 7-3-14　六等地各地类面积分布

第八节　耕地地力七等地分布

耕地质量评价七等地分布如图 7-3-15 所示。

江夏区七等地各地类面积分布见表 7-3-9 及图 7-3-16。

表 7-3-9　各地类面积分布

地类名称	面积（公顷）	所占百分比（%）
旱地	1391.81	55.27
水田	1126.23	44.73
总计	2518.04	100.00

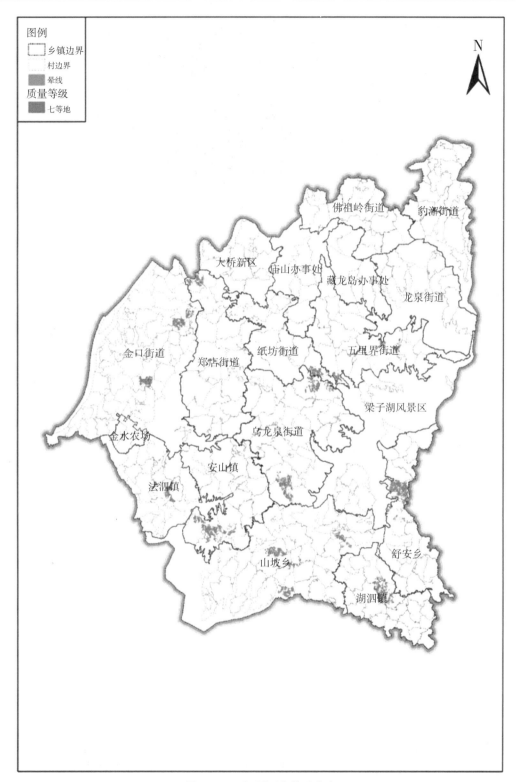

图 7-3-15　江夏区七等地分布

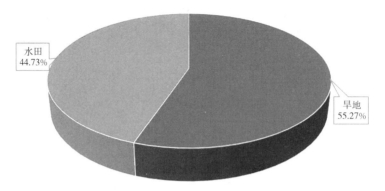

图 7-3-16　七等地各地类面积分布

第九节　耕地地力八等地分布

耕地质量评价八等地分布如图 7-3-17 所示。

江夏区八等地各地类面积分布见表 7-3-10 及图 7-3-18。

表 7-3-10　各地类面积分布

地类名称	面积（公顷）	所占百分比（%）
旱地	1449.50	52.79
水浇地	1.94	0.07
水田	1294.32	47.14
总计	2745.76	100.00

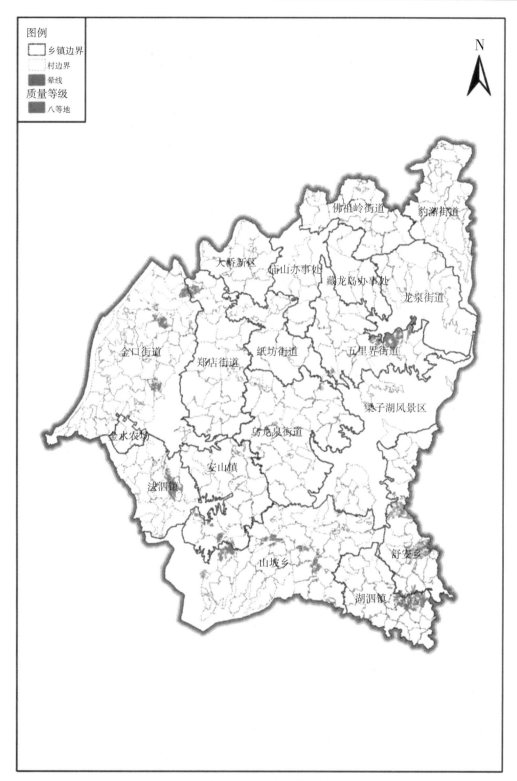

图 7-3-17 江夏区八等地分布

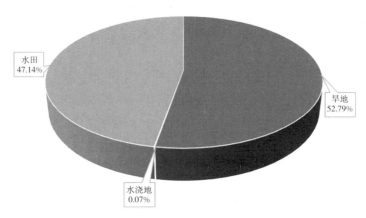

图 7-3-18　八等地各地类面积分布

第十节　耕地地力九等地分布

耕地质量评价九等地分布如图 7-3-19 所示。

江夏区九等地各地类面积分布见表 7-3-11 及图 7-3-20。

表 7-3-11　各地类面积分布

地类名称	面积（公顷）	所占百分比（%）
旱地	316.69	48.38
水田	337.89	51.62
总计	654.58	100.00

图 7-3-19　江夏区九等地分布

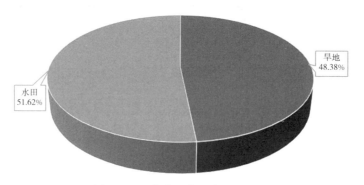

图 7-3-20　九等地各地类面积分布

第十一节　耕地地力十等地分布

耕地质量评价十等地分布如图 7-3-21 所示。

江夏区十等地各地类面积分布见表 7-3-12 及图 7-3-22。

表 7-3-12　各地类面积分布

地类名称	面积（公顷）	所占百分比（%）
旱地	488.73	46.93
水浇地	1.83	0.18
水田	550.74	52.89
总计	1041.30	100.00

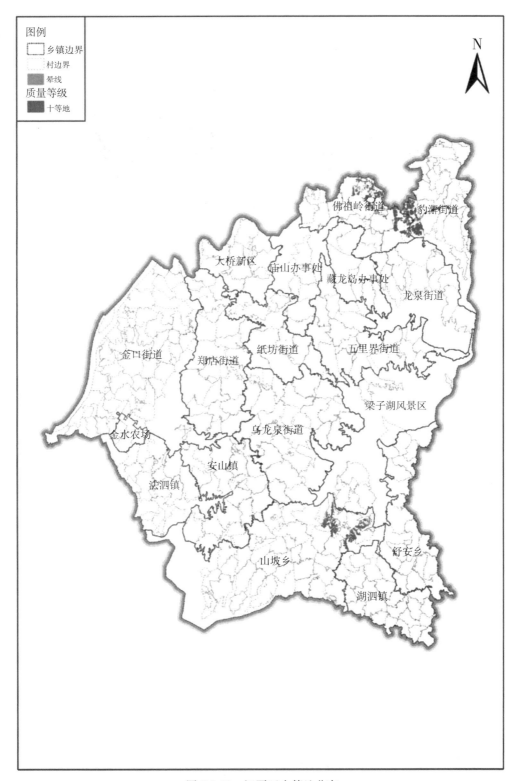

图 7-3-21 江夏区十等地分布

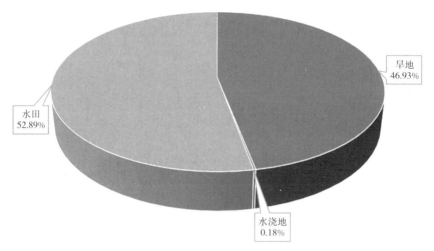

图 7-3-22　十等地各地类面积分布

第四章　有机质及主要营养元素

对于土壤有机质、氮、磷、钾、锌、硼、硅等养分数据，我们首先按照野外实际调查点进行整理，建立了以各养分为字段，以调查点为记录的数据库。之后，进行了土壤采样样点图与分析数据库的连接，在此基础上对各养分数据进行插值处理，经过编辑处理，生成各土壤养分专题图层。

第一节　耕地土壤有机质

图 7-4-1 为土壤有机质分布图，从图中可以看出土壤中有机质含量多的主要分布在江夏区的西部地区，中部地区土壤有机质含量相对较少。图 7-4-2 为土壤有机质相关统计信息，由图中可以看出土壤有机质含量最高为 26 克/千克，最低为 11.1 克/千克，平均值在 16.14 克/千克左右。

第二节　主要营养元素分述

一、全氮

图 7-4-3 为土壤全氮分布图，从图中可以看出土壤中全氮含量多的主要分布在江夏区的西部和南部地区，中部地区土壤全氮含量相对较少。图 7-4-4 为土壤全氮相关统计信息，由图中可以看出土壤全氮含量最高为 1.76 克/千克，最低为 0.14 克/千克，平均值在 0.67 克/千克左右。

二、有效磷

图 7-4-5 为土壤有效磷分布图，从图中可以看出江夏区的东北部土壤中有效磷含量相对其他区域较少。图 7-4-6 为土壤有效磷相关统计信息，由图中可以看出土壤有效磷含量最高为 28.3 毫克/千克，最低为 10.4 毫克/千克，平均值在 17.37 毫克/千克左右。

三、速效钾

图 7-4-7 为土壤速效钾分布图，从图中可以看出江夏区的北部和南部土壤中速效钾含量相对其他区域较少，中间区域速效钾含量较多。图 7-4-8 为土壤速效钾相关统计信息，由图中可以看出土壤速效钾含量最高为 167 毫克/千克，最低为 64 毫克/千克，平均值在 102.01 毫克/千克左右。

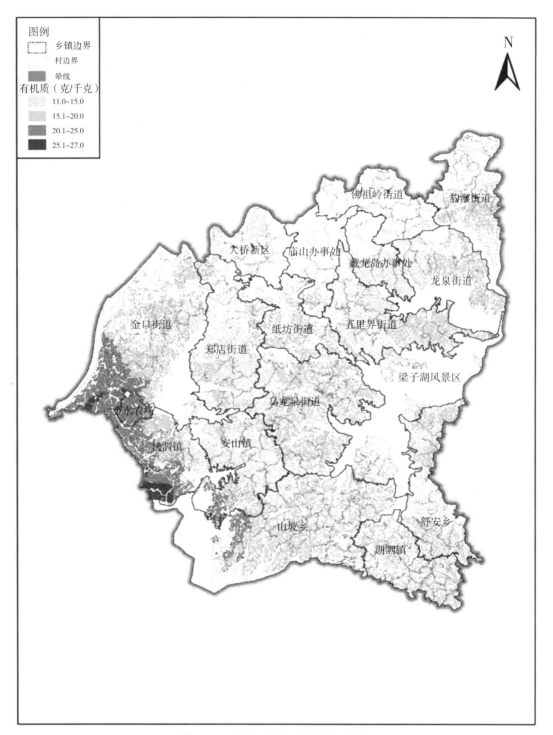

图 7-4-1　江夏区耕地土壤有机质分布

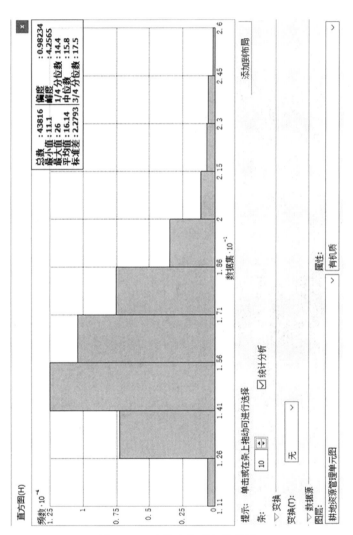

图 7-4-2 土壤有机质相关统计

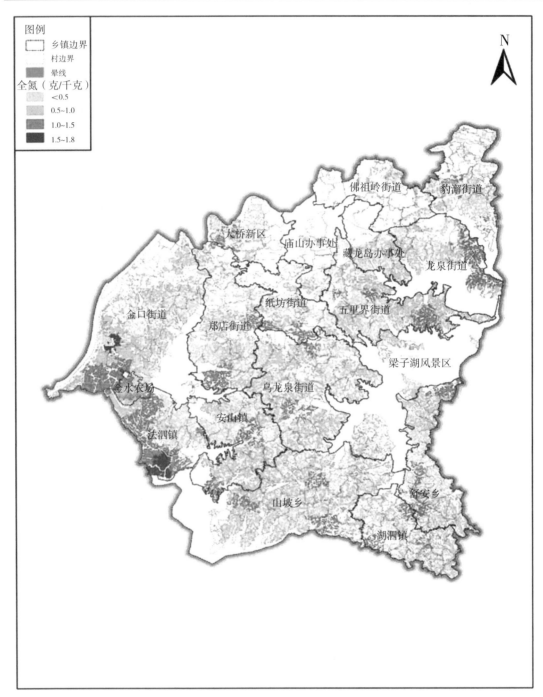

图 7-4-3　江夏区耕地土壤全氮分布

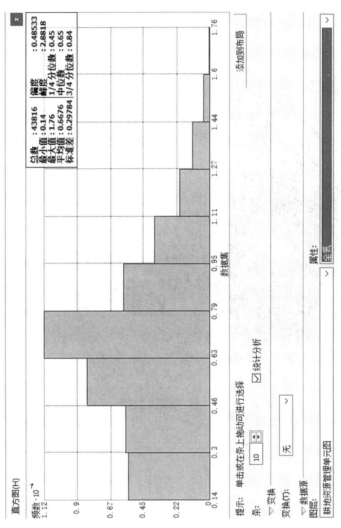

图 7-4-4　土壤全氮相关统计

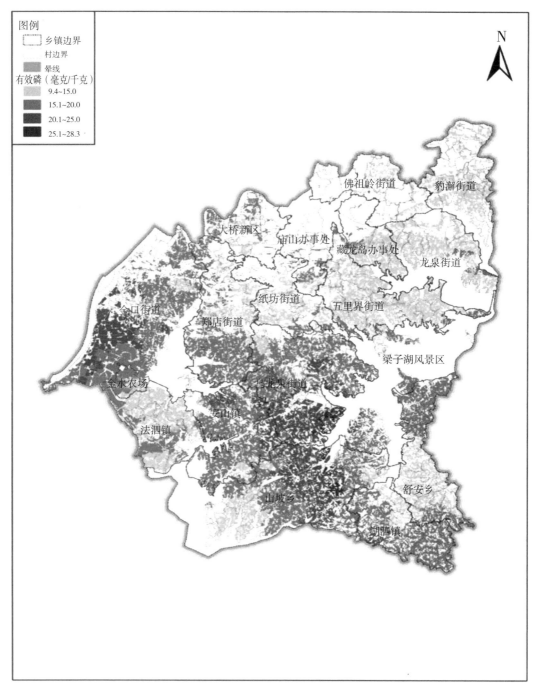

图 7-4-5　江夏区耕地土壤有效磷分布

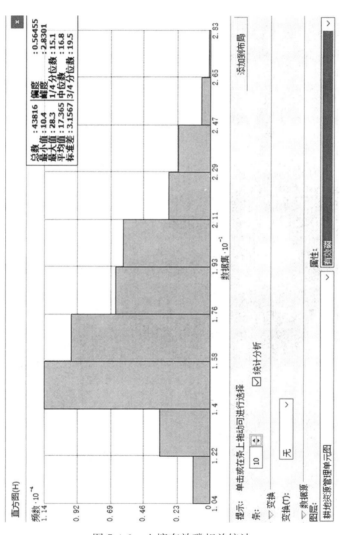

图 7-4-6　土壤有效磷相关统计

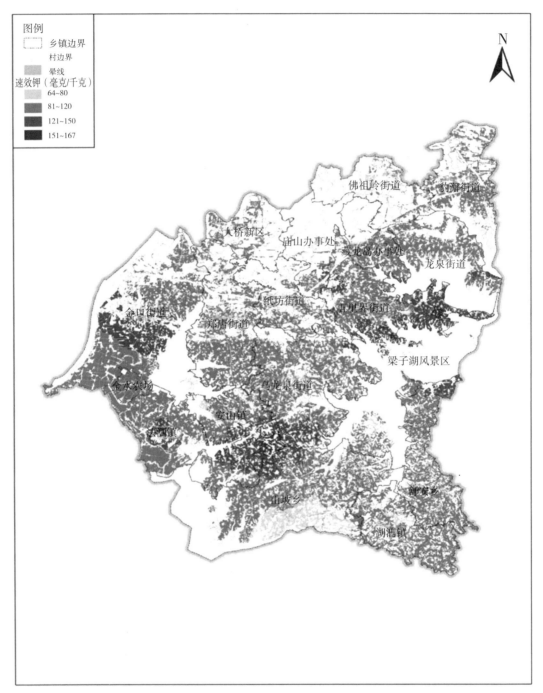

图 7-4-7　江夏区耕地土壤速效钾分布

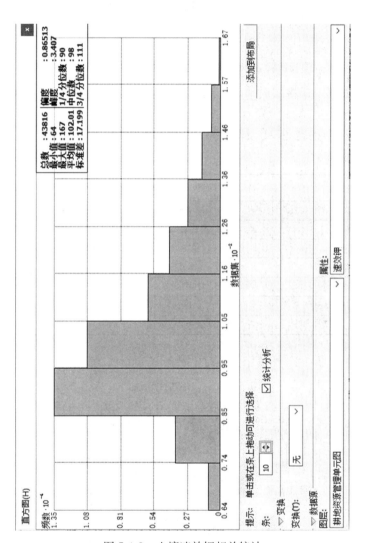

图 7-4-8　土壤速效钾相关统计

第五章　其他指标

主要分析地形部位、耕层质地、灌溉能力、排水能力和清洁程度五类定性指标，结果如下。

1. 地形部位　参见表 7-5-1 及图 7-5-1。

表 7-5-1　地形部位占比

地形部位	面积（公顷）	所占面积比（％）
平原低阶	51556.23	73.44
平原高阶	194.44	0.28
平原中阶	3620.44	5.16
丘陵上部	2041.05	2.91
丘陵下部	7691.86	10.96
丘陵中部	5102.18	7.27
总计	70206.20	100.00

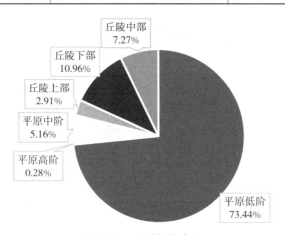

图 7-5-1　地形部位占比

2. 耕层质地　参见表 7-5-2 及图 7-5-2。

表 7-5-2　耕层质地占比

耕层质地	面积（公顷）	所占面积比（％）
黏土	15742.96	22.42

（续）

耕层质地	面积（公顷）	所占面积比（%）
轻壤	3601.62	5.13
砂壤	175.21	0.25
砂土	1034.07	1.47
中壤	35804.54	51.00
重壤	13847.80	19.72
总计	70206.20	100.00

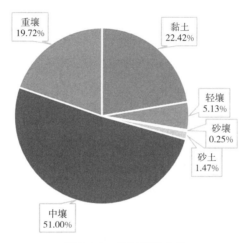

图 7-5-2 耕层质地占比

3. 灌溉能力 参见表 7-5-3 及图 7-5-3。

表 7-5-3 灌溉能力占比

灌溉能力	面积（公顷）	所占面积比（%）
不满足	1704.59	2.43
充分满足	61022.05	86.92
基本满足	3403.06	4.85
满足	4076.50	5.81
总计	70206.20	100.00

4. 排水能力 参见表 7-5-4 及图 7-5-4。

表 7-5-4 排水能力占比

排水能力	面积（公顷）	所占面积比（%）
充分满足	2058.93	2.93
基本满足	12086.31	17.22
满足	56060.96	79.85
总计	70206.20	100.00

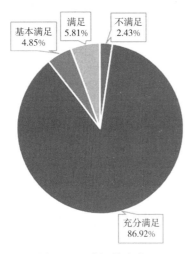

图 7-5-3　灌溉能力占比

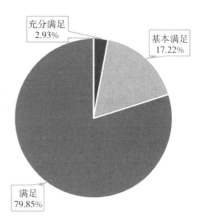

图 7-5-4　排水能力占比

5. 清洁程度　参见表 7-5-5 及图 7-5-5。

表 7-5-5　清洁程度占比

清洁程度	面积（公顷）	所占面积比（%）
清洁	67063.86	95.52
尚清洁	3142.34	4.48
总计	70206.20	100.00

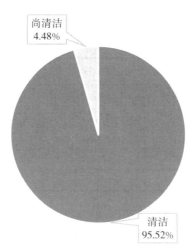

图 7-5-5　清洁程度占比

第六章　成果图

江夏区耕地质量等级分布图
江夏区耕地土壤有机质分布图
江夏区耕地土壤全氮分布图
江夏区耕地土壤有效磷分布图
江夏区耕地土壤速效钾分布图
成果图参见书后彩图。

图书在版编目（CIP）数据

武汉市耕地质量调查与评价/武汉市农业科学院，武汉市农业技术推广中心编著 . —北京：中国农业出版社，2021.6

ISBN 978-7-109-28610-8

Ⅰ . ①武… Ⅱ . ①武… ②武… Ⅲ . ①耕地资源－资源评价－武汉 Ⅳ . ①F323.211

中国版本图书馆 CIP 数据核字（2021）第 153162 号

审图号：武汉市 s（2021）026 号

中国农业出版社出版

地址：北京市朝阳区麦子店街 18 号楼

邮编：100125

责任编辑：王琦瑢　贺志清　李　蕊

版式设计：王　晨　责任校对：吴丽婷

印刷：北京通州皇家印刷厂

版次：2021 年 6 月第 1 版

印次：2021 年 6 月北京第 1 次印刷

发行：新华书店北京发行所

开本：787mm×1092mm　1/16

印张：23　插页：26

字数：530 千字

定价：150.00 元

黄陂区耕地质量等级分布图

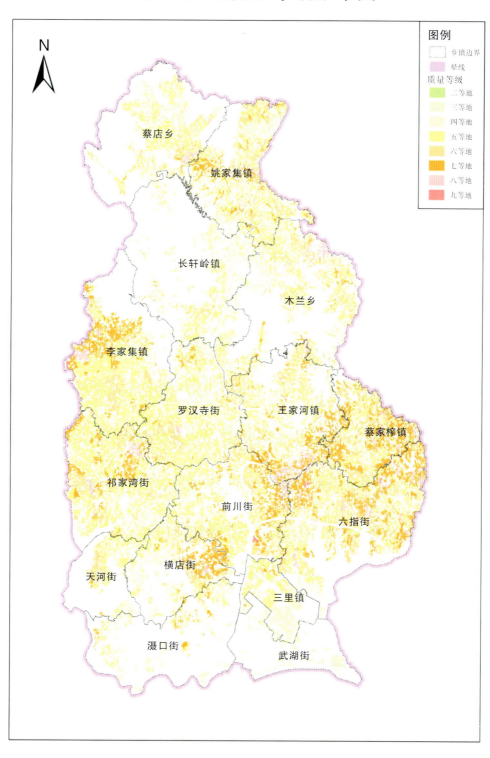

图例
乡镇边界
军线
质量等级
二等地
三等地
四等地
五等地
六等地
七等地
八等地
九等地

蔡店乡
姚家集镇
长轩岭镇
木兰乡
李家集镇
罗汉寺街
王家河镇
蔡家榨镇
祁家湾街
前川街
六指街
天河街
横店街
三里镇
滠口街
武湖街

黄陂区耕地质量调查评价采样点位图

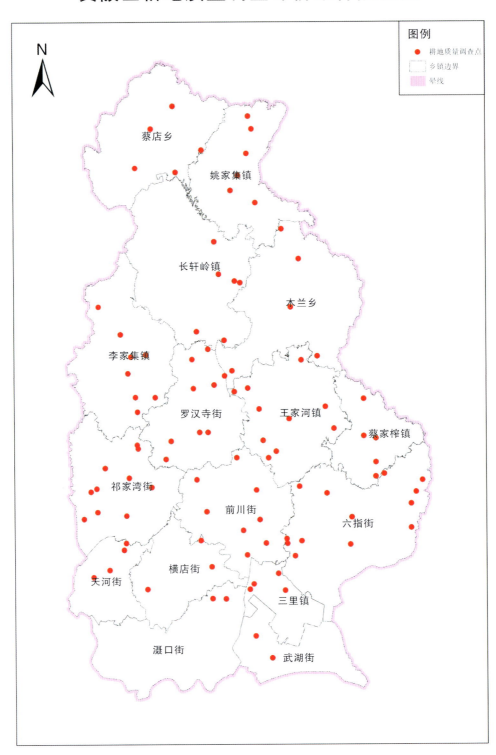

图例
- 耕地质量调查点
- 乡镇边界
- 界线

N

蔡店乡

姚家集镇

长轩岭镇

木兰乡

李家集镇

罗汉寺街

王家河镇

蔡家榨镇

祁家湾街

前川街

六指街

天河街

横店街

三里镇

滠口街

武湖街

黄陂区耕地土壤有机质分布图

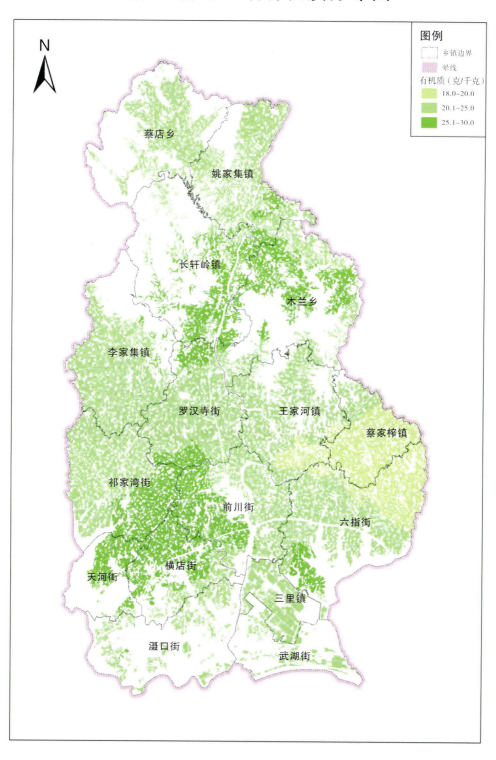

N

图例
乡镇边界
垦线
有机质（克/千克）
18.0~20.0
20.1~25.0
25.1~30.0

蔡店乡

姚家集镇

长轩岭镇

木兰乡

李家集镇

罗汉寺街

王家河镇

蔡家榨镇

祁家湾街

前川街

六指街

横店街

天河街

三里镇

滠口街

武湖街

黄陂区耕地土壤全氮分布图

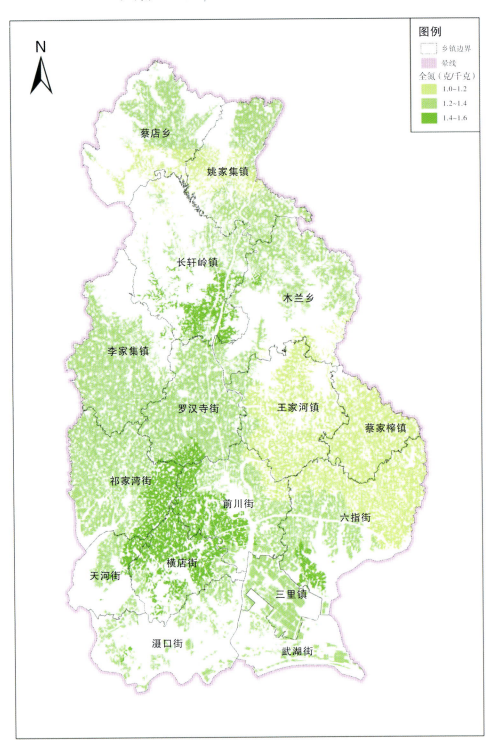

黄陂区耕地土壤有效磷分布图

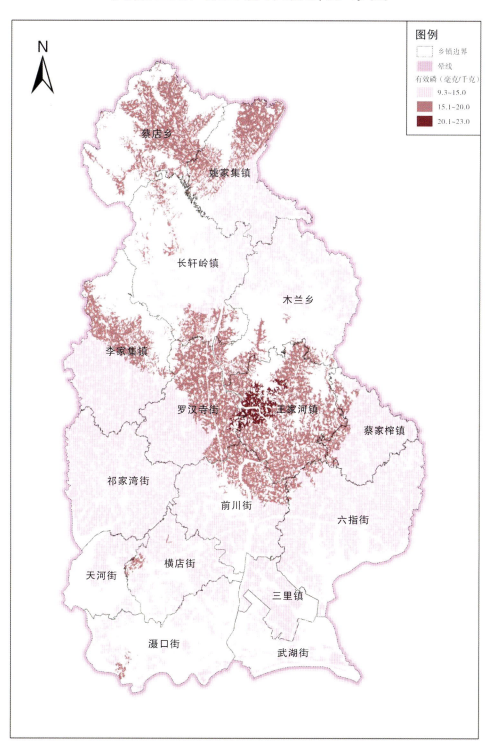

N

图例
乡镇边界
晕线
有效磷（毫克/千克）
9.3~15.0
15.1~20.0
20.1~23.0

蔡店乡

姚家集镇

长轩岭镇

木兰乡

李家集镇

罗汉寺街　　王家河镇

蔡家榨镇

祁家湾街

前川街

六指街

天河街　横店街

三里镇

滠口街

武湖街

黄陂区耕地土壤速效钾分布图

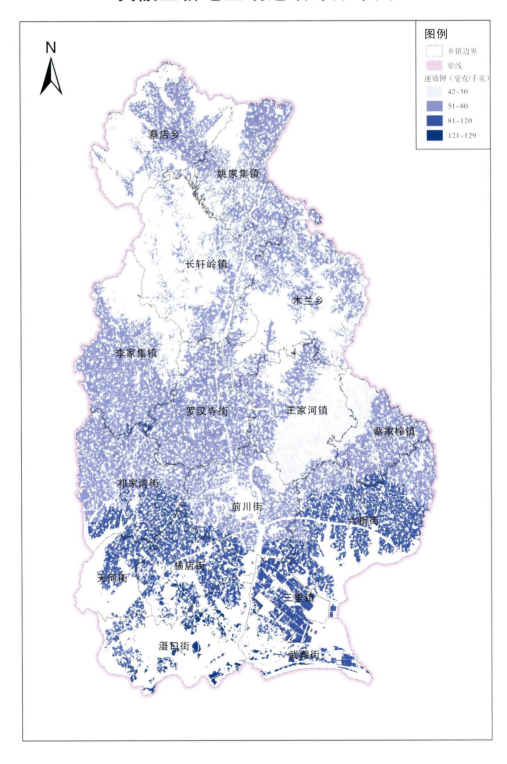

图例
乡镇边界
墨线
速效钾（毫克/千克）
42~50
51~80
81~120
121~129

黄陂区耕地土壤缓效钾分布图

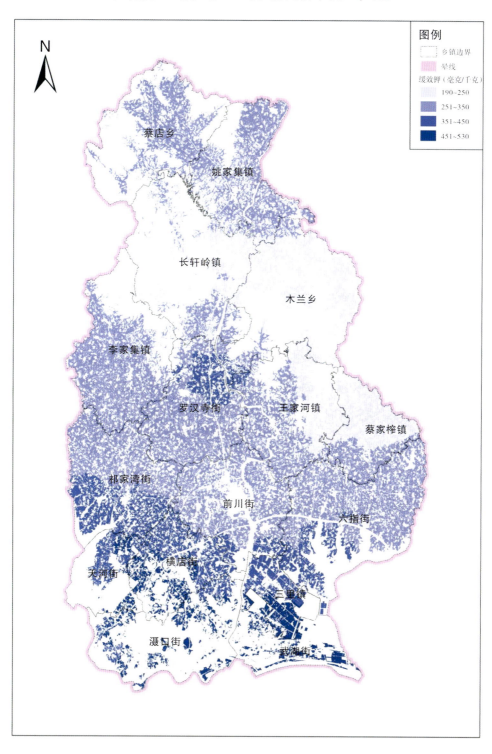

图例

乡镇边界

星线

缓效钾（毫克/千克）

190~250

251~350

351~450

451~530

N

蔡店乡

姚家集镇

长轩岭镇

木兰乡

李家集镇

罗汉寺街

王家河镇

蔡家榨镇

祁家湾街

前川街

六指街

天河街

横店街

三里镇

滠口街

武湖街

黄陂区耕地土壤pH分布图

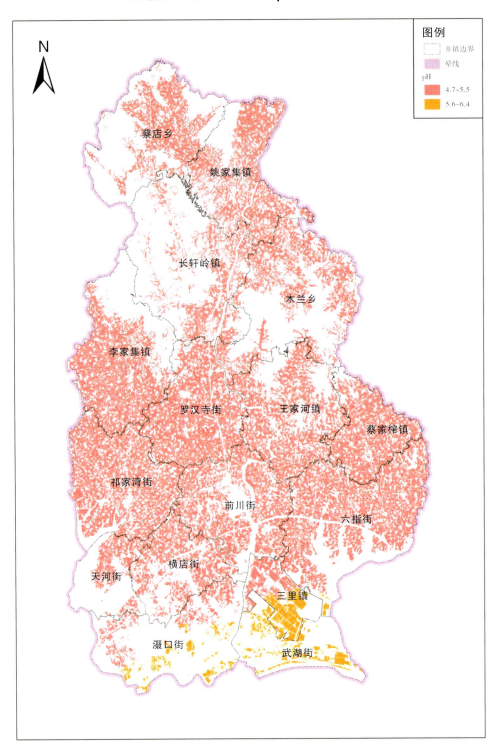

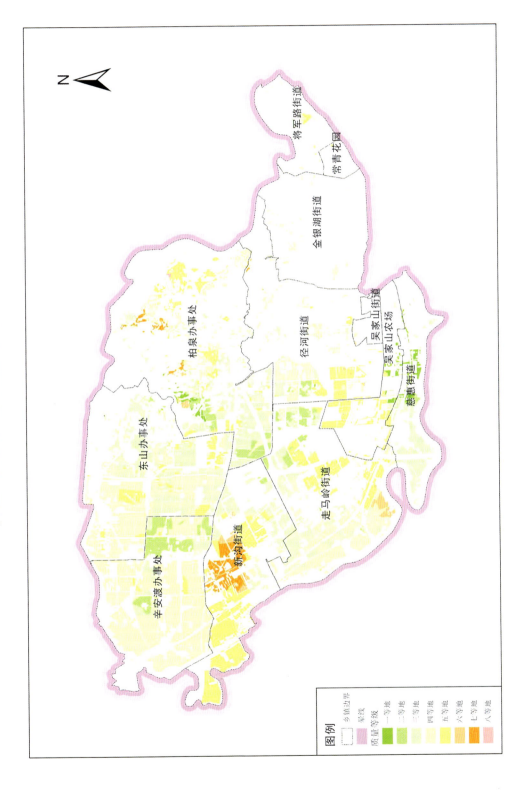

东西湖区耕地质量等级分布图

图例

乡镇边界
边界线

质量等级
一等地
二等地
三等地
四等地
五等地
六等地
七等地
八等地

将军路街道
常青花园
金银湖街道
径河街道
吴家山街道
吴家山农场
柏泉办事处
慈惠街道
东山办事处
走马岭街道
新沟街道
辛安渡办事处

东西湖区耕地质量调查评价采样点位图

将军路街道
常青花园
金银湖街道
径河街道
吴家山街道
吴家山农场
慈惠街道
柏泉办事处
东山办事处
走马岭街道
新沟街道
辛安渡办事处

图例
耕地质量调查点
乡镇边界
采线

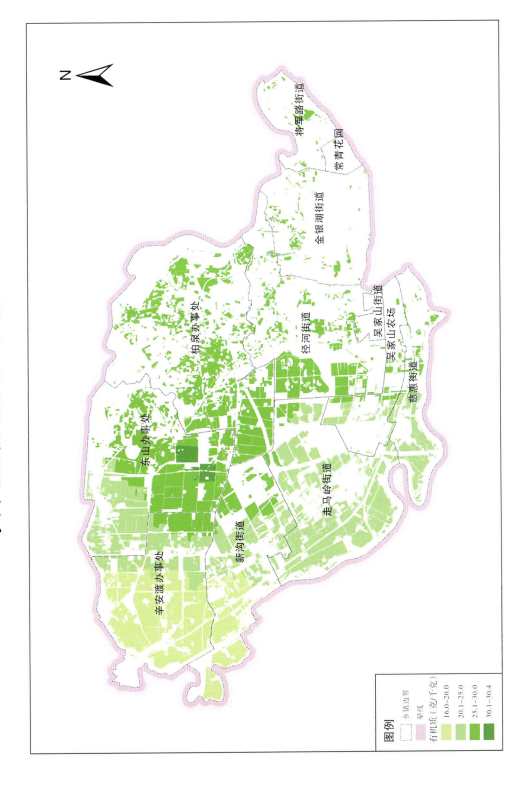

东西湖区耕地土壤有机质分布图

东西湖区耕地土壤全氮分布图

将军路街道

常青花园

金银湖街道

柏泉办事处

经河街道

吴家山街道

吴家山农场

东山办事处

慈惠街道

辛安渡办事处

走马岭街道

新沟街道

图例

乡街边界

湖泊

全氮（克/千克）

1.25~1.40

1.40~1.60

1.60~1.80

1.80~1.87

东西湖区耕地土壤有效磷分布图

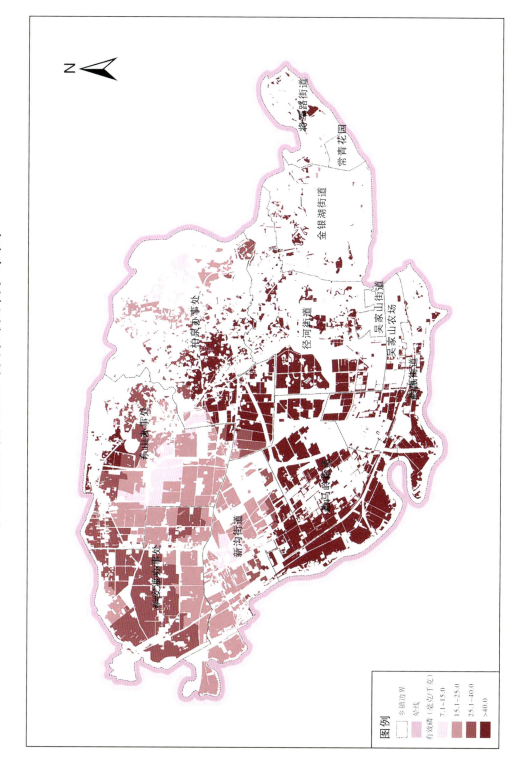

将军路街道
常青花园
金银湖街道
柏泉办事处
经河街道
吴家山农场
吴家山街道
荷泉街道
和山办事处
走马岭街道
辛安渡办事处
新沟街道

图例
乡镇边界
岸线
有效磷（毫克/千克）
7.1-15.0
15.1-25.0
25.1-40.0
>40.0

东西湖区耕地土壤速效钾分布图

图例

乡镇边界
样线
速效钾（毫克/千克）
181~200
201~225
226~250

东西湖区耕地土壤缓效钾分布图

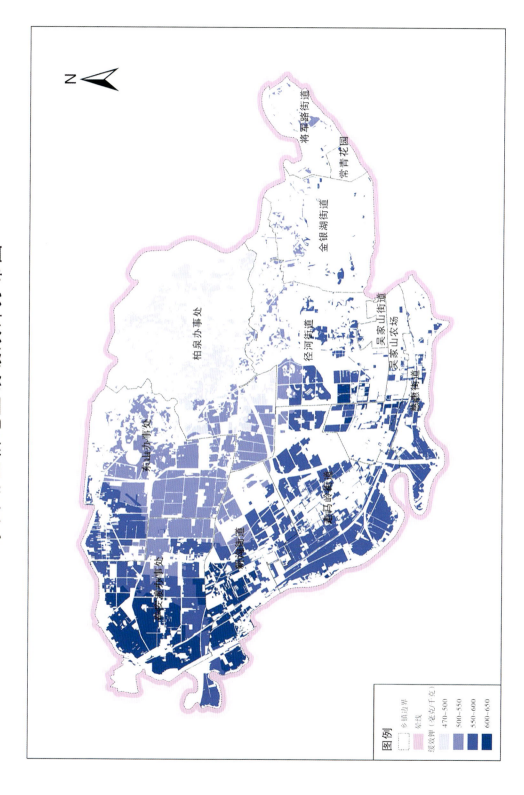

将军路街道

常青花园

金银湖街道

柏泉办事处

径河街道

吴家山农场

吴家山街道

慈惠街道

和平办事处

走马岭街道

辛安渡办事处

新沟街道

图例

乡镇边界

路线

缓效钾（毫克/千克）

470~500

500~550

550~600

600~650

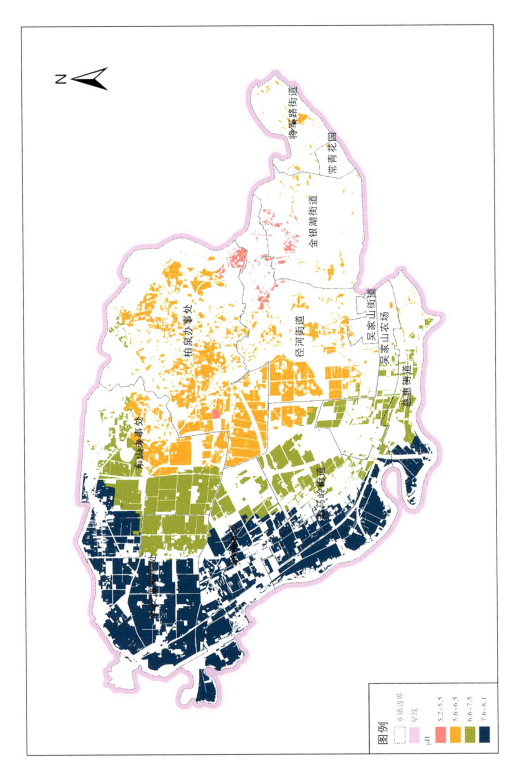

东西湖区耕地土壤pH分布图

东湖高新区耕地质量等级分布图

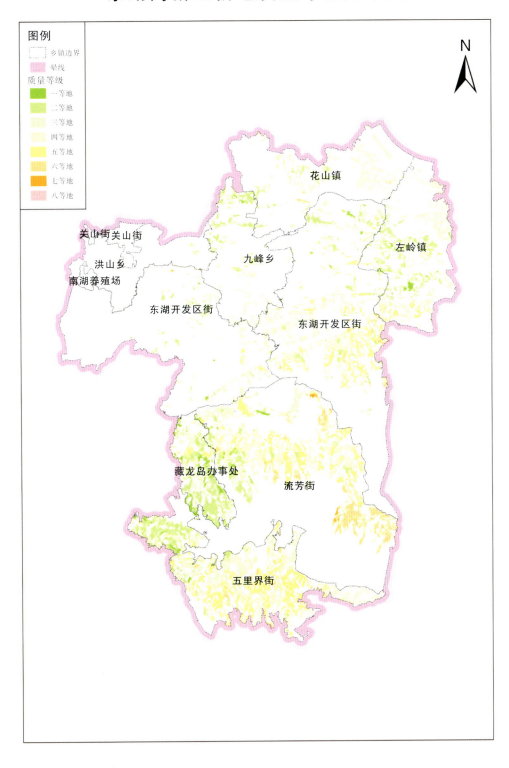

图例
- 乡镇边界
- 晕线

质量等级
- 一等地
- 二等地
- 三等地
- 四等地
- 五等地
- 六等地
- 七等地
- 八等地

N

花山镇

关山街关山街

左岭镇

洪山乡

南湖养殖场

九峰乡

东湖开发区街

东湖开发区街

藏龙岛办事处

流芳街

五里界街

东湖高新区耕地质量调查评价采样点位图

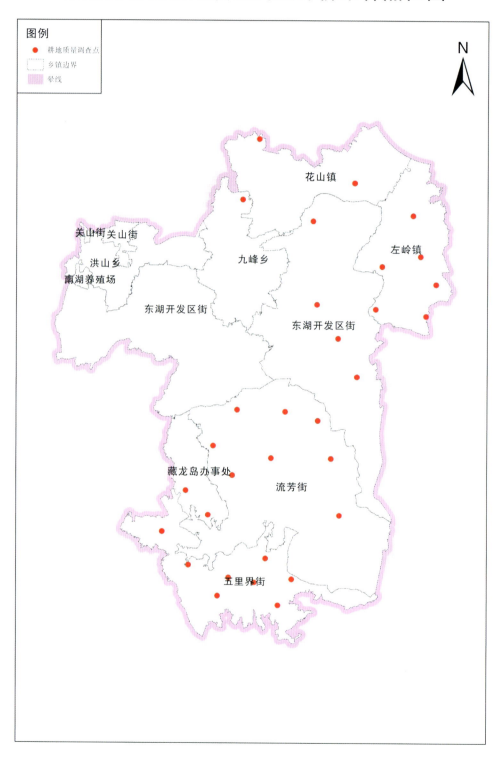

东湖高新区耕地土壤有机质分布图

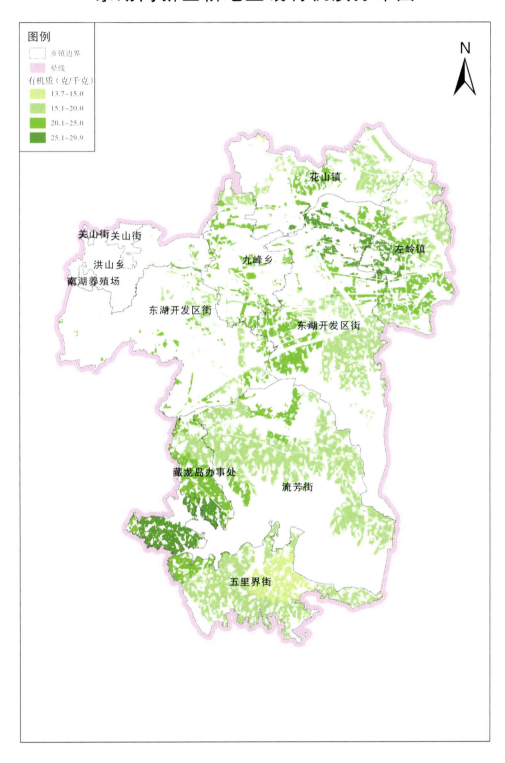

图例
乡镇边界
晕线
有机质（克/千克）
13.7~15.0
15.1~20.0
20.1~25.0
25.1~29.9

N

花山镇

关山街关山街

左岭镇

洪山乡

九峰乡

南湖养殖场

东湖开发区街

东湖开发区街

藏龙岛办事处

流芳街

五里界街

东湖高新区耕地土壤全氮分布图

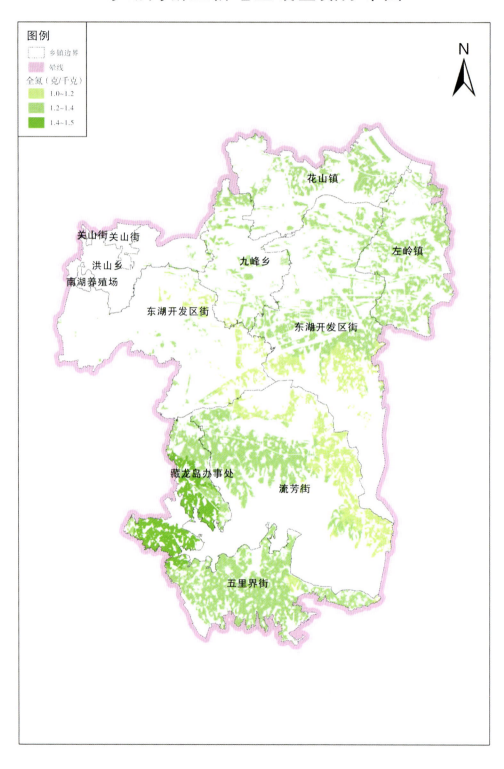

东湖高新区耕地土壤有效磷分布图

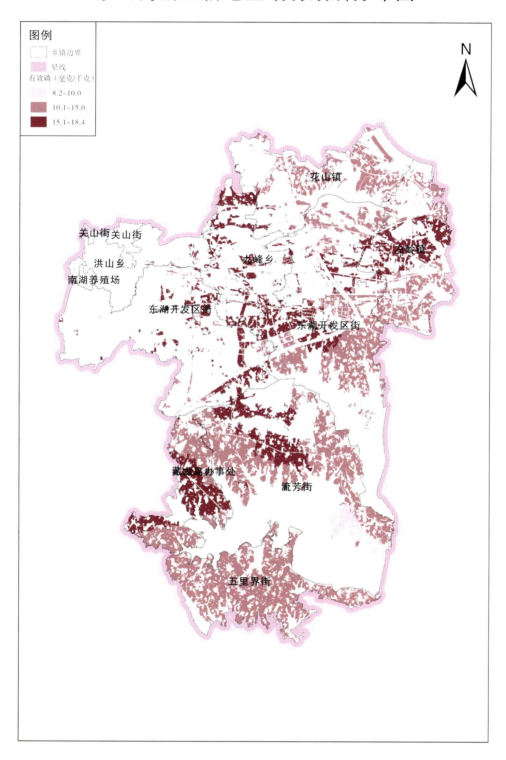

图例
乡镇边界
晕线
有效磷（毫克/千克）
8.2~10.0
10.1~15.0
15.1~18.4

N

花山镇

关山街关山街

左岭镇

龙峰乡

洪山乡

南湖养殖场

东湖开发区街

东湖开发区街

藏龙岛办事处

流芳街

五里界街

东湖高新区耕地土壤速效钾分布图

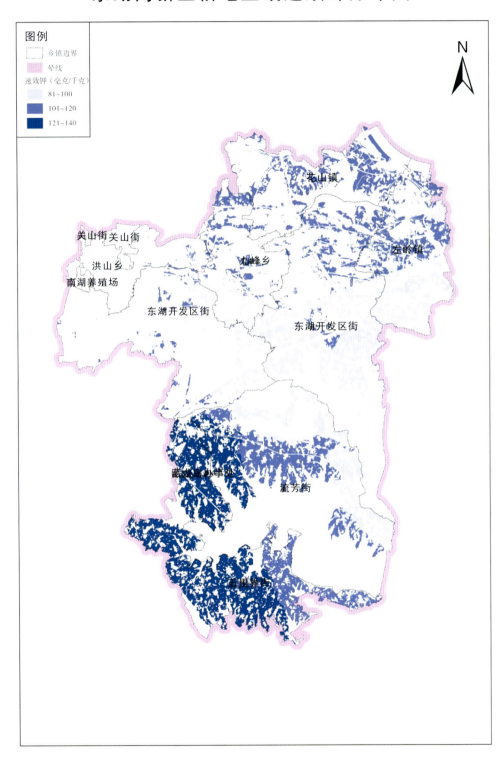

东湖高新区耕地土壤缓效钾分布图

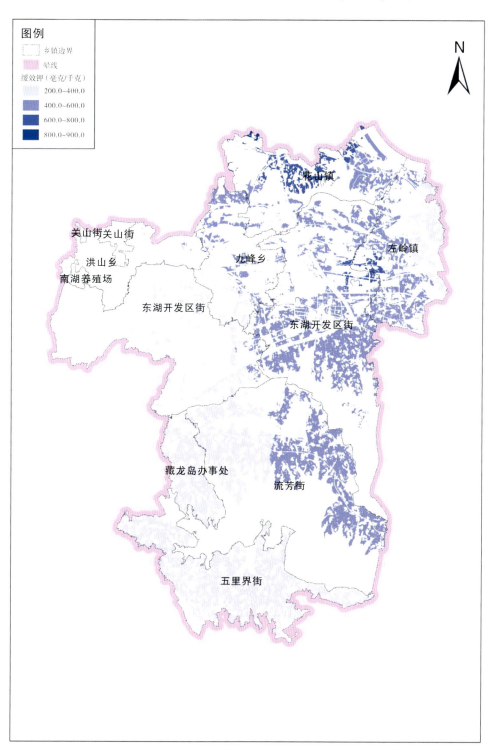

图例
乡镇边界
晕线
缓效钾（毫克/千克）
200.0~400.0
400.0~600.0
600.0~800.0
800.0~900.0

N

花山镇
关山街关山街
洪山乡
南湖养殖场
东湖开发区街
九峰乡
左岭镇
东湖开发区街
藏龙岛办事处
流芳街
五里界街

东湖高新区耕地土壤pH分布图

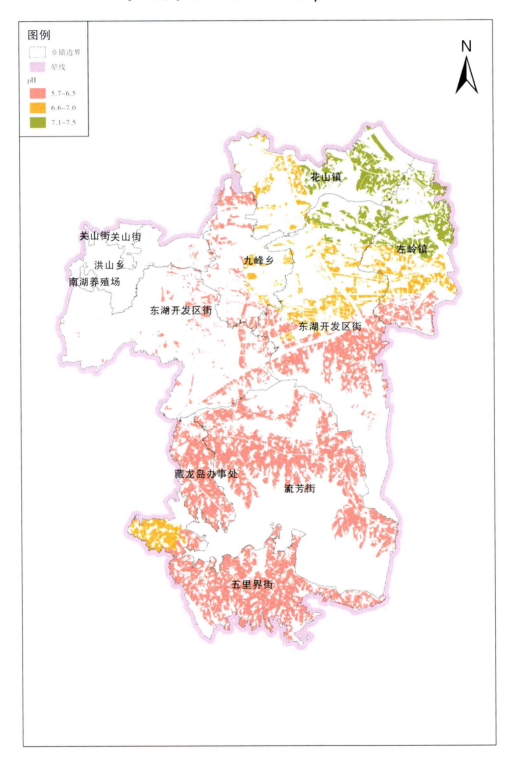

图例
乡镇边界
晕线
pH
5.7~6.5
6.6~7.0
7.1~7.5

N

花山镇

关山街关山街

左岭镇

洪山乡

九峰乡

南湖养殖场

东湖开发区街

东湖开发区街

藏龙岛办事处

流芳街

五里界街

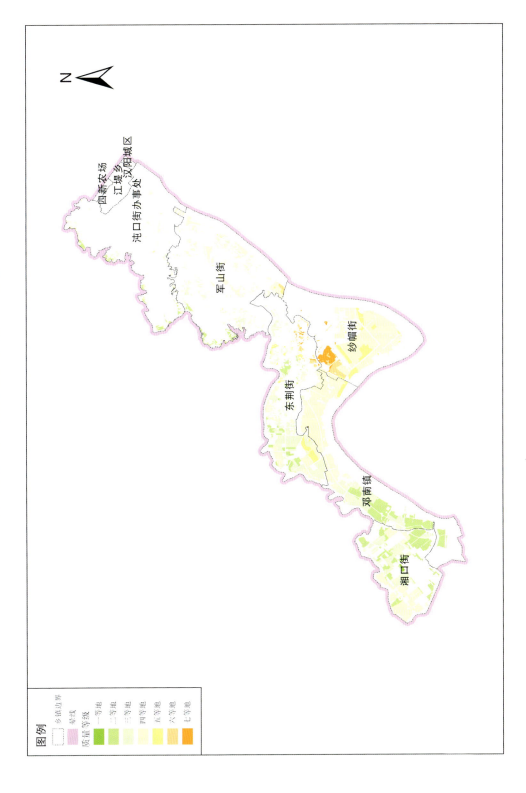

汉南区耕地质量等级分布图

图例
乡镇边界
村界
质量等级
一等地
二等地
三等地
四等地
五等地
六等地
七等地

四新农场
江堤乡 汉阳城区
沌口街办事处
军山街
纱帽街
东荆街
邓南镇
湘口街

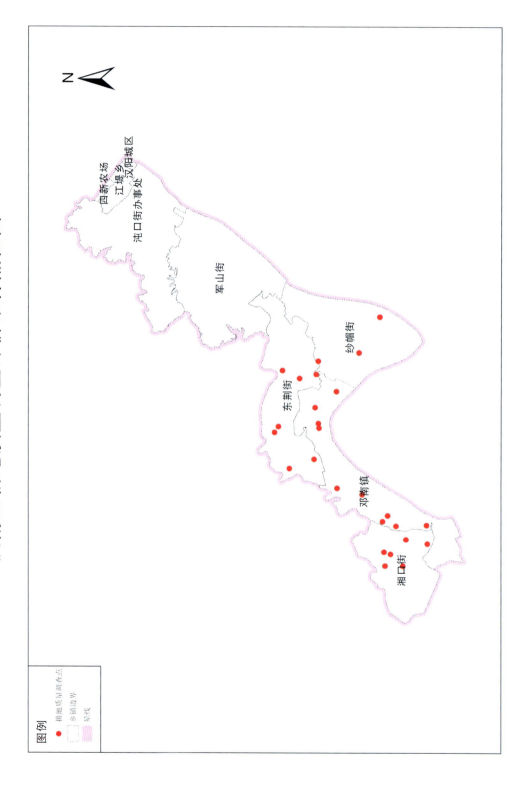

汉南区耕地质量调查评价采样点位图

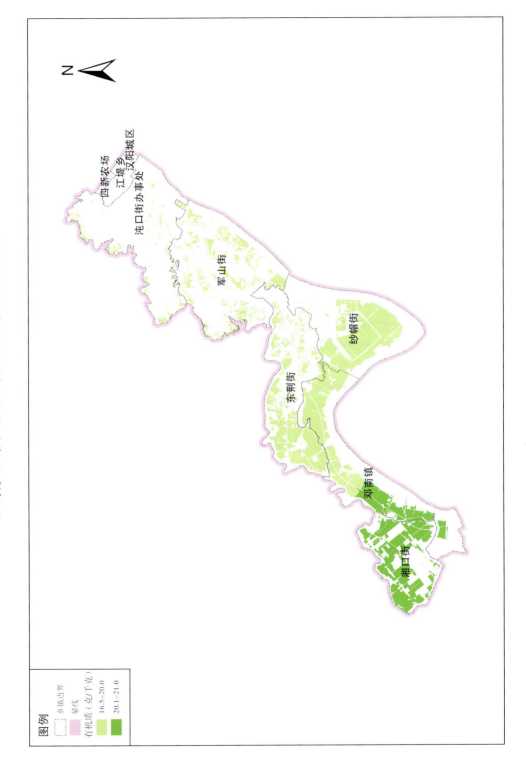

汉南区耕地土壤有机质分布图

图例

乡镇边界
等线
有机质（克/千克）
16.5~20.0
20.1~21.0

四新农场
江堤乡
汉阳城区
沌口街办事处
军山街
纱帽街
东荆街
邓南镇
湘口街

N

汉南区耕地土壤全氮分布图

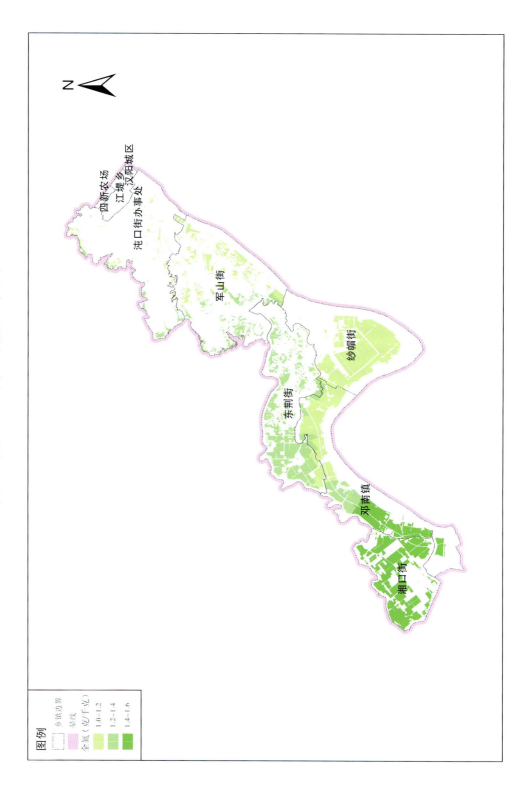

四新农场
江堤乡
汉阳城区
汉阳城区
沌口街办事处

军山街

纱帽街

东荆街

邓南镇

湘口街

图例
乡镇边界
路线
全氮（克/千克）
1.0~1.2
1.2~1.4
1.4~1.6

汉南区耕地土壤有效磷分布图

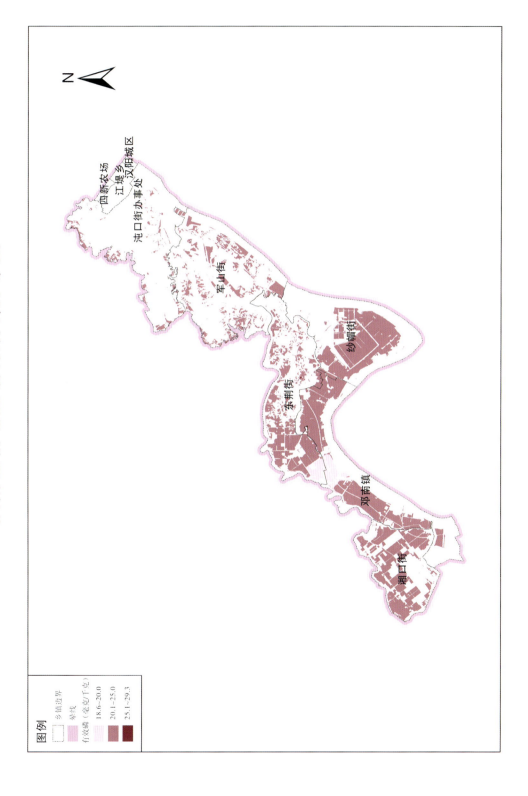

西新农场
江堤乡
汉阳城区
沌口街办事处

军山街

纱帽街

东荆街

邓南镇

湘口街

图例

乡镇边界
界线
有效磷（毫克/千克）
18.6~20.0
20.1~25.0
25.1~29.3

汉南区耕地土壤速效钾分布图

图例

乡镇边界
堤线
速效钾（毫克/千克）
120~150
151~180
181~183

四新农场
江堤乡
汉阳城区
池口街办事处

罕山街

纱帽街

东荆街

邓南镇

湘口街

汉南区耕地土壤缓效钾分布图

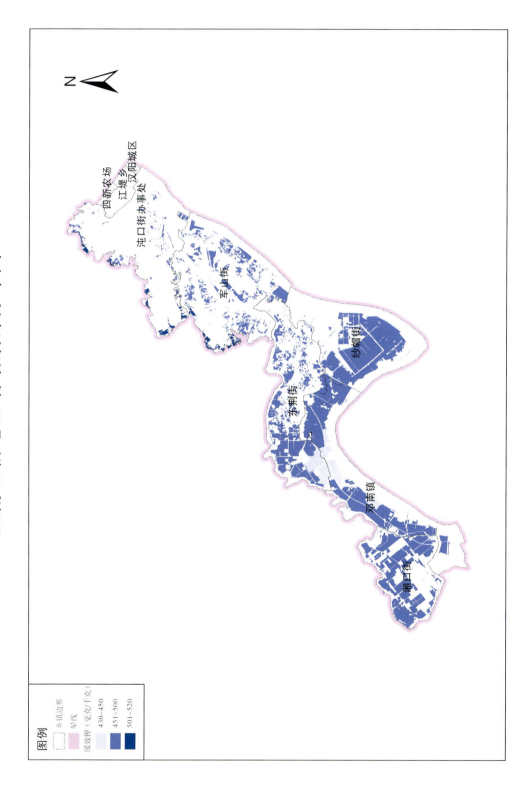

图例

乡镇边界

路线

缓效钾（毫克/千克）
430~450
451~500
501~520

四新农场
江堤乡
汉阳城区
屯口街街办事处
军山街
纱帽街
东荆街
邓南镇
湘口街

汉南区耕地土壤pH分布图

新洲区耕地质量等级分布图

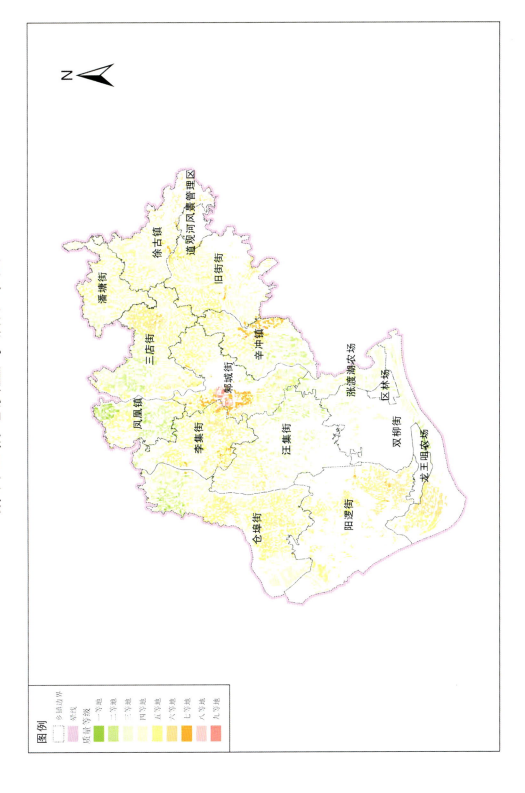

图例

乡镇边界
堤线
质量等级
一等地
二等地
三等地
四等地
五等地
六等地
七等地
八等地
九等地

潘塘街
徐古镇
道观河风景管理区
旧街街
三店街
辛冲镇
凤凰镇
郑城街
涨渡湖农场
区林场
李集街
汪集街
双柳街
龙王咀农场
阳逻街
仓埠街

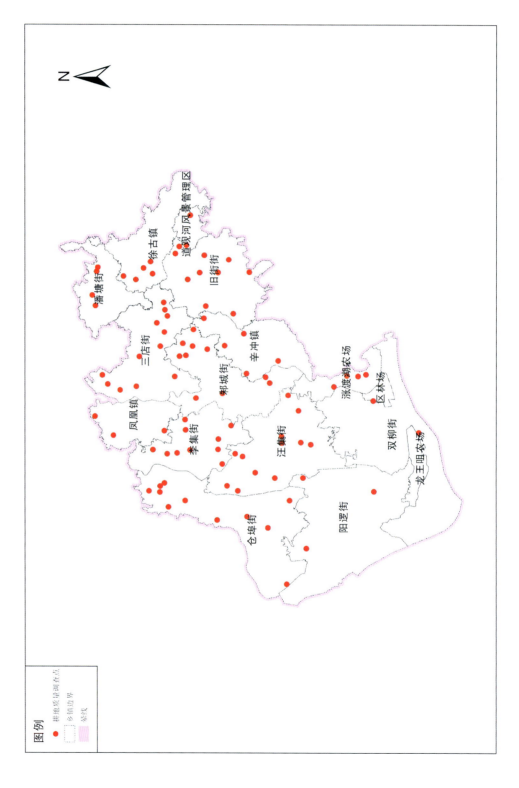

新洲区耕地质量调查评价采样点位图

新洲区耕地土壤有机质分布图

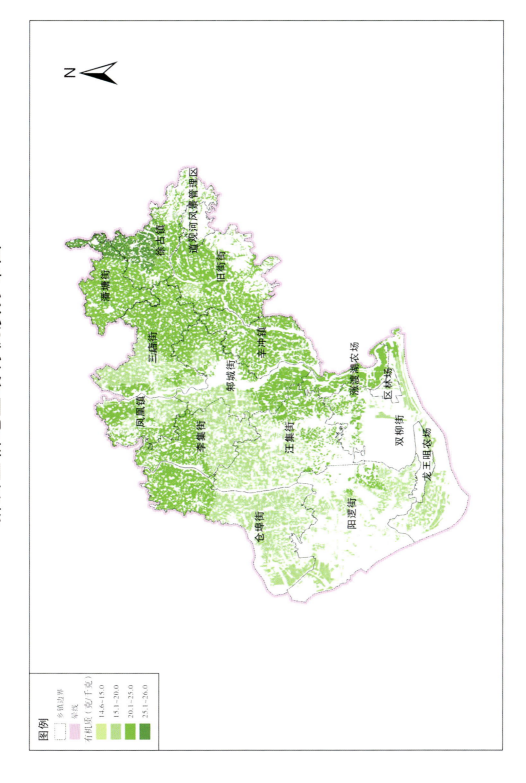

图例
乡镇边界
界线
有机质（克/千克）
14.6~15.0
15.1~20.0
20.1~25.0
25.1~26.0

新洲区耕地土壤全氮分布图

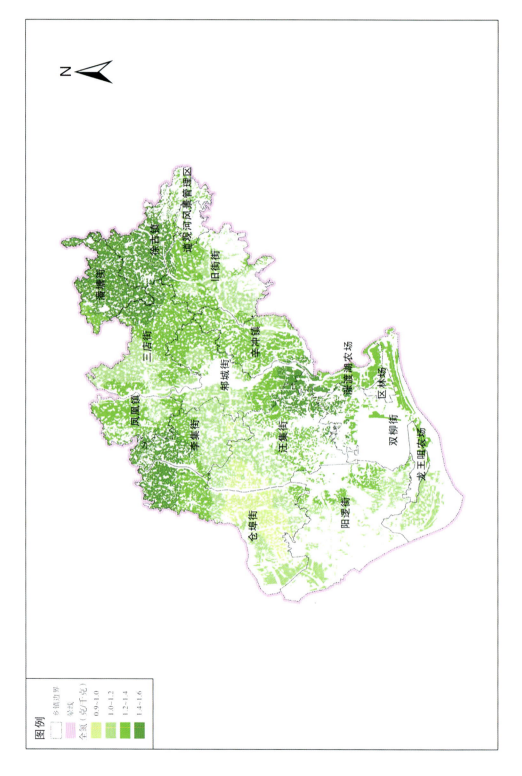

图例

乡镇边界

标识

全氮（克/千克）
0.9~1.0
1.0~1.2
1.2~1.4
1.4~1.6

徐古镇

道观河风景管理区

旧街街

潘塘街

辛冲镇

三店街

邾城街

涨渡湖农场

区林场

凤凰镇

李集街

汪集街

双柳街

龙王嘴农场

仓埠街

阳逻街

新洲区耕地土壤有效磷分布图

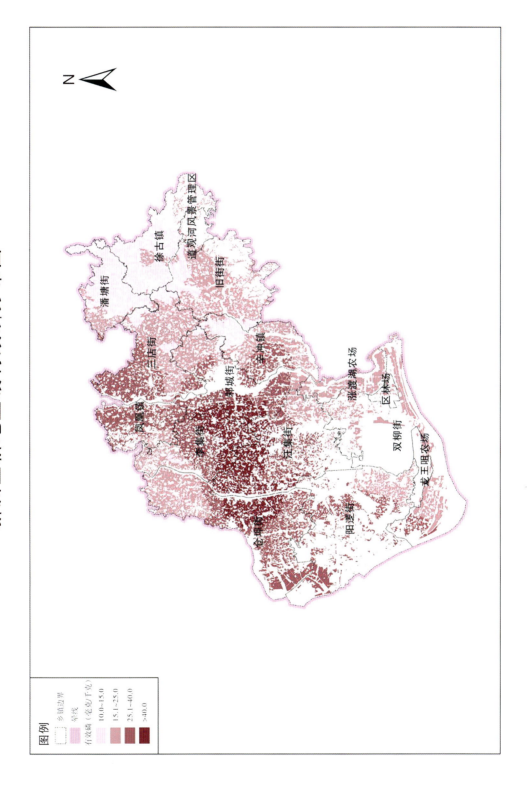

图例

乡镇边界

等线

有效磷（毫克/千克）

10.0~15.0

15.1~25.0

25.1~40.0

>40.0

潘塘街

徐古镇

道观河风景管理区

旧街街

三店街

辛冲镇

凤凰镇

邾城街

张渡湖农场

区林场

李集街

汪集街

双柳街

仓埠街

阳逻街

龙王嘴农场

新洲区耕地土壤速效钾分布图

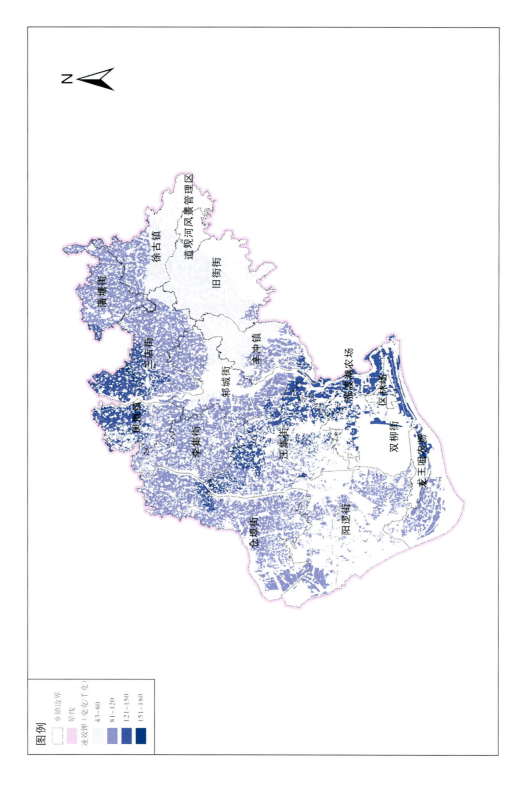

图例

乡镇边界
水系
速效钾（毫克/千克）
43～80
81～120
121～150
151～180

徐古镇
潘塘街
道观河风景管理区
旧街街
三店街
辛冲镇
邾城街
凤凰镇
涨渡湖农场
区林场
李集街
汪集街
双柳街
龙王咀农场
仓埠街
阳逻街

新洲区耕地土壤缓效钾分布图

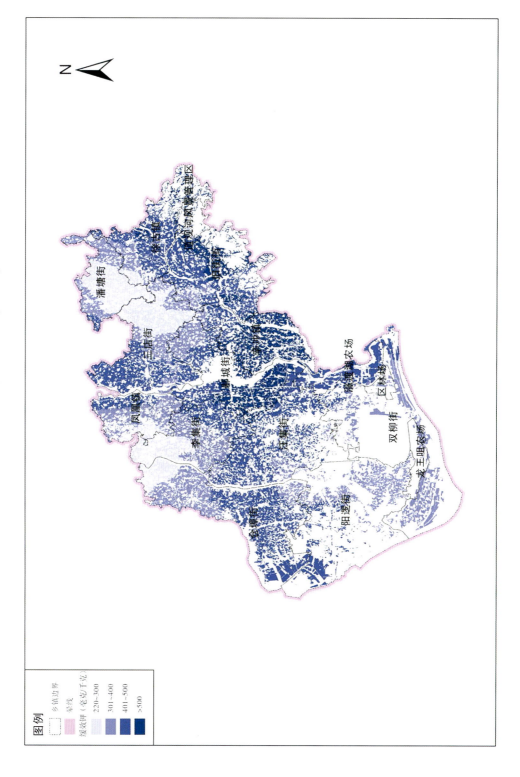

图例

乡镇边界
界线
缓效钾（毫克/千克）
220~300
301~400
401~500
>500

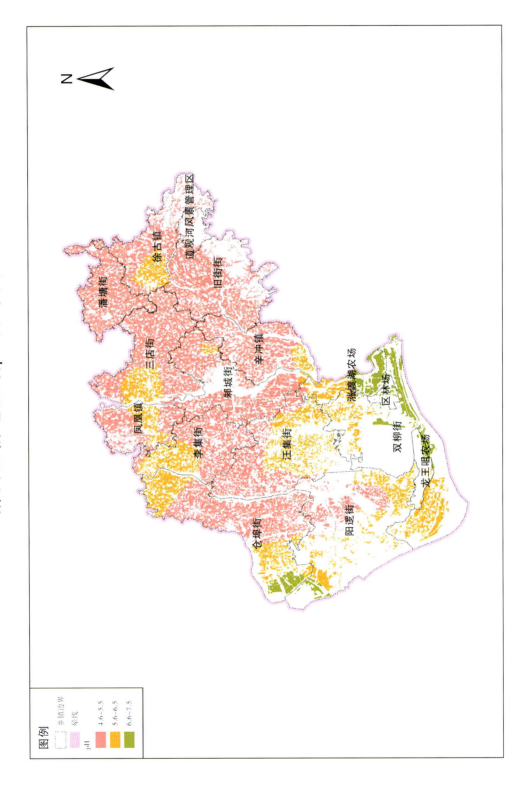

新洲区耕地土壤pH分布图

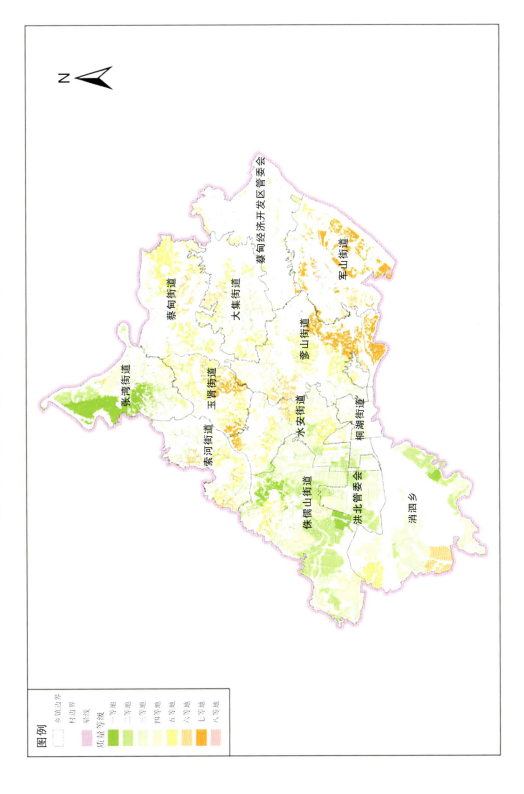

蔡甸区耕地质量等级分布图

蔡甸经济开发区管委会

军山街道

蔡甸街道

大集街道

凤山街道

张湾街道

玉贤街道

索河街道

永安街道

桐湖街道

侏儒山街道

洪北管委会

消泗乡

图例

乡镇边界
村边界
保线
质量等级
一等地
二等地
三等地
四等地
五等地
六等地
七等地
八等地

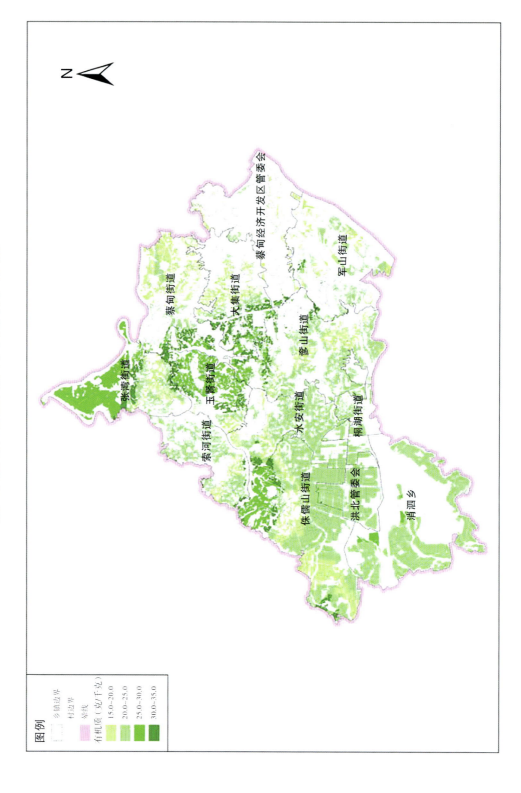

蔡甸区耕地土壤有机质分布图

图例
乡镇边界
村边界
塆线
有机质（克/千克）
15.0~20.0
20.0~25.0
25.0~30.0
30.0~35.0

蔡甸经济开发区管委会
军山街道
蔡甸街道
大集街道
姚山街道
张湾街道
玉贤街道
侏儒山街道
水安街道
桐湖街道
蔡河街道
洪北管委会
消泗乡

N

蔡甸区耕地土壤全氮分布图

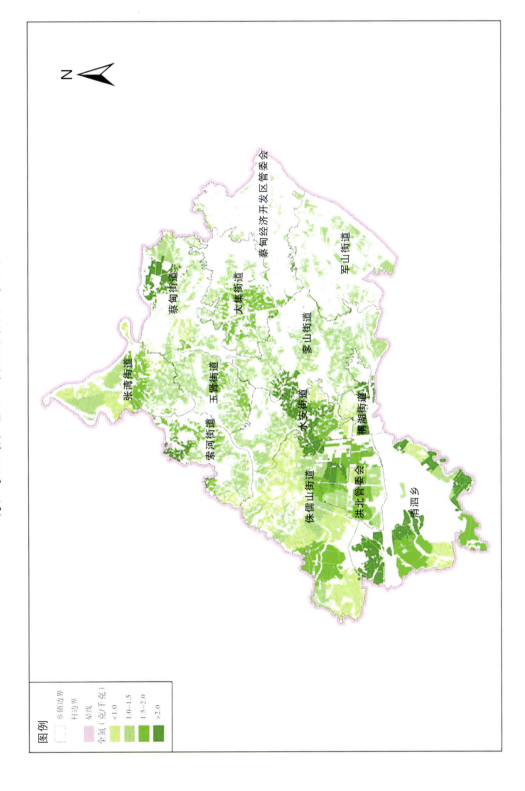

图例

乡镇边界
村边界
水系
全氮（克/千克）
<1.0
1.0–1.5
1.5–2.0
>2.0

蔡甸经济开发区管委会

罕山街道

蔡甸街道

大集街道

奓山街道

张湾街道

玉贤街道

水安街道

索河街道

消泗乡

桐湖街道

侏儒山街道

洪北管委会

蔡甸区耕地土壤有效磷分布图

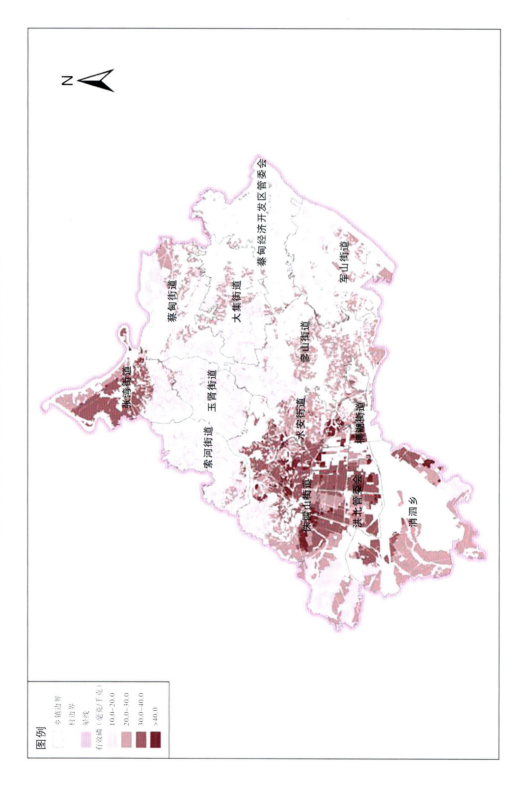

图例

乡镇边界

村边界

界线

有效磷（毫克/千克）

10.0~20.0

20.0~30.0

30.0~40.0

>40.0

张湾街道

蔡甸街道

玉贤街道

索河街道

大集街道

蔡甸经济开发区管委会

奓山街道

永安街道

侏儒山街道

洪北管委会

桐湖街道

军山街道

消泗乡

蔡甸区耕地土壤速效钾分布图

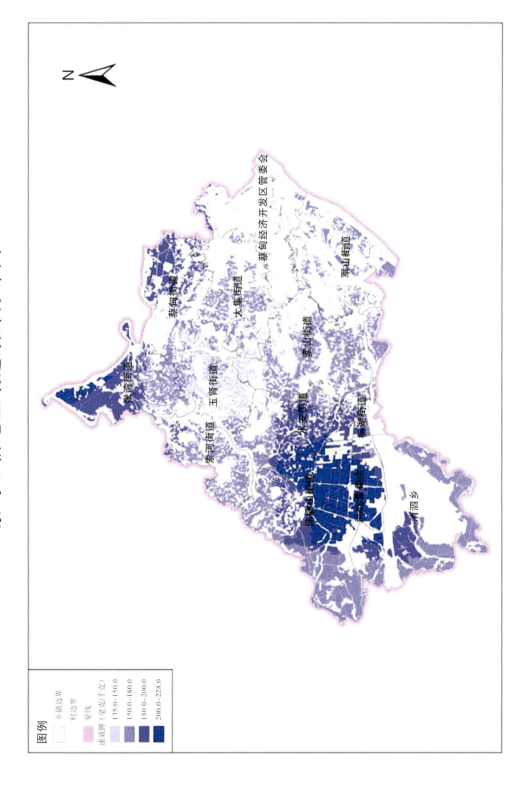

图例

乡镇边界
村边界
采样点

速效钾（毫克/千克）
135.0~150.0
150.0~180.0
180.0~200.0
200.0~228.0

张湾街道
索河街道
玉贤街道
蔡甸街道
大集街道
蔡甸经济开发区管委会
军山街道
奓山街道
永安街道
侏儒山街道
洪北管委会
桐湖街道
消泗乡

江夏区耕地质量等级分布图

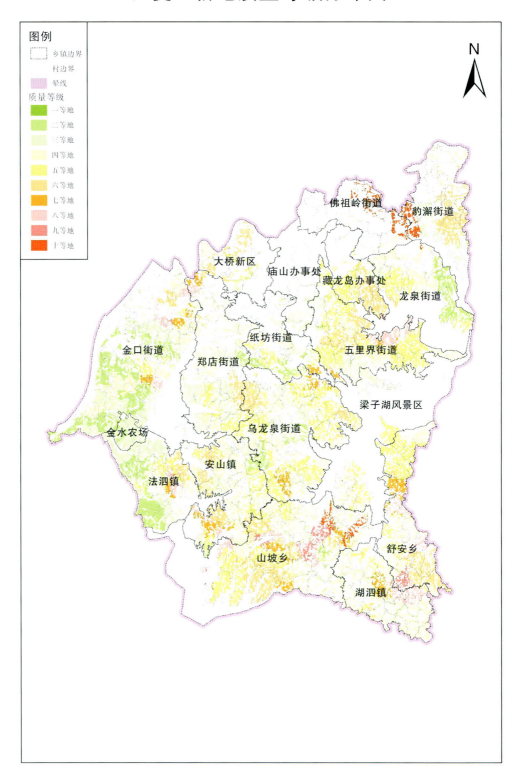

江夏区耕地土壤有机质分布图

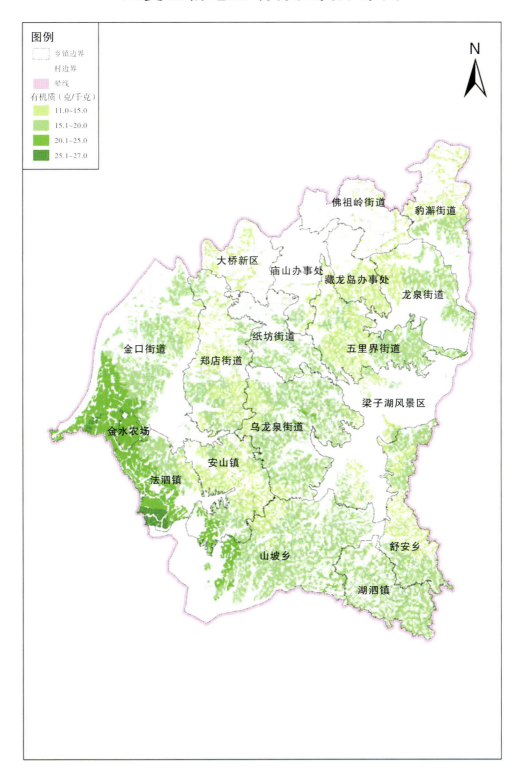

图例

乡镇边界
村边界
墨线
有机质（克/千克）
11.0~15.0
15.1~20.0
20.1~25.0
25.1~27.0

N

佛祖岭街道　　豹澥街道

大桥新区　庙山办事处
　　　　　藏龙岛办事处
　　　　　　　　龙泉街道

纸坊街道

金口街道　　　　　五里界街道

郑店街道

　　　　　　　　梁子湖风景区

乌龙泉街道

金水农场

法泗镇　安山镇

　　　　　　　　舒安乡
山坡乡
　　　　　　湖泗镇

江夏区耕地土壤全氮分布图

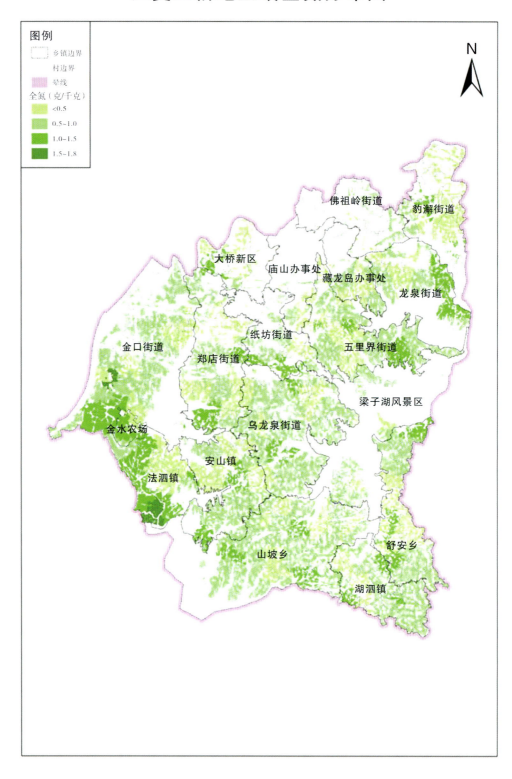

图例

乡镇边界

村边界

晕线

全氮（克/千克）

<0.5

0.5~1.0

1.0~1.5

1.5~1.8

N

佛祖岭街道

豹獬街道

大桥新区

庙山办事处

藏龙岛办事处

龙泉街道

纸坊街道

五里界街道

金口街道

郑店街道

梁子湖风景区

乌龙泉街道

金水农场

安山镇

法泗镇

山坡乡

舒安乡

湖泗镇

江夏区耕地土壤有效磷分布图

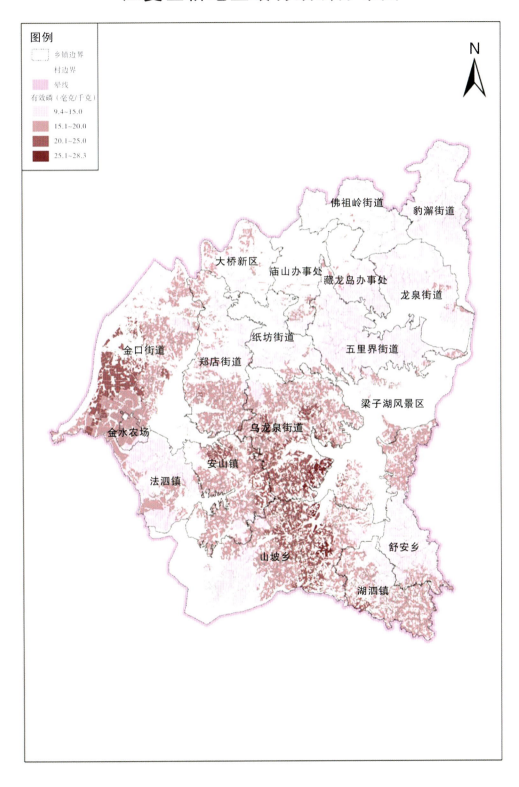

图例

乡镇边界

村边界

晕线

有效磷（毫克/千克）

9.4~15.0

15.1~20.0

20.1~25.0

25.1~28.3

N

佛祖岭街道　　豹澥街道

大桥新区　　庙山办事处　藏龙岛办事处

龙泉街道

纸坊街道

金口街道　郑店街道　　五里界街道

梁子湖风景区

金水农场　　乌龙泉街道

安山镇

法泗镇

山坡乡　　舒安乡

湖泗镇

江夏区耕地土壤速效钾分布图

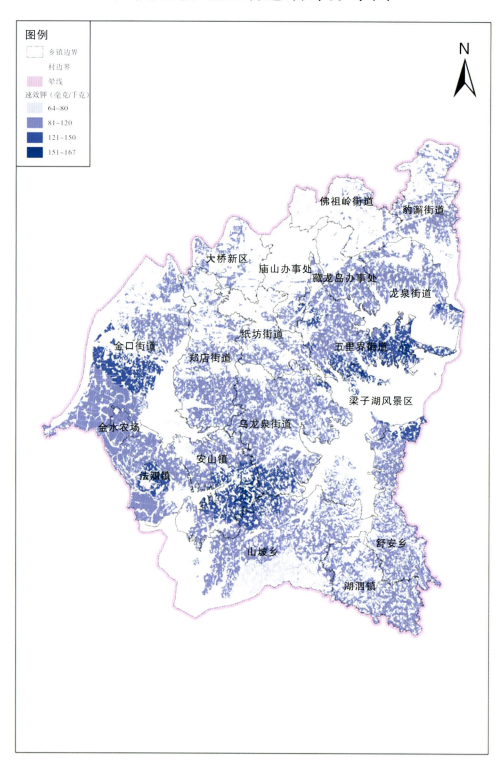

图例
乡镇边界
村边界
犁线
速效钾（毫克/千克）
64~80
81~120
121~150
151~167

佛祖岭街道
豹澥街道
大桥新区
庙山办事处
藏龙岛办事处
龙泉街道
金口街道
纸坊街道
五里界街道
郑店街道
梁子湖风景区
金水农场
乌龙泉街道
安山镇
法泗镇
山坡乡
舒安乡
湖泗镇

N